प्रयोजनमूलक हिन्दी

महाराष्ट्र राज्य हिन्दी साहित्य अकादमी, मुम्बई के 'आचार्य महावीर प्रसाद द्विवेदी पुरस्कार (1990-91)' से सम्मानित

प्रयोजनमूलक हिन्दी

विनोद गोदरे

वाणी प्रकाशन

वाणी प्रकाशन

4695, 21-ए, दरियागंज, नयी दिल्ली 110 002

फ़ोन : +91 11 23273167 फ़ैक्स : +91 11 23275710

शाखाएँ

अशोक राजपथ, पटना 800 004, बिहार

कॉफ़ी हाउस कैम्पस, महात्मा गांधी मार्ग, इलाहाबाद 211 001, उत्तर प्रदेश

महात्मा गांधी अन्तरराष्ट्रीय हिन्दी विश्वविद्यालय, वर्धा 442 001, महाराष्ट्र

www.vaniprakashan.com
marketing@vaniprakashan.in
sales@vaniprakashan.in

Prayojanmoolak Hindi
by Vinod Godre

ISBN : 978-93-5229-501-2
Applied Linguistics

संस्करण 2004, 2009, 2016, 2018
पाँचवाँ संस्करण 2022

मूल्य : ₹ 495

आर. टेक ऑफ़सेट प्रिंटर्स, दिल्ली-110 032 में मुद्रित

वाणी प्रकाशन का लोगो मक़बूल फ़िदा हुसेन की कूची से

बिटिया अनुराधा तथा बेटे अभिषेक के लिए

अपनी बात

भारतीय संविधान द्वारा खड़ी बोली हिन्दी को राजभाषा स्वीकार किए जाने के साथ हिन्दी का परंपरागत अर्थ, स्वरूप तथा व्यवहार क्षेत्र व्यापकतर हो गया। पहले हिन्दी भाषा के अध्ययन-अध्यापन का सीधा-सादा अर्थ प्राय: भाषाशास्त्रीय अथवा व्याकरणिक समस्याओं तक सीमित था और साहित्य का संबंध रसान्वेषण से रसनिष्पत्ति तक; किन्तु जैसे ही हिन्दी राजभाषा की नवीन भूमिका में प्रस्तुत हुई उसकी एक नए सिरे से पहचान होनी आरंभ हुई। अब वह सिर्फ कविता—कहानी—उपन्यास अथवा नाटक जैसी ललित या समीक्षापरक विधाओं में साहित्यिक अभिप्रायों को व्यक्त करने का ही माध्यम नहीं रही, बल्कि प्रशासन, विधान, न्याय शिक्षा तथा पत्रकारिता आदि विभिन्न क्षेत्रों की अभिव्यक्ति का भी माध्यम बन गई। अब वह मात्र सौन्दर्यमूलक लक्ष्य की साधिका नहीं रही, किन्तु जीविकोपार्जन का साधन अथवा सेवा-माध्यम (सर्विस टूल) भी बन गई।

प्रस्तुत पुस्तक में जहाँ प्रयोजनमूलक हिन्दी के अर्थ, आशय, स्वरूप तथा प्रयोगक्षेत्र को स्पष्ट किया गया है वहीं दूसरी ओर राजभाषा के रूप में हिन्दी के निरंतर संघर्ष और उसकी अंतिम परिणति को भी ऐतिहासिक सन्दर्भ में विश्लेषित किया गया है। इसी प्रकार प्रयोजनमूलक हिन्दी के विभिन्न सन्दर्भों के रूप में मैंने आलेखन—टिप्पणी, प्रशासनिक सरकारी पत्राचार, अनुवाद कला तथा पारिभाषिक शब्दावली के निर्धारण एवं निर्माण की प्रक्रिया के साथ-साथ विज्ञापन क्षेत्र में शब्द की स्थिति एवं महत्ता पर प्रकाश डाला है तथा इस बात का संकेत किया है कि आज भी विभिन्न विज्ञापन अभिकरणों को मूल विज्ञापन हिन्दी में तैयार करने में किन समस्याओं का सामना करना पड़ता है।

इस पुस्तक लेखन के दौरान मैंने सर्वश्री डॉ० भोलानाथ तिवारी (अनुवाद की व्यावहारिक समस्याएँ तथा पारिभाषिक शब्दावली : कुछ समस्याएँ), डॉ० शिवराज वर्मा (हिन्दी का राष्ट्रभाषा के रूप में विकास), डॉ० मलिक मुहम्मद (राजभाषा हिन्दी : विविध आयाम), डॉ० क्षितिकण्ठ मिश्र (खड़ी बोली का आंदोलन), मन्नूलाल द्विवेदी (आदर्श कार्यालय पद्धति), रामसिंह 'सागर'

(कार्यालय कार्य विधि) तथा गृहमंत्रालय प्रशासन की 'प्राज्ञपाठमाला' आदि का सहयोग लिया है। सुप्रसिद्ध कवि श्रद्धेय प्रो० वसंत देव ने इसकी पाण्डुलिपि को देखकर सिर्फ अपने महनीय सुझाव ही नहीं दिए बल्कि 'जन संचार के विभिन्न माध्यम : विज्ञापन और हिन्दी' अध्ययन के लिए सामग्री जुटाने में भी अपना सहयोग दिया है, लेखक उनके प्रति हार्दिक कृतज्ञता का अनुभव करता है।

पुस्तक की पाण्डुलिपि तैयार करने से उसके पुस्तकाकार में प्रकाशित होने में प्रो० मंजुला देसाई, डॉ० सुभाष श्रीवास्तव, डॉ० शामल दुबे, प्रो० शीतला प्रसाद दुबे, प्रो० राममूर्ति शुक्ल, प्रो० बलजिन्दर कौर रंधावा, प्रो० ओमप्रकाश चौबे तथा रवीन्द्र सिंह के सहयोग को आभार जैसी औपचारिकता से झुठलाना नहीं चाहता और अंत में पुस्तक के प्रकाशक श्री अरुण माहेश्वरी का विस्मरण संभव नहीं है। बहुत ही कम समय में इतने अच्छे रूप में इस पुस्तक को आपके हाथों में पहुँचाने का श्रेय उनके अपरिमित उत्साह एवं संकल्पित जीवटता को ही जाता है। अंत में मेरा विनम्र अनुरोध है कि इस पुस्तक की गणना इस विषय की प्रारंभिक पुस्तकों में ही की जाए।

विनोद गोदरे

रीडर, हिन्दी विभाग
बंबई विश्वविद्यालय
विद्यानगरी
सांताक्रूज (पूर्व), बंबई-400098

अनुक्रम

इस पुस्तक को अधुनातन रूप देने के लिए श्री विनोद गोदरे जी की मृत्यु के पश्चात मीडिया भी जोड़ा गया है। जिसके लेखक श्री प्रभात रंजन हैं।

—प्रकाशक

1
प्रयोजनमूलक हिन्दी : स्वरूप और व्यवहारक्षेत्र

(क) प्रयोजनमूलक हिन्दी

प्रयोजनमूलक हिन्दी, अंग्रेजी शब्द 'फंक्शनल हिन्दी' का पर्याय है। अगर शब्दार्थ की दृष्टि से देखें तो प्रयोजनमूलक हिन्दी का अर्थ हुआ––ऐसी विशेष हिन्दी जिसका उपयोग किसी विशेष प्रयोजन के लिए ही किया जाए। इसे कामकाजी हिन्दी अथवा व्यावहारिक हिन्दी भी कहा जाता है। श्री रमाप्रसन्न नायक आदि विद्वान इसे प्रयोजनमूलक के बजाय व्यावहारिक हिन्दी कहना उचित समझते हैं[1]। प्रयोजनमूलक लगता है जैसे कोई ऐसी हिन्दी है जिसे निष्प्रयोजनपरक कहा जा सकता है। सम्भवतः इस सन्दर्भ में व्यावहारिक "शब्द का प्रयोग अधिक उपयुक्त है।" डॉ० नरेन्द्र तथा डॉ० ब्रजेश्वर वर्मा ने डॉ० रमाप्रसन्न नायक की इस धारणा को अस्वीकार कर प्रयोजनमूलक विशेषण को सांकेतिक अर्थगर्भित एवं उचित बतलाया है। डॉ० नगेन्द्र का मत है,[2] "वस्तुतः प्रयोजनमूलक हिन्दी के विपरीत अगर कोई हिन्दी है तो वह निष्प्रयोजनमूलक नहीं वरन् आनन्दमूलक हिन्दी है। आनन्द व्यक्ति सापेक्ष है और प्रयोजन समाज सापेक्ष। आनन्द स्वकेन्द्रित होता है और प्रयोजन समाज की ओर इशारा करता है। हम आनन्दमूलक हिन्दी के विरोधी नहीं हैं इसलिए आनन्दमूलक साहित्य के हम भी हिमायती हैं। पर सामाजिक आवश्यकताओं के सन्दर्भ में हम सम्प्रेषण के बुनियादी आधार को भी अपनी नजर से ओझल नहीं करना चाहते। डॉ० ब्रजेश्वर वर्मा ने प्रयोजनमूलक विशेषण में निहित संकेत को

---

1. डॉ० रमाप्रसन्न नायक : प्रयोजनमूलक हिन्दी, पृ० 24, सम्पादक डॉ० रवीन्द्रनाथ श्रीवास्तव
2. डॉ० नगेन्द्र : प्रयोजनमूलक हिन्दी, पृ० 69, सम्पादक डॉ० रवीन्द्रनाथ श्रीवास्तव

स्पष्ट करते हुए निष्प्रयोजन हिन्दी की कल्पना को अस्वीकार कर दिया है,[1] "निष्प्रयोजन हिन्दी कोई चीज नहीं है लेकिन प्रयोजनमूलक विशेषण उसके व्यावहारिक पक्ष को अधिक उजागर करने के लिए प्रयुक्त किया गया।"

व्यावहारिक हिन्दी—नामकरण के साथ एक भ्रम यह भी जुड़ जाता है कि व्यावहारिक हिन्दी का अर्थ ऐसी हिन्दी से है—जिसमें व्याकरण एवं सामाजिक आचरण के बजाय व्यावहारिक उपयोग पर अधिक बल दिया जाता है। व्यावहारिक हिन्दी से तात्पर्य है—दैनिक जीवन में कार्य-साधन के लिए प्रयुक्त की जाने वाली हिन्दी। ऐसी भाषा जिसकी संरचना में व्याकरण की अनिवार्यता के बजाय व्यावहारिक उपयोगिता अधिक हो। इसके विपरीत प्रयोजनमूलक भाषा में प्रशासन, सम्पर्क तथा सम्प्रेषण आवश्यक होता है और उसमें उच्चरित वाक्य प्रयोग से लेकर लिखित वाक्य तक व्याकरण सम्मत शुद्धता एवं सामाजिक भद्रता का आग्रह होता है। अतः व्यावहारिक हिन्दी की तुलना में प्रयोजनमूलक हिन्दी सम्बोधन अधिक सन्दर्भ-संगत, अर्थगर्भित, लक्ष्यभेदी, स्पष्ट तथा सरल है। बहरहाल आज प्रयोजनमूलक हिन्दी शब्द अंग्रेजी शब्द 'फंक्शनल लैंग्वेज' के पर्याय के रूप में प्रचलित और सर्व स्वीकृत हो चुका है। अब प्रश्न यह उठता है कि आखिरकार इस प्रयोजनमूलक हिन्दी से तात्पर्य क्या है? मोटूरि सत्यनारायण ने प्रयोजनमूलक हिन्दी के स्वरूप एवं कार्य क्षेत्र को स्पष्ट करते हुए लिखा है,[2] "जीवन की आवश्यकताओं की पूर्ति के लिए उपयोग में लाई जाने वाली हिन्दी ही 'प्रयोजनमूलक हिन्दी' है।" भाषा के दो पक्ष या प्रकार्य होते हैं—एक का सम्बन्ध हमारी सौन्दर्यपदक अनुभूति का आलम्बन होता है। यह आत्म-केन्द्रित और आत्मसुख का उपकरण होता है। दूसरे का सम्बन्ध हमारी सामाजिक आवश्यकता और जीवन की उस व्यवस्था से जुड़ा होता है जो व्यक्तिपरक होकर भी समाज-सापेक्ष होती है और जिसका सम्बन्ध मूलतः हमारी जीविका के साथ रहता है और उसके निमित्त जो सेवा माध्यम—(सर्विस टूल) के रूप में प्रयुक्त होता है। भाषा व्यवहार का यह दूसरा पक्ष ही भाषा का प्रयोजनमूलक सन्दर्भ है। अतः प्रयोजनमूलक हिन्दी का तात्पर्य हिन्दी के उन विविध रूपों से है जो सेवा माध्यम के रूप में सामने आते हैं। प्रयोजनमूलक हिन्दी के चरित्र को स्पष्ट करते हुए डॉ० प्रभात लिखते हैं—कामकाजी भाषा सम्प्रत्यय (Concept) का आधार बनाती है। वह अनुभव के अंश निकाल

---

1. डॉ० ब्रजेश्वर वर्मा : प्रयोजनमूलक हिन्दी, पृ० 67, सम्पादक डॉ० रवीन्द्रनाथ श्रीवास्तव
2. मोटूरी सत्यनारायण : प्रयोजनमूलक हिन्दी, सम्पादक डॉ० रवीन्द्रनाथ श्रीवास्तव, पृ० 21

देती है अतः वहाँ तथ्य और सिद्धान्त ही रह जाते हैं। कामकाजी भाषा सम्प्रत्यय (Concept), तथ्य (Fact) और सिद्धान्त (Principles) के समन्वय के साथ परिणामोन्मुखी काम करती है।[1]

वस्तुतः प्रयोजनमूलक भाषा भाषा का वह तथ्यपरक अर्जित सविशेष रूप है जिसका प्रयोग किसी प्रयोजन विशेष अथवा कार्य विशेष के सन्दर्भ में होता है। प्रयोग के आधार पर भाषा के दो रूप माने जा सकते हैं; **पहला** जिसका प्रयोग सामान्य जनजीवन में दैनिक कार्यों के सन्दर्भ में होता है और जिसका अभ्यास या ज्ञान कोई व्यक्ति सामान्य जीवन के परिवेश से ही प्राप्त कर लेता है, और **दूसरा** रूप है—जिसका प्रयोग सामान्य जीवन के सन्दर्भों से भिन्न किन्हीं विशेष कार्यों के सन्दर्भों में होता है और जिस अभ्यास या ज्ञान विशेष द्वारा प्राप्त किया जाता है। इसी दूसरे रूप को प्रयोजनमूलक भाषा कहेंगे। दूसरे शब्दों में कहा जा सकता है कि जीवन-जगत की विभिन्न आवश्यकताओं अथवा लोक-व्यवहार उच्चशिक्षा तन्त्र तथा जीविकोपार्जन आदि के लिए विशेष अभ्यास और ज्ञान के द्वारा विशेष शब्दावली में विशेष अभिव्यक्त इकाइयों एवं सम्प्रेषण कौशल से समाज-सापेक्ष व्यावहारिक प्रयोजनों की सम्पूर्ति के लिए प्रयुक्त की की जाने वाली विशेष भाषा प्रयुक्तियों को प्रयोजनमूलक हिन्दी कहा जा कता है।

यहां पर **सामान्य भाषा** एवं **प्रयोजनमूलक भाषा** के बीच का अन्तर स्पष्ट कर देने से साहित्य और साहित्येतर भाषाओं के प्रयोग एवं व्यवहार क्षेत्र का अन्तर स्पष्ट हो जाएगा। स्वरूपतः सामान्य भाषा और प्रयोजनमूलक भाषा एक होती है, परन्तु उनकी शब्दावली अलग-अलग होती है। सामान्य भाषा के शब्द और विशिष्ट भाषा के शब्द भिन्न-भिन्न होते हैं, दोनों भाषाओं की वाक्य-संरचना में भी अन्तर होता है। सामान्य भाषा में बहुत कम प्रयोग किए जाने वाले शब्दों का जमावड़ा विशिष्ट भाषा में होता है। यथा कर्मणि प्रयोग, सहायक क्रियाओं का प्रयोग तथा उपसर्ग बहुल शब्द। इनके अलावा सामान्य भाषा की अभिव्यक्ति शैली कभी लाक्षणिक, व्यंजनापूर्ण, आलंकारिक हास्य विनोदमयी होती है, परन्तु इनके ठीक विपरीत प्रयोजनमूलक भाषा की अभिव्यक्ति शैली शुद्ध वाच्यार्थ प्रधान, गम्भीर, अलंकार आदि से विरहित, सीधी, सरल, स्पष्ट एकार्थक की साधिका होती है; वह वैधानिकता कार्यालयीन औपचारिकता तथा भाषिक मानक से परिचालित होती है किन्तु सामान्य भाषा भाषा के मानक रूप के प्रति इतनी सतर्क और सावधान नहीं रहती। वस्तुतः

1. डॉ० प्रभात, अनुवाद : सोच और संस्कार, पृ० 29, सम्पादक डॉ सोहन शर्मा

सामान्य भाषा भाषा का पहला चरण है और प्रयोजनमूलक भाषा उसका अगला कदम अर्थात् प्रयोजनमूलक भाषा सीखने के पूर्व व्यक्ति को भाषा के सामान्य रूप से परिचित होना आवश्यक है। इससे उसे भाषा की बनावट एवं बुनावट का प्रारम्भिक ज्ञान हो जाता है। इसके बाद वह विशेष प्रयोजनों के लिए आवश्यक विशेष शब्दावली को सायास ग्रहण कर पाता है अर्थात् सामान्य भाषा सहज भाषा है और प्रयोजनमूलक भाषा अर्जित भाषा है। सामान्य भाषा और प्रयोजनमूलक भाषा के बीच एक महत्वपूर्ण अन्तर यह भी है कि सामान्य भाषा का व्यवहार क्षेत्र जहां विशाल एवं व्यापक होता है वहां प्रयोजनमूलक हिन्दी का क्षेत्र संकुचित और सीमित होता है। यहीं पर साहित्यिक भाषा एवं प्रयोजनमूलक भाषा के अन्तर को भी स्पष्ट कर लिया जाए। सामान्य भाषा और प्रयोजनमूलक भाषा के बीच के सभी अन्तर साहित्यिक भाषा तथा प्रयोजनमूलक भाषा के बीच भी होते हैं परन्तु इनके अलावा कभी-कभी साहित्यिक भाषा में कलाग्रह के कारण भाषा साधन से साध्य बन जाती है, किन्तु प्रयोजनमूलक भाषा कभी साधन से साध्य नहीं बनती। इसी प्रकार साहित्यिक भाषा भावोच्छ्वास एवं संवेदन की भाषा है परन्तु प्रयोजनमूलक भाषा सिर्फ सपाट अभिव्यक्ति माध्यम से अधिक नहीं होती। इसी प्रकार साहित्यिक भाषा का लक्ष्य प्रायः सौन्दर्यानुभूति अथवा कभी-कभार चमत्कार होता है जबकि प्रयोजनमूलक हिन्दी का पहला और अन्तिम लक्ष्य सेवा माध्यम (Service Tools) होता है, जीविकोपार्जन का साधन बनना है।

जैसा कि स्पष्ट है कि विभिन्न प्रयोजनों के लिए विभिन्न सामाजिक वर्गों द्वारा प्रयोग में लाई जाने वाली भाषा विशेष प्रयोजनमूलक भाषा कहलाती है, अत: विभिन्न क्षेत्रों में प्रयोग्य प्रयोजनमूलक हिन्दी के रूप भी विभिन्न होंगे। डॉ० ब्रजेश्वर वर्मा के अनुसार प्रयोजनमूलक हिन्दी के मुख्य दो भेद होते हैं और उनके अनेक उपभेद होते हैं। इसके मुख्य दो भेद हैं। (I) Core Hindi. (II) Advarced Hindi.

(I) Core Hindi (For inter-personal Communication)

(पारस्परिक सम्प्रेषण के लिए प्रयुक्त सामान्य हिन्दी) इसके चार उपभेद हैं—

क. Officialise Hindi for Office administration
कार्यालयी हिन्दी कार्यालय प्रशासन के लिए प्रयुक्त

ख. Commercialise Hindi for Commercial activities
व्यावसायिक हिन्दी वाणिज्य गतिविधियों के लिए प्रयुक्त

ग. Technicalise Hindi for Technical vocations including legal profession

तकनीकी तथा विधि व्यवसाय में प्रयुक्त

घ. Socialise Hindi for carriers in Public relations
समाजी हिन्दी

1. Advanced Hindi उपर्युक्त चार उपभेदों से सम्बन्धित ज्ञान की विभिन्न शाखाओं के उच्चतर अध्ययन तथा साहित्यिक कर्म के लिए। एम सत्यनारायण ने निम्नलिखित भाषा-प्रयुक्तियों की ओर संकेत किया है। 1. Simple Communicative Media (सामान्य सम्प्रेषण माध्यम) 2. Socialise (सामाजिक), 3. Commercialise (व्यावसायिक) वाणिज्यिक, 4. Officialise (कार्यालयी), 5. Technicalise (तकनीकी), 6. General Litreture (सामान्य साहित्य)।

डॉ० भोलानाथ तिवारी ने भी प्रयोजनमूलक हिन्दी के विविध रूपों पर प्रकाश डाला है। उन्होंने हिन्दी के सात प्रयोजनमूलक रूप बतलाए हैं। उनमें उपर्युक्त सभी भेदों-उपभेदों का सहज ही समावेश हो जाता है—समवेततः हिन्दी के मुख्य प्रयोजनमूलक रूप सात हैं। आगे इनके उपरूप भी हो सकते हैं। जिसका संकेत कोष्ठक में हैं :

1. बोलचालीय हिन्दी, 2. व्यापारी हिन्दी (इसमें भी मंडियों की भाषा, सर्राफे के दलालों की भाषा, सट्टाबाजार की भाषा आदि कई उपरूप हैं।), 3. कार्यालयी हिन्दी (कार्यालय भी कई प्रकार के होते हैं और उनमें भी भाषा के स्तर पर कुछ अन्तर है।), 4. शास्त्रीय हिन्दी (विभिन्न शास्त्रों में प्रयुक्त भाषाएँ भी शब्द के स्तर पर कुछ अलग हैं। इसमें संगीत शास्त्र, काव्य शास्त्र, भाषा शास्त्र, दर्शन शास्त्र, योग शास्त्र, राजनीति शास्त्र, विधि शास्त्र आदि की भाषाएँ हैं।), 5. वैज्ञानिक तथा तकनीकी हिन्दी (इंजीनियरिंग, बढ़ईगिरी, लुहारी, प्रेस, फैक्टरी, मिल आदि की तकनीकी भाषा।), 6. समाजी हिन्दी (इसका प्रयोग सामाजिक कार्यकर्ता करते हैं।), 7. साहित्यिक हिन्दी (कविता, कला साहित्य की विभिन्न विधाओं की भाषा)। इसके अलावा 8. प्रशासनिक : प्रशासनिक कार्यों के लिए प्रयुक्त भाषा, 9. जनसंचार माध्यम—पत्रकारिता, आकाशवाणी, दूरदर्शन आदि की भाषा।

प्रयोजनमूलक के ये विविध रूप ही उनके विविध प्रयोग क्षेत्रों की ओर संकेत करते हैं। संक्षेप में प्रयोजनमूलक हिन्दी का स्वरूप एवं व्यवहार क्षेत्र यही है। दूसरे शब्दों में प्रयोजनमूलक हिन्दी एक ओर केन्द्र व राज्य शासन के पत्र-व्यवहार, विधान मंडल की कार्यवाही, संसदीय विधियाँ, कार्यालयीन पत्राचार, सरकारी संकल्पों, अधिसूचना, प्रेस विज्ञप्तियाँ, आयोग समितियाँ, अभिकरण, मसौदे, निविदा, फार्मस, लायसेंस, परमिट, वैज्ञानिक तथा तकनीकी शब्दावली, विधि, बेंकिंग सेवा तथा डाक-तार आदि में प्रयुक्त होती है और दूसरी ओर

व्यावसायिक पत्रों, विज्ञापनों की रंगीन दुनिया, दृश्य-श्रव्य माध्यमों आदि में शब्द की भूमिका निभाती है। इनके अलावा जीवकोपार्जन में सेवा-माध्यम के रूप में प्रयुक्त भाषा के विविध आयाम प्रयोजनमूलक हिन्दी के व्यापक व्यवहार क्षेत्र की ओर ही संकेत करते हैं। अगले अध्यायों में हम प्रयोजनमूलक हिन्दी के विभिन्न रूप एवं आयामों का अध्ययन करेंगे।

(ख) सामान्य हिन्दी : स्वरूप और व्यवहार क्षेत्र

क. स्वरूप

जिस हिन्दी शब्द का प्रयोग हम सामान्य एवं संवैधानिक अर्थ में क्रमशः राष्ट्रभाषा एवं राजभाषा के रूप में करते हैं वह शब्द भाषा के अर्थ में अपेक्षाकृत नया है। संस्कृत, प्राकृत तथा अपभ्रंश में हिन्दी शब्द कहीं नहीं मिलता। मुसलमानों के शासन काल में सर्वप्रथम हिन्दी शब्द का प्रयोग भाषा के रूप में मिलता है। यद्यपि हिन्दी शब्द काफी पुराना है और हिन्द से बना है।

प्रयोग तथा रूप की दृष्टि से हिन्दी शब्द हिन्दी भाषा या खड़ी बोली का शब्द न होकर फारसी का है। डॉ० धीरेन्द्र वर्मा का मत है कि संस्कृत की 'स' ध्वनि का उच्चारण फारसी में 'ह' हो जाता है। इसी आधार पर कुछ विद्वान 'हिन्दी' शब्द को 'सिन्धी' का रूपान्तर मानते हैं अर्थात् उनकी मान्यता है कि सिन्धी शब्द से हिन्दी शब्द का निर्माण हुआ है। पर यह मत भ्रामक है क्योंकि 'सिन्धी' शब्द प्राचीन साहित्य में कहीं नहीं मिलता है। उसमें सिन्धु, सैंधव, सिंधावी शब्द अवश्य मिलते हैं। वास्तविकता यह है कि ईरान के प्राचीन ग्रंथों में हिन्द और हिन्दी दोनों शब्दों के प्रयोग मिलते हैं। पारसियों के पूज्य ग्रंथ 'दसतीर' (लगभग 5000 वर्ष पूर्व की रचना) में एक घटना का उल्लेख है जिसमें एक ब्राह्मण शास्त्रार्थ के पूर्व गर्वोक्ति से अपना परिचय देता है—"अकनूं विरहमने व्यास नाम अज हिन्द" (मैं हिन्द देश में जन्मा हिन्दी हूँ)। सच्चाई यह है कि प्रारम्भ से ही ईरान में 'हिन्द' शब्द सिन्धु नदी के पार के देशों के लिए प्रचलित था। इसका प्रमाण यह है कि यूरोप का Ind शब्द हिन्द से ही बना है। व्याकरणिक दृष्टि से मूल फारसी शब्द 'हिन्दी' की उत्पत्ति हिन्द + ई (सम्बन्धसूचक (निसबत) का प्रत्यय) जोड़कर हुई है और शुरू में इसका प्रयोग हिन्द के निवासी एवं हिन्द की भाषा इन दोनों अर्थों में होता रहा। कालांतर में हिन्दी का प्रयोग देशमूलक न रहकर मात्र भाषा के अर्थ का साधक हो गया। हिन्दी शब्द की प्राचीनता का एक प्रमाण यह भी है कि फारसी और अरबी में यह शब्द कुछ भारतीय चीजों के नाम के रूप में काफी अर्से से प्रयुक्त होता रहा है, यथा—फारसी तथा अरबी में 'हिन्दी' का प्रयोग विशेष प्रकार की भारतीय तलवार के

लिए होता रहा है और अरबी साहित्य में 'तमर हिन्दी' का अर्थ है—इमली।

इस प्रकार हम देखते हैं कि भाषा के सन्दर्भ में हिन्दी शब्द अपेक्षाकृत नया है। वस्तुतः मुस्लिम तंत्र की स्थापना तथा दिल्ली के हिन्द की राजधानी बनने के पश्चात भाषा के अर्थ में हिन्दी शब्द का प्रयोग मुस्लिम बादशाहों के द्वारा किया गया। इसके पूर्व यहाँ पर भाषा के लिए भाषा अथवा भाखा शब्द प्रचलित था। वस्तुतः मुसलमान बादशाहों ने भाषा के साथ क्रमशः हिन्दी का भी प्रयोग किया। इनका विशेष सम्पर्क तथा निवास देश के मुख्य भाग—मध्यदेश से रहा, इसलिए उन्होंने वहाँ की बोली के लिए 'ज़बाने हिन्दी' अथवा 'हिन्दी' का इस्तेमाल किया।

वर्तमान भारतीय सन्दर्भ में हिन्दी भारतीय संघ की राष्ट्रभाषा तथा राजभाषा है। वैसे राष्ट्रभाषा के रूप में हिन्दी काफी समय से प्रयुक्त होती रही है, परन्तु उसे राजभाषा का दर्जा प्राप्त करने के लिए देश के स्वतन्त्र होने की प्रतीक्षा करनी पड़ी। स्वतन्त्रता के पश्चात् 26 जनवरी, 1950 को नए संविधान की स्वीकृति के साथ हिन्दी को भारत देश की राजभाषा घोषित किया गया। राष्ट्रभाषा से राजभाषा की इस लम्बी यात्रा में उसे विभिन्न सम्बोधनों—भाखा, हिन्दवी, हिन्दुई, दक्खिनी, रेख्ता, रेख्ती, गूजरी, उच्च हिन्दी, नागरी हिन्दी, शुद्ध हिन्दी, आर्य भाषा, शास्त्री या शास्त्रीक तथा हिन्दुस्तानी आदि से गुजरना पड़ा। हिन्दी भाषा का नामकरण हिन्द शब्द के आधार पर सर्वप्रथम मुसलमानों द्वारा ही हुआ। इसका सर्वप्रथम भाषा के अर्थ में प्रयोग ईसा की छठी शताब्दी में हुआ तथा तेरहवीं शती तक यह शब्द विदेशों में भारतीय भाषा के अर्थ में प्रचलित रहा। इसका कारण यही था कि विभिन्न नाम धारण करके हिन्दी भारत के किसी एक प्रान्त की भाषा न होकर उत्तर भारत के विस्तृत प्रदेश की भाषा थी और भारतवर्ष के अन्य प्रान्तों में बोली एवं समझी जाती थी। अतः हिन्दी एक भाषा परम्परा के रूप में लगातार विकसित होती रही है। डॉ० सुनीति कुमार चाटुर्ज्या के अनुसार, "12वीं, 13वीं शती का तुर्की विजय के पश्चात् (पूर्व पंजाब से बंगाल तक के) उत्तर भारत में बोली जाने वाली सब बोली तथा भाषाओं का प्राचीनतम एवं सरलतम नाम 'हिन्दी' ही है।"[1] डॉ० ग्रियर्सन ने लिखा है, "हिन्दी का प्रारम्भ से ही आन्तरभाषा" के रूप में विकास हुआ है।[2]

हिन्दी के हिन्दुई, हिन्दवी, रेख्ता, रेख्ती, दक्खिनी, गूजरी, खड़ी बोली, आर्य भाषा और राष्ट्रभाषा आदि नामों का प्रयोग होता रहा है। इनमें से हिन्दवी अति प्राचीन नाम है। वह भी मुसलमानों द्वारा ही दिया गया है। व्याकरण की प्रक्रिया

1. भारतीय आर्यभाषा और हिन्दी, पृ० 155
2. Linguistic Servey of India, Vol. IV, P. I., page 4.

के अनुसार 'हिन्दुई' शब्द से हिन्दुओं की भाषा तथा 'हिन्दवी' शब्द से हिन्द की भाषा का ज्ञान होता है। हिन्दवी का विकास शौरसेनी अपभ्रंश से हुआ तथा उसका प्रयोग मध्यदेश में सहज रूप से होता था। दिल्ली के आसपास विकसित होने वाली इस भाषा को 'देहलवी' भी कहा जाता था। "हिन्द की भाषा" के अर्थ में 'हिन्दवी' शब्द का सर्वप्रथम प्रयोग मुहम्मद आओफी ने 13वीं शती में किया। 13वीं-14वीं शती के अमीर खुसरो ने भी अपने ग्रंथ "खालिक बारी" में इसी शब्द का प्रयोग अनेक स्थानों पर किया है। कवि तुलसीदास ने भी अपने 'पंचनामा' में इसका प्रयोग किया था। 'हिन्दवी' को उत्तर भारत के मुसलमान कवियों ने जब फारसी के साँचे में ढाल दिया तब यही 'रेख़्ता' कहलाई।

'हिन्दवी' का एक विशेष शैलीगत भाषा के अर्थ में रेख्ता का प्रयोग हुआ है। मूलतः यह फारसी का शब्द है—जिसका अर्थ है मिली-जुली। फारसी शब्दों के हिन्दी में मिलने पर उसे यह संज्ञा मिली। 'रेख्ता' के साथ ही 'रेख्ती' शब्द का प्रयोग भी मिलता है। 'रेख्ती' में विशेषतः उन्हीं मुहावरों, रूपों तथा प्रयोगों को स्थान दिया जाता था जो मुसलमान औरतों में प्रचलित थे। 'रेख्ता' भाषा शब्द का सर्वप्रथम प्रयोग 1586 के सादी दक्खिनी ने किया और उनके बाद मीर, सौदा, गालिब, जुरअल आदि कवियों ने अपनी काव्य भाषा को 'रेख्ता' नाम दिया।

इसके बाद 14वीं-15वीं शती में दिल्ली के आसपास विकसित होने वाली खड़ी बोली जब उत्तर भारत के शासकों के साथ दक्षिण में गई तब 'दक्खिनी' कहलाई। उस पर दक्षिण की भाषाओं का भी प्रभाव पड़ा। दक्खिनी के सभी कवि मुसलमान थे, तथा उसकी लिपि फारसी थी। बहमनी राज्य, आदिलशाही, कुतुबशाही, बरीदशाही, इमादशाही तथा निजामशाही के संरक्षण में दक्खिनी में उच्च कोटि की साहित्य रचना हुई। इसमें संस्कृत के तथा अरबी-फारसी के शब्द भी प्रयुक्त हुए। दक्खिनी के परवर्ती कवियों ने अरबी-फारसी के शब्दों का अधिक प्रयोग किया और आगे चलकर उत्तर भारत में इसका विकास होने पर यह 'उर्दू' कहलाई।

दिल्ली के आसपास की यह बोली जब गुजरात में पहुँची तब उसे 'गूजरी' कहा गया। यह केवल बोलचाल की भाषा ही नहीं रही, बल्कि इसमें काव्य भी लिखे गए, जिसमें अरबी-फारसी के साथ गुजराती के शब्दों का मिश्रण मिलता है। गूजरी के प्रारम्भिक कवि शेख अहमद खट्टू (1336—1446) तथा शेख बुरहानुद्दीन कुत्बे आलम बुखारी (1388—1453) थे।

यह दिल्ली-मेरठ की बोली जब लश्करों और छावनियों में बोली जाने लगी, तो उसमें अरबी-फारसी शब्दों का प्रयोग आरम्भ हुआ और वही उर्दू कहलाई। 13वीं शती से 18वीं शती तक हिन्दी-उर्दू में कोई मौलिक भेद नहीं था। उर्दू शब्द का भाषा के अर्थ में प्रचलन भी इसी शती के अन्तिम चरण में हुआ। लिपि-

भेद के कारण उर्दू को स्वतन्त्र भाषा के रूप में हिन्दी से अलग होने तथा विकसित होने का अवसर मिला।

'उर्दू' के बाद 'हिन्दी' के लिए 'हिन्दुस्तानी शब्द का बहुत अधिक प्रचार हुआ। यह शब्द मूलतः विशेषण है। अधिकांश विद्वानों के मत के अनुसार यह हमारी भाषा के लिए यूरोपियन विद्वानों द्वारा सत्रहवीं शती में दिया गया शब्द है। किन्तु इससे पूर्व सोलहवीं शती में इस शब्द का जन्म हुआ था, प्रचलन 17वीं शती में हुआ। सन् 1715 में डच पादरी जे० केटलीर द्वारा लिखित हिन्दी व्याकरण तथा सन् 1800 में फोर्ट विलियम कॉलेज के जॉन गिलक्राईस्ट ने इस शब्द का प्रयोग किया। अठारहवीं शती में हिन्दी-उर्दू के मिले-जुले रूप को हिन्दुस्तानी कहा जाने लगा। 1893 में हिन्दी समर्थकों ने हिन्दी शब्द पर बल दिया। दूसरी ओर गांधीजी ने हिन्दुस्तानी शब्द को बहुत महत्त्व दिया। इसके साथ 'हिन्दुस्थानी' शब्द का प्रचलन 'हिन्दुस्तानी' को उर्दू रूप से अलग करने तथा भारतीयकरण के हेतु हुआ। फारसी लिपि में 'हिन्दोस्तानी' का भी प्रयोग हुआ।

हिन्दी भाषा के अर्थ में खड़ी बोली नाम ब्रज, अवधी तथा राजस्थानी की अपेक्षा नया है। भारतीय संविधान द्वारा खड़ी बोली को ही राजभाषा की मान्यता मिली है। एक अन्य शब्द 'आर्य भाषा' का प्रचार उन्नीसवीं शती के अन्त में आर्यसमाज के प्रवर्तक महर्षि दयानन्द द्वारा किया गया। 'देवनागरी' तथा 'नागरी' शब्दों का प्रयोग भी हिन्दी भाषा के लिए किया जाता है। फारसी लिपि वाली उर्दू से अलग होने का बोध कराने के लिए सम्भवतः इसका प्रयोग किया गया था। पंजाब में 'नागरी' लिपि में लिखी जाने वाली भाषा को 'शास्त्री' अथवा 'शास्त्रीक भाषा' कहा जाता था। इसके अतिरिक्त विशुद्ध खड़ी बोली को ठेठ हिन्दी, 'ग्रामीण' तथा अरबी-फारसी से पूर्णतः अलग और तत्सम शब्दों के आधिक्य के कारण 'शुद्ध हिन्दी' तथा संस्कृत शब्दों की अधिकता से यही 'उच्च हिन्दी' भी कहलाई।

इस लम्बी यात्रा में अगर उसके पास पाथेय था तो वह था साधु-सन्तों की आत्म-विगलित आध्यात्मिक वाणी का, नृत्यगीत साधकों की अमरतान और आत्ममुग्ध स्वरलहरी का, व्यापारियों के लेन-देन के आरोही-अवरोही स्वरों का और था उसके पास अपनी ही सहगामिनी अग्रजा ब्रजभाषा द्वारा अयोग्यता तथा असमर्थता का मिला अवांछित प्रमाणपत्र। कभी-कभार गँवारूपन का अशिष्ट सम्बोधन-उद्बोधन अपनी ही किसी प्राप्त आत्मजा से फिर भी यह मृत्युंजयी भाषा लोकगीत एवं लोक-व्यवहार में अपनी सांस्कृतिक ऊँचाइयों एवं आंचलिक गहराइयों से ऊष्मा और ऊर्जा पाती रही है और कभी-कभार ही सही, विरोधों के

बावजूद राजभाषा के सिंहासन का कोई मजबूत पाया बनने से इसे रोका नहीं जा सका।

ख. प्रयोग क्षेत्र

सम्प्रति हिन्दी का प्रयोग तीन विभिन्न सन्दर्भों में होता है—

1. **सामान्य अर्थ** में हिन्दी से अभिप्राय उस भाषा से है जो सम्पूर्ण हिन्दी भाषी क्षेत्र—हरियाणा, राजस्थान, मध्य प्रदेश, उत्तर प्रदेश, बिहार, हिमाचल प्रदेश तथा दिल्ली की परिनिष्ठित भाषा। यह खड़ी बोली का ही मानक रूप है। मूल रूप में यह दिल्ली-मेरठ के जनपद की पुरानी विभाषा अथवा वर्तमान जन-भाषा या लोकवाणी है और आज भी विभिन्न लघु भाषाओं, घरेलू बोलियों अथवा ग्रामीण बोलियों के रूप में प्रचलित है। यही हिन्दी आज हिन्दी भाषी क्षेत्र के सार्वजनिक जीवन के व्यवहार, विचार-विमर्श, शासन, शिक्षा, साहित्य, पत्रकारिता तथा व्यापार आदि की भाषा है। यह नाम उस भू-भाग की समस्त बोलियों तथा उनसे सम्बन्धित लोगों तथा उनके प्राचीन रीति-रिवाजों एवं संस्कृति का भी द्योतक है जो पश्चिम में जैसलमेर, उत्तर-पश्चिम में अम्बाला, उत्तर में शिमला से लेकर नेपाल के पूर्वी छोर तक के पहाड़ी प्रदेश, पूर्व में भागलपुर, दक्षिण-पूर्व में रामपुर तथा दक्षिण-पश्चिम में खण्डवा तक फैला हुआ है। इस प्रकार सामान्य रूप से हिन्दी का आशय प्रारम्भ में दिल्ली-मेरठ की विभाषा तथा कालांतर में सम्पूर्ण हिन्दी क्षेत्र की देवनागरी लिपि में लिखी जाने वाली संस्कृत बहुल खड़ी बोली के पारिभाषिक रूप से है।

2. **भाषाशास्त्रीय दृष्टि** से हिन्दी का अर्थ खड़ी बोली के उस रूप से है जो देवनागरी लिपि में लिखी जाने वाली संस्कृत बहुल खड़ी बोली हिन्दी से है और जो अपनी शब्द सम्पदा के लिए प्रधान रूप से संस्कृत के तत्सम, अर्द्धतत्सम और तद्भव शब्दों की कृतज्ञ है। इसे विभिन्न भाषा वैज्ञानिकों ने शुद्ध हिन्दी, साधु हिन्दी, नागरी हिन्दी, हिन्दुस्तानी और आर्यभाषा आदि सम्बोधन दिये हैं। भाषाशास्त्रीय शब्दावली में वह संसार के भाषासमूहों में भारत यूरोपीय कुल के भारत ईरानी उपकुल में भारतीय शाखा की आधुनिक भाषाओं में से एक मुख्य भाषा है।

3. **संवैधानिक दृष्टि** से आजादी के बाद 26 जनवरी, 1950 को देश में नया संविधान लागू किया गया। इस संविधान में भारत को एक पूर्णस्वतन्त्र, प्रभुसत्तासम्पन्न, एकतांत्रिक गणराज्य स्वीकार किया गया। संविधान में संघ की सरकारी भाषा की व्याख्या धारा 343(1) में इस प्रकार की गई है—"संघ की सरकारी भाषा देवनागरी लिपि में लिखी जाने वाली हिन्दी होगी। संविधान में हिन्दी को तीन स्तरों पर राजभाषा स्वीकार किया गया है। प्रथम स्तर पर वह

भारतीय संघ की देवनागरी लिपि में लिखित राजभाषा है अर्थात् केन्द्रीय राजभाषा का पद हिन्दी को प्रदान किया गया। **दूसरे स्तर** पर विभिन्न हिन्दी प्रदेशों—उत्तर प्रदेश, मध्य प्रदेश, राजस्थान, हरियाणा तथा हिमाचल प्रदेश की प्रादेशिक भाषा (State Language) है अर्थात् इन राज्यों ने हिन्दी में प्रशासन कार्य का संचालन-संपादन करने की घोषणा कर दी है। **तीसरे स्तर** पर पंजाब, महाराष्ट्र और गुजरात प्रान्त अपने शासन में क्रमशः पंजाबी, मराठी तथा गुजराती भाषा के साथ सहभाषा के रूप में हिन्दी के प्रयोग करने की उद्घोषणा की है।

इस प्रकार हम देखते हैं कि आज हिन्दी का प्रयोग सामान्य, भाषाशास्त्रीय तथा संवैधानिक तीन विभिन्न सन्दर्भों में हो रहा है तथा संविधान ने उसे केन्द्रीय राजभाषा, प्रादेशिक भाषा एवं सहराजभाषा (पंजाब, महाराष्ट्र तथा गुजरात प्रदेशों के लिए) के रूप में मान्यता दी है। यहाँ पर राजभाषा का सही-सही अर्थ समझ लेना आवश्यक है। राजभाषा का सामान्य अर्थ है—राजकाज की भाषा। दूसरे शब्दों में जिस भाषा के द्वारा राजकीय कार्य निष्पादित किए जाएं। राजभाषा शब्द से वैसे दो भिन्न अर्थ भी निकलते हैं—प्रथम राजा की भाषा तथा दूसरा राज्य की भाषा। परन्तु चाहे भाषा राजा की हो या राज्य की, उसका अर्थ और अभिप्रेत प्रशासन तंत्र को चलायमान गतिशील रखने वाली भाषा से ही है। भारत जैसी जनतंत्रात्मक प्रणाली में दोहरी शासन पद्धति होती है। एक पद्धति केन्द्र तथा राज्यों के बीच प्रशासनिक सरोकारों की होती है और दूसरी प्रदेश की राज्य-प्रशासन की होती है। इस कारण राजभाषा की स्थिति भी दो प्रकार की होती है। प्रथम केन्द्रीय अथवा संघ की राजभाषा तथा द्वितीय राज्यों की राजभाषा जिसे समान रूप से राज्यभाषा कहा जाता है। संक्षेप में, केन्द्रीय तथा प्रादेशिक सरकारों द्वारा सरकारी पत्र-व्यवहार तथा राजकाज के इतर कार्यों एवं सार्वजनिक कार्यों के लिए जिस भाषा का प्रयोग किया जाता है उसे राजभाषा कहा जाता है। आचार्य नन्ददुलारे वाजपेई ने राजभाषा की परिभाषा इन शब्दों में दी है—"राजभाषा उसे कहते हैं जो केन्द्रीय और प्रादेशिक सरकारों द्वारा पत्र-व्यवहार, राजकाज और सरकारी लिखा-पढ़ी के काम में लाई जाए।[1] आचार्य देवेन्द्रनाथ शर्मा राजभाषा के कार्य क्षेत्रों को स्पष्ट करते हुए लिखते हैं—"राजभाषा का प्रयोग मुख्यतः चार क्षेत्रों में अभिप्रेत है—शासन, विधान, न्यायपालिका और कार्यपालिका। इन चारों में जिस भाषा का प्रयोग हो उसे राज-

1. आचार्य नन्ददुलारे वाजपेयी : राष्ट्रभाषा की कुछ समस्याएँ, पृ० 11

भाषा कहेंगे। राजभाषा का यही अभिप्राय और उपयोग है।"[1]

राष्ट्रभाषा तथा राजभाषा

हिन्दी इस देश की राष्ट्रभाषा एवं राजभाषा है। हिन्दी ही क्यों संविधान में स्वीकृत सभी भाषाएँ इस देश की राष्ट्रभाषाएँ तथा राजभाषाएँ हैं। अतः यह आवश्यक हो जाता है कि राष्ट्रभाषा एवं राजभाषा के बीच के सम्बन्ध सूत्रों को स्पष्ट किया जाए। प्रायः राज्य में अथवा समग्र देश में अधिकाधिक बोली, लिखी तथा समझी जाने वाली कोई भाषा ही उस देश की राष्ट्रभाषा कहलाती है और परम्परा यह है कि किसी भी देश की राष्ट्रभाषा ही उस देश की राजभाषा भी हो जाती है। अगर जहाँ राष्ट्रभाषा राष्ट्रीय उद्‌बोधन की क्षमता जनमानस के आदर्शों और अभिलाषाओं की सम्पूर्ति के लिए बेचैन तथा उनके भौतिक आध्यात्मिक चिंतन को अभिव्यक्त करने के सामर्थ्य से सम्पन्न साहित्यिक कृतित्व की गरिमा से मंडित सर्वग्राह्य सरल लिपि में लिखी जाती है वहाँ राजभाषा जनमानस की भावनाओं-सपनों-चिंतनों से सीधे-सीधे न जुड़कर एक अनौपचारिक माध्यम के रूप में प्रशासन तथा प्रशासित के बीच सेतु का कार्य करती है। यह भाषा भी राज्य अथवा देश के बहुमत द्वारा बोली, लिखी, समझी जाती है। यह अपनी प्रकृति में निहायत शुष्क अनौपचारिक तथा सूचना प्रधान होती है। संक्षेप में राष्ट्रभाषा लोक संवेदन तथा स्पंदन को लेकर चलती है और राजभाषा अपनी अभिव्यक्ति में यांत्रिक, संवेदनहीन और किसी हद तक अनात्मीय होती है। यद्यपि यह सत्य है कि किसी देश की राष्ट्रभाषा ही उस देश की प्रायः राजभाषा हो जाती है और राजभाषा ही प्रायः राष्ट्रभाषा हो जाती है फिर भी राष्ट्रभाषा एवं राजभाषा के बीच कभी-कभी पार्थक्य भी हो जाता है अतः उनके अलगाव के बिन्दुओं की तलाश अप्रासंगिक नहीं होगी :

1. राष्ट्रभाषा एवं राजभाषा में प्रथम और सबसे महत्त्वपूर्ण अन्तर यह है कि राजभाषा का भाग्य शासक-प्रशासक की नियति के साथ जुड़ा रहता है परन्तु राष्ट्रभाषा का न तो कोई निर्माण ही करता है और न ही उसे कोई पदच्युत हीं कर सकता है क्योंकि वह किसी सम्राट के संकेत से साँस नहीं लेती अपितु जनमानस के स्पंदनों में मुखर होती है। वह सामान्य मनुष्य के दुःख-सुख, उल्लास-अवसाद को लिपिबद्ध करती है। इस देश के इतिहास को देखें तो प्रारम्भ से ही क्रमशः संस्कृत, पालि, प्राकृत और शौरसेनी अपभ्रंश इस देश की राष्ट्रभाषा एवं राजभाषा—दोनों ही थीं। जो राष्ट्रभाषा थी वही राजभाषा भी थी।

---

1. आचार्य देवेन्द्रनाथ शर्मा : राष्ट्रभाषा हिन्दी : समस्याएँ और समाधान, पृ० 46

मुसलमानों के शासक बनने से पूर्व तक यही स्थिति रही परन्तु मध्यकाल में विदेशी शासन की स्थापना से क्रमशः फारसी एवं कालांतर में अंग्रेजी राजभाषाएँ हो गईं किन्तु अखिल भारतीय अभिव्यक्ति का लोक-माध्यम इन युगों में भी हिन्दी ही रही। अंग्रेजों के जमाने में पहले ब्रज तथा बाद में खड़ी बोली हिन्दी ने राष्ट्र-भाषा के दायित्व का वहन किया तथा यथासमय राष्ट्र की स्वतन्त्रता गौरव एवं अस्मिता के लिए चलाये जा रहे राष्ट्रव्यापी संघर्ष एवं आंदोलन के अन्तर्भारतीय भाषा भी सम्पर्क-सूत्र की भाषा माध्यम बनी और स्वतन्त्रता के पश्चात् परम्परागत राष्ट्रभाषा रूप के साथ राजभाषा के अभिनव रूप से वह गौरवान्वित है।

2. राष्ट्रभाषा एवं राजभाषा के बीच दूसरा अंतर **प्रयोग क्षेत्र** को लेकर है। राजभाषा का प्रयोग क्षेत्र विधान, शासन, न्यायपालिका तथा कार्यपालिका तक सीमित है जबकि राष्ट्रभाषा का व्यवहार क्षेत्र अबाधित है। वह राजभाषा के क्षेत्र में संचरण करने के साथ देश की बहुसंख्यक जनता की अखिल भारतीय संपर्क एवं व्यवहार की भाषा है।

3. राजभाषा का सम्बन्ध चूंकि प्रशासनिक कार्य प्रणाली के संचालन से होता है अतः यह स्वाभाविक ही है कि उसका सम्पर्क बुद्धिजीवियों, प्रशासकों, सरकारी कर्मचारियों तथा प्रायः शिक्षित समाज से होगा परन्तु राष्ट्रभाषा का सरोकार राष्ट्रीय लोकजीवन से रहता है अतः उस जैसा शिक्षण-प्रशिक्षण का कोई अनिवार्य अनुबन्ध नहीं होता। राष्ट्रभाषा शिक्षित प्रबुद्धों से अनपढ़ गँवार तक सभी के लिए अपनी अभिव्यक्ति और प्रयोग के दरवाजे खुले रखती है।

4. राष्ट्रभाषा एवं राजभाषा में समस्या के **समाधान** के मार्ग भी अलग-अलग होते हैं। राजभाषा जहाँ समस्याओं के समाधान के लिए बौद्धिक वर्ग की निष्पत्तियों समाधानों, पर निर्भर करती है, फाइलों, पुस्तकों की दुनिया से ऐतिहासिक संदर्भों एवं पूर्व घटनाओं के प्रकाश में वर्तमान समस्याओं के हल खोजने का प्रयास करती है वहाँ राष्ट्रभाषा लोकभाषा बुद्धि और बल की तुलना में हृदय और भावनाओं के उद्बोधन के माध्यम से समस्याओं के रागात्मक, काल्पनिक हल खोजने के प्रयत्न करती है। वह आवश्यकता एवं प्रसंगानुसार जनाक्रोश एवं जनादेश तैयार करती है ताकि समस्याओं का मात्र न्याय के बल पर स्तरीय अथवा अव्यक्तार्थ बौद्धिक समस्याओं के बजाय देश की समस्याओं के सहज प्रकृत तथा व्यावहारिक समाधान प्रस्तुत किए जा सकें। इस प्रयत्न में राजभाषा राजनीतिक दाँवपेंच और उथल-पुथल का प्रायः आश्रय लेकर समस्या और समाधान को वर्तुलाकर रूप में प्रस्तुत कर उसे सिराहीन उलझाव से उलझा देते हैं जबकि राष्ट्रभाषा सामाजिक-सांस्कृतिक बिन्दुओं से समाधान की सीधी रेखा खींचती है।

इस कारण कहा जा सकता है कि राजभाषा का महत्त्व राजनीतिक दृष्टि-

कोण से होता है जबकि राष्ट्रभाषा का महत्त्व सामाजिक एवं सांस्कृतिक दृष्टि से नापा जाता है।

आचार्य नन्ददुलारे वाजपेयी ने राजभाषा एवं राष्ट्रभाषा के अन्तर को इन शब्दों में अभिव्यक्त किया है—"राजभाषा उसे कहते हैं जो केन्द्रीय और प्रादेशिक सरकारों द्वारा पत्र-व्यवहार, राजकार्य और अन्य सरकारी लिखा-पढ़ी के कार्य में लाई जाए। राष्ट्रभाषा की कल्पना इससे भिन्न है। उसका पद और भी बड़ा है। उसी भाषा का गौरव सबसे अधिक हो सकता है और वही राष्ट्र भाषा कहला सकती है जिसको सब जनता समझती हो और जिसका अस्तित्व सामाजिक और सांस्कृतिक दृष्टि से महत्त्वपरक हो।"[1]

5. राष्ट्रभाषा एवं राजभाषा में राजभाषा का **व्यवहार क्षेत्र** राष्ट्रभाषा की में तुलना व्यापकतर होता है। राष्ट्रभाषा जहाँ राष्ट्रीय हितों एवं राष्ट्रीय जीवन के स्पंदनों, आदर्शों का अभिलेख बनकर रह जाती है वहाँ राजभाषा राज-नीतिक बोध से प्रेरित अन्तर्राष्ट्रीय सम्पर्क से सम्बद्ध रहती है।

हिन्दी भाषा का विकास

डॉ० धीरेन्द्र वर्मा[2] ने आधुनिक आर्यभाषा हिन्दी के लगभग एक हजार वर्ष के इतिहास को अध्ययन की सुविधा की दृष्टि से निम्नलिखित कालों में विभाजित किया है—

1. आदिकाल (सन् 1000 से 1500 ई०)
2. मध्यकाल (सन् 1500 से 1800 ई०)
3. आधुनिक काल (सन् 1800 से वर्तमान काल तक)

यह वर्गीकरण वास्तव में देश के इतिहास के समानान्तर चलता है। सन् 1000 से 1500 की अवधि में इस देश में पूर्व से चले आ रहे विभिन्न हिन्दू राज्यों के बीच हिन्दी भाषा की स्थिति का सर्वेक्षण किया गया है। सन् 1500 से 1800 ई० के बीच विदेशी हमलावरों—अफगान, तुर्क तथा मुसलमानों के हमलों और उनका भारत में सत्तासीन होने का काल है। इस अवधि में अन्ततो-गत्वा शासन के सूत्र मुसलमानों के हाथों में आ जाते हैं। इस कालावधि में हिन्दी की स्थिति कैसी रही, इसकी चर्चा इस काल खण्ड में की गई है। अंतिम वर्ग अर्थात सन् 1800 से वर्तमान युग तक में अंग्रेजों के आगमन तथा शासन बन जाने से लेकर स्वातन्त्र्योत्तर काल में हिन्दी के साथ सत्ता का व्यवहार कैसा

---

1. आचार्य नन्ददुलारे वाजपेयी: राष्ट्रभाषा की कुछ समस्याएँ, प्र० सं० 1961, पृ० 52
2. डॉ० धीरेन्द्र वर्मा : हिन्दी भाषा का इतिहास, पृ० 76

रहा, इसका ब्योरेवार वर्णन इस अवधि में किया गया है।

1. **आदिकाल** (सन् 1000 से 1500 ई० तक) : राजनीतिक रूप से यह युग विदेशी हमलों और आंतरिक कलह से हिन्दू राजाओं के पराजय का युग है। सत्ता परिवर्तन के इस संक्रमण काल में देश में अशान्ति, भय, अनिश्चय का वातावरण था। इस कालावधि में हिन्दी प्रदेश प्रमुख रूप से तीन विभिन्न राज्यों में बँटा हुआ था। पश्चिम में चौहान वंश का राज्य था तो दक्षिण-पश्चिम में राजस्थान में राजपूतों का और पूर्व में राठौर वंश का राज्य था। 12वीं शताब्दी के अन्तिम चरण में मुहम्मद गोरी ने चौहान वंश के महाबली सम्राट पृथ्वीराज चौहान को हराकर दिल्ली पर अपना अधिकार कर लिया। कन्नौज के राठौर वंशीय राजा जयचन्द की हार के पश्चात समस्त हिन्दी प्रदेश में तुर्की मुसलमानों का आधिपत्य हो गया। भाषा की दृष्टि से खड़ी बोली का आदिकाल प्रमुख रूप से अपभ्रंश ग्रन्थकारों, नाथों, सिद्धों, वीरकाव्य के रचनाकारों, चारण-भाट, कवियों का युग था। अपभ्रंश काल समाप्ति पर था और अपभ्रंश के कुछ लक्षणों के साथ जनभाषाओं—खड़ी बोली तथा हिन्दी की अन्य वर्तमान बोलियों—का उदय होने लगा था। इस काल में लिखित शौरसेनी अपभ्रंश-साहित्य में उपलब्ध खड़ी बोली के प्रारम्भिक प्रयोगों से उसके आदि स्वरूप का पता लगता है। वास्तव में हिन्दी का आदिकाल भाषा के दृष्टिकोण से अपभ्रंश का ही विस्तार था जिसे उत्तरकालीन अपभ्रंश अथवा पुरानी हिन्दी भी कहा जाता है। भाषा विकास की दृष्टि से हिन्दी शौरसेनी अपभ्रंश से उत्पन्न हुई और इसी में चारण-भाटों ने डिंगल साहित्य यानी रासो ग्रन्थ लिखे। आज इनकी भाषा की प्रमाणिकता संदिग्ध हो गई है। डिंगल के समान ही ब्रजभाषा का प्राचीन रूप पिंगल भाषा भी इस युग में साहित्यिक अभिप्रायों को व्यक्त करने लगी थी। डिंगल और पिंगल के अलावा दिल्ली-मेरठ की पंजाबी से प्रभावित एक बोली थी जिसमें मुस्लिम सम्पर्क के कारण अरबी-फारसी शब्दों का समावेश होने लगा था। क्रमशः उत्तरोत्तर यही बोली साहित्यिक अभिव्यक्ति का माध्यम बनने लगी। आदिकालीन सिद्धों और नाथों की धर्म-प्रचार की भाषा इसी बोली के निकट की है। इसी बोलचाल की भाषा हिन्दवी अथवा दक्खिनी हिन्दी में अमीर खुसरो सन् 1213-1325 ने रचनाएँ लिखीं। हिन्दी भाषा के विकास में दक्खिनी हिन्दी के योगदान को विस्मृत नहीं किया जा सकता है। वस्तुतः ऐसा प्रतीत होता है कि इस काल में खड़ी बोली, ब्रज और अवधी अपने-अपने क्षेत्रों में बोल-चाल की भाषाएँ रही होंगी और कालान्तर में ये ही साहित्यिक रचनाओं के लिए उपयोग में लायी जाने लगीं।

2. **मध्यकाल** (सन् 1500 से 1800 ई० तक) : सन् 1526 में देश में मुसलमानों का शासन स्थापित हो गया और इसके साथ ही देश में व्याप्त राजनीतिक

अनिश्चय एवं अशान्ति का वातावरण समाप्त हो गया। अतएव शान्ति के काल में जहाँ एक ओर भारतीय जनभाषाओं ने अपभ्रंशों की भाषा से अपने आपको पूर्णतया मुक्त कर लिया वहीं हिन्दी के स्वरूप और साहित्यिक विकास की दिशाएँ स्पष्टत: दृष्टिगत होने लगी थीं। उसकी विभिन्न बोलियाँ विकासित हो गई थीं। इस काल में भाषा के तीन रूप दिखाई देते हैं—ब्रजभाषा, अवधी तथा खड़ी बोली। पूर्व-मध्य युग में ब्रजभाषा में लिखित कृष्ण साहित्य को कुछ देशी राजाओं का संरक्षण एवं आश्रय प्राप्त था, अत: इस युग में ब्रजभाषा ही साहित्यिक अभिव्यक्ति की प्रमुख माध्यम बनी। अवधी भाषा में रामकाव्य लिखा गया। सूफियों ने भी अपनी रचनाओं के लिए अवधी भाषा का प्रयोग किया, परन्तु नैतिकता एवं मर्यादा के आग्रह के कारण इस युग में रामकाव्य कृष्णकाव्य-सी प्रसिद्धि तथा विस्तार नहीं प्राप्त कर सका। इनके अतिरिक्त खड़ी बोली का प्रयोग भी साहित्य में होता रहा। यही खड़ी बोली 14वीं शताब्दी में मुहम्मद तुगलक के दक्षिण पर किये गये आक्रमण (सन् 1326) के साथ दक्षिण में साहित्य-सृजन का महत्त्वपूर्ण साधन बन चुकी थी। यह आश्चर्य की बात है कि प्रारम्भ में खड़ी बोली में अपने जन्म क्षेत्र से बाहर सुदूर दक्षिण में साहित्यिक-आर्थिक रचनाएँ लिखी गईं। यद्यपि 18वीं सदी में मुसलमान बादशाहों ने खड़ी बोली को अपना संरक्षण प्रदान किया। किन्तु फारसी के राजभाषा होने से खड़ी बोली को इस संरक्षण से वो लाभ नहीं मिले जिनकी वह अधिकारिणी थी। आधुनिक काल तक आते-आते ब्रजभाषा तथा अवधी लोक संवेदना तथा व्यवहार को वहन करने में असमर्थ होने लगी थीं। यद्यपि मुगलकाल में ब्रजभाषा और अवधी का साहित्यिक प्रदेय खड़ी बोली की तुलना में विशाल था परन्तु खड़ी बोली के अभिनव अभिव्यक्ति-सामर्थ्य ने शिक्षित समाज को रूढ़िगत ब्रजभाषा की अपेक्षा पारस्परिक व्यवहार की भाषा के रूप में खड़ी बोली की ओर अधिक आकर्षित किया। वस्तुत: खड़ी बोली को सम्पन्न समृद्ध करने में मुगल शासन का बहुत योगदान रहा है। श्री ललित मोहन अवस्थी के शब्दों में "यदि इस्लामी शासन के आरम्भिक काल अथवा 12वीं शताब्दी के अन्त में ही दिल्ली में शासन का केन्द्र स्थापित न हुआ होता तो हिन्दी भाषी जाति का गठन और खड़ी बोली का विकास, दोनों ही अपनी वर्तमान अवस्था को प्राप्त न हुए होते। दिल्ली का राजधानी बनना वह मूल आधार था जिस पर हिन्दी भाषी जाति का गठन और खड़ी बोली का विकास सम्भव हुआ।"[1]

3. **आधुनिक काल** (सन् 1800 से आज तक) : 18वीं शताब्दी में देश की राजनीतिक क्षितिज पर पुन: परिवर्तन दिखाई देने लगा। 19वीं शती के दूसरे

1. ललित मोहन अवस्थी : खड़ी बोली का सामाजिक इतिहास, पृ० 192

दशक में हिन्दी प्रदेश पर अंग्रेजों की गिरफ्त मजबूत हो गई थी । इस राजनीतिक बदलाव का प्रभाव मध्य देश की भाषा हिन्दी पर भी पड़ा । जैसा कि स्पष्ट किया जा चुका है कि ब्रज तथा अवधी भाषाएँ इस समय तक जनभाषा की भूमिका से कट चुकी थीं और खड़ी बोली हिन्दी क्रमशः उनका स्थान ले रही थी । अंग्रेजों के पास जब राज्य सत्ता आई उस समय पूरे मध्य देश में दिल्ली दरबार के संरक्षण तथा व्यापारिक कारणों में खड़ी बोली बोलचाल की भाषा के रूप में अपना स्थान बना चुकी थी । अंग्रेजी सरकार ने प्रशासन को चुस्त-दुरुस्त रखने के लिए खड़ी बोली गद्य का प्रयोग प्रारम्भ किया । खड़ी बोली का इसे दुर्भाग्य ही कहा जाएगा कि हिन्दी के आधुनिक युग के प्रारम्भ में (सन् 1855) उसे एक ओर अंग्रेजों के षड्यंत्रों के कारण सांप्रदायिकता के स्तर पर उर्दू से तथा दूसरी ओर अपनी ही अग्रजा ब्रजभाषा से संघर्ष करना पड़ा । धीरे-धीरे खड़ी बोली (गद्य-पद्य) साहित्य की प्रधान भाषा बन गई । हिन्दी भाषी प्रदेशों में जो राजनीतिक, सामाजिक, भौतिक तथा सांस्कृतिक परिवर्तन हुए उनसे हिन्दी के विकास को काफी सहयोग मिला, ईसाई धर्म-प्रचारकों, प्रेस, पत्र-पत्रिकाओं तथा उत्तर भारत में सामाजिक सुधार एवं सांस्कृतिक जागरण के लिए प्रारम्भ में किए गए विविध धार्मिक, सामाजिक एवं राजनीतिक आन्दोलनों से खड़ी बोली के प्रचार-प्रसार और विकास प्रक्रिया को और भी अधिक गति मिली । राष्ट्रीय स्वाधीनता आन्दोलन के प्रणेता महात्मा गांधी की दूरदर्शिता तथा समस्या के प्रति व्यावहारिक दृष्टिकोण अपनाने की नीति के कारण उन्होंने खड़ी बोली को राष्ट्रीय भाषा के रूप में स्वीकार कर इसकी संभावनाओं के नये द्वार खोले । कांग्रेस ने इसे अंतर्प्रांतीय भाषा के रूप में अपनाया । संप्रति भारतीय संविधान ने हिन्दी को भारतीय संघ की राजभाषा घोषित किया है । हिन्दी क्षेत्रों ने भी इसे राज्यभाषा स्वीकार किया है तथा कुछ हिन्दीतर प्रांतों ने इसे सह-राजभाषा के रूप में मान्यता दी है ।

भाषा नहीं, भाषा-परम्परा

आधुनिक भारतीय भाषाओं का विकास ईसा की दसवीं शताब्दी के आसपास प्रारम्भ हुआ । भारत के विभिन्न भाषा प्रदेशों में परस्पर आन्तरप्रान्तीय सम्पर्क-सूत्र बनाए रखने के लिए तथा सम्पूर्ण देश की एकता की अक्षुण्णता के उद्देश्य से हिन्दी का उपयोग किया जाता रहा है । हिन्दी का सम्बन्ध अपनी सहवर्तिनी आर्य भाषाओं के साथ ही नहीं दूरवर्ती अन्य भाषाओं के साथ भी रहा है । भारत के मर्मस्थल मध्य प्रदेश की भाषा होने के साथ हिन्दी की कई बोलियाँ और उप-भाषाएँ भारत के अधिकांश प्रदेशों की व्यवहार भाषाएँ थीं । इसी कारण हिन्दी पंजाब, बंगाल, गुजरात, महाराष्ट्र और दक्षिण भारत से भी किसी-न-किसी रूप

से सम्बद्ध रही तथा सार्वदेशिक भाषा के रूप में प्रयुक्त होती रही है।

हिन्दी की इस सार्वदेशिक व्यापकता के मूल में कई सांस्कृतिक, धार्मिक, व्यापारिक, साहित्यिक, राजनीतिक तथा सामाजिक कारण रहे हैं। हिन्दी भाषी प्रदेशों में हिन्दुओं के काशी एवं हरिद्वार जैसे प्रमुख तीर्थ स्थानों पर सम्पूर्ण भारत से तीर्थ यात्रियों का आवागमन बना रहता था और इसी प्रकार हिन्दी भाषी भक्त भी भारत के पूर्व तथा दक्षिण में स्थित तीर्थ-स्थानों की यात्रा के लिए आया-जाया करते थे। इन यात्रियों की पारस्परिक आदान-प्रदान की भाषा हिन्दी थी। इसके साथ-साथ भारतीय धर्माचार्यों ने भी धर्म को लोकप्रिय बनाने के लिए संस्कृत छोड़कर तत्कालीन भाषा का आश्रय लिया। मध्ययुगीन वैष्णव आचार्यों तथा निर्गुण संतों ने उत्तर भारत में अपने सम्प्रदायों के प्रचार के लिए जनभाषा हिन्दी को चुना। इसके अतिरिक्त महाराष्ट्र, पंजाब और गुजरात के सन्तों ने भी माध्यम के रूप में हिन्दी का प्रयोग किया। मध्ययुगीन सूफी सन्तों ने भी सांस्कृतिक-सामाजिक समन्वय के लिए फारसी के स्थान पर अवधी में अपनी रचनाएँ प्रस्तुत कीं। दक्षिण के सूफी सन्तों ने दक्खिनी में विपुल साहित्य-सृजन किया। इन सन्तों और साधुओं को हिन्दी के आदि प्रचारक कहा जा सकता है।

हिन्दी की व्यापकता और लोकप्रियता के कारणों में से एक महत्त्वपूर्ण कारण साहित्य एवं संगीत की सम्पन्नता भी है। ब्रजभाषा साहित्य एवं संगीत के लिए अनुकूल समझी जाती थी। सूरदास के पद देश के अनेक प्रदेशों में गाये जाते थे। अनेक अहिन्दी भाषी कवियों ने अपनी रचनाओं में हिन्दी को स्थान दिया।

हिन्दी को देशव्यापी बनाने का दूसरा स्रोत व्यापारिक रहा है। हिन्दी प्रदेश में स्थित पटना, आगरा, बनारस, लखनऊ तथा दिल्ली आदि व्यापारिक केन्द्रों पर देश के विभिन्न भागों से व्यापार तथा रोजगार की तलाश में मजदूर आते थे और उनके तथा स्थानीय व्यापारियों के बीच लेने-देन की भाषा हिन्दी होती थी।

हिन्दी के विकास में राजनीतिक गतिविधियों का भी बहुत बड़ा योगदान रहा है। सम्राट अलाउद्दीन खिलजी के समय दक्षिण के समुद्र तट तक हिन्दी का विस्तार हुआ। इसी समय अमीर खुसरो हुए जो खड़ी बोली के प्रवर्तक कवि माने जाते हैं। खिलजी वंश के समय ही दिल्ली को दक्षिण के राज्यों का संरक्षण मिला। मुगल बादशाहों के शासनकाल में हिन्दी को अनुकूल वातावरण मिला। अकबर, जहांगीर, शाहजहां तथा औरंगजेब आदि मुसलमान शासकों ने हिन्दी को राज्याश्रय दिया। अनेक हिन्दू राजाओं ने भी हिन्दी कवियों को अपने दरबार में आश्रय दिया। इन शासकों के कर्ता-धर्ता तथा विशाल सेनाओं के कारण जहाँ-जहाँ, मुस्लिम साम्राज्य का विस्तार हुआ, वहाँ-वहाँ आगत एवं स्थानीय लोगों

के बीच संवाद-माध्यम के रूप में हिन्दी स्वीकारी गई। शताब्दियों से हिन्दी भाषा और साहित्य को समृद्ध करने में अहिन्दी प्रदेशों ने भी महत्त्वपूर्ण भूमिका निभाई है। यहाँ पर संपूर्ण भारत के विभिन्न प्रदेशों में हिन्दी के प्रयोग एवं व्यवहार का जायजा लेना अप्रासंगिक नहीं होगा।

(क) **पंजाब :** पंजाब में हिन्दी का प्रचलन हिन्दी के उद्भव काल से ही पाया जाता है। कुछ लोग पंजाब को ही हिन्दी का जन्म स्थान मानते हैं। गुरु गोरखनाथ की बहुत सी रचनाएँ हिन्दी में हैं। और पंजाबी के आदि कवि बाबा फरीदुद्दीन शकरगंज खड़ी बोली के प्रथम कवि माने जाते हैं। ग्यारहवीं शती के हिन्दी के आदिकालीन कवि अब्दुलरहमान (अद्दहमण) पंजाब के ही-रहने वाले थे। उत्तर भारत में संतकाव्य को समन्वित रूप देने का श्रेय गुरु नानकदेव को है, जिन्होंने ब्रज, पंजाबी तथा खड़ी बोली तीनों भाषाओं में कविताएँ लिखी हैं। उनके शिष्य गुरु अंगददेव जी की भी हिन्दी रचनाएँ मिलती हैं। 'गुरु ग्रंथ साहिब' में संगृहीत सिख गुरुओं की रचनाओं में हिन्दी कही जा सकने वाली रचनाएँ पर्याप्त मात्रा में मिलती हैं। तीसरे गुरु अमरदास, चौथे गुरु रामदास और पाँचवें गुरु अर्जुनदेव जी ने भी अपनी कई वाणियाँ हिन्दी में लिखीं। गुरु गोविन्द सिंह का 'दशमग्रन्थ' अधिकांशतः हिन्दी में है। गुरु दरबार के आश्रित कवियों में से भाई गुरुदास, सेनापति, अणिराय, हरि कवि आदि ने उल्लेखनीय हिन्दी रचनाएँ लिखी हैं। इनके अलावा पंजाब के उपासी संप्रदाय के सन्त संतरण, निर्मल सम्प्रदाय के गुलाब सिंह, सुक्खा सिंह तथा भाई संतोष सिंह विशेष उल्लेखनीय हैं। संतोष सिंह ने अपने 'गुरु प्रताप सूर्य' में पद्मावत और रामचरित मानस की पद्धति पर सिख गुरुओं के जीवन चरित का वर्णन, दोहा, चौपाई पद्धति में किया है। ब्रज भाषा में सिख इतिहास लिखने की परम्परा के अन्तिम कवि ज्ञानी ज्ञान सिंह थे, जिन्होंने हिन्दी और पंजाबी में साहित्य-रचना की।

सामान्यतः सिख गुरुओं का साहित्य निर्गुण भक्ति साहित्य है, लेकिन पंजाब में सगुण भक्ति अर्थात राम और कृष्ण भक्ति की भी परम्परा है। हृदयराज भल्लाकृत 'हनुमन्नाटक' और रामगीत पंजाब में लोकप्रिय हैं। नामा, जिंद तथा कपूरथला रियासतों के नरेशों ने भी हिन्दी कवियों को आश्रय दिया।

(ख) **कश्मीर :** आर्थिक कारणों के अतिरिक्त पर्यटन ने भी कश्मीर में हिन्दी का वातावरण बनाया।

कश्मीर के प्रथम मुसलमान शासक शमसुद्दीन शाह (1339 ई०) ने हिन्दी को आश्रय दिया। सुल्तान जैनुल अबीद्दीन (1420) स्वयं कश्मीरी के अतिरिक्त फारसी, हिन्दी और तिब्बती भाषाओं का विद्वान था। उन दिनों हिन्दी आंतरप्रांतीय व्यवहार भाषा के रूप में विद्यमान थी। उसके शासन काल में अनेक अरबी-फारसी की पुस्तकों का अनुवाद हिन्दी में हुआ। जम्मू के

वल्लभदेव ने सन् 1572 में रामचरित मानस का हिन्दी अनुवाद 'तुलसी रामायण' नाम से किया। सन् 1823 में कवि दत्त ने 'वीर विलास' नामक काव्य रचना और सुन्दर कवि ने 'विराटपर्व' नामक रचना ब्रज भाषा में की।

(ग) **बंगाल** : बंगाल में प्राचीन काल से ही हिन्दी की व्यापक परम्परा दिखाई देती है। बंगला के महाप्रभु चैतन्य तथा गौड़िया वैष्णव सम्प्रदाय के भक्तों के कारण मथुरा-वृन्दावन बड़ा और महत्त्वपूर्ण तीर्थ बन गया था। प्रयाग और काशी भी धार्मिक स्थल के रूप में प्रसिद्ध थे। मैथिली के महाकवि विद्यापति ने बंगला और हिन्दी को निकट लाने में सेतु का कार्य किया। बंगला के वैष्णव कवियों की रचनाओं में ब्रज भाषा का आभास ही नहीं मिलता बल्कि अनेक कीर्तनों में हिन्दी के भी पद गाया जाना बंगाली जनता के हिन्दी प्रेम को ही प्रकट करता है। सत्रहवीं शती के नरहरिदास ने भी ब्रज भाषा में महत्त्वपूर्ण रचनाएँ की हैं। इनके अतिरिक्त अनेक बंगाली कवियों जैसे गोपाल सिंह, कृष्णदास तथा परमानन्द दास आदि ने हिन्दी में रचनाएँ की हैं। मुगल शासक, फौजी सिपाही, व्यापारी, सूफी सन्त, इस्लाम धर्म प्रचारकों का आना-जाना और सूफी काव्य तथा अवधी का भी बंगाल पर काफी प्रभाव पड़ा। अवधी को बंगाल में गोहारि या गोयारी कहा जाता था, जिसमें पूर्वी बंगाल के मुसलमान काव्य-पाठ तथा काव्य-रचना भी करते थे। इस प्रकार हम देखते हैं कि 16वीं, 17वीं और 18वीं शताब्दी में बंगाल ने हिन्दी को व्यापक बनाने में पूरा योग दिया था। आधुनिक काल में हिन्दी को राष्ट्रभाषा बनाने के आंदोलन में भी बंगाल का महत्त्वपूर्ण योगदान है। सर्वश्री तरुणीचरण मित्र, ईश्वरचन्द्र विद्यासागर, राजनारायण बसु, केसव चन्द्रसेन, बंकिमचन्द्र चटर्जी, आचार्य क्षितिमोहन सेन और डॉ० सुनीति कुमार चाटुर्ज्या आदि बंगाल के गणमान्य व्यक्ति हिन्दी के प्रचारक और उन्नायक रहे हैं।

(घ) **उड़ीसा** : बारहवीं शती में रामानुजाचार्य द्वारा वैष्णवीय मठ की स्थापना तथा सोलहवीं शती में चैतन्य महाप्रभु के आगमन से हिन्दी कीर्तन परम्परा उत्कल में लोकप्रिय होने लगी। वृन्दावन और ब्रज भाषा उत्कल में प्रचलित होने लगी। पन्द्रहवीं शती के राय रामानन्द पट्टनायक ने संस्कृत के साथ ब्रज में बहुत सी रचनाएँ लिखीं। इसके अतिरिक्त राजकवि प्रताप रुद्रदेव, दामोदर चम्पतिराय, जगन्नाथ दास, बलराम दास, अनन्तदास, उद्धवदास, दीनकृष्ण दास, दिव्य सिंह, वंशी बलभमिश्र आदि ने हिन्दी में काव्य रचना की। उड़ीसा में मुगलों के शासन काल में फारसी के राजभाषा होने के साथ ही उत्तर भारतीय सिपाहियों के कारण हिन्दी प्रचलित थी। मराठों का राज्य स्थापन होने के बाद भी हिन्दी का महत्त्वपूर्ण स्थान वहाँ बना रहा।

(च) **गुजरात** : हिन्दी भाषी प्रदेश का निकट होना, वल्लभ सम्प्रदाय,

स्वामीनारायण सम्प्रदाय, जैन धर्म, संतमत का व्यापक प्रभाव मुसलमान बादशाह तथा राजपूत राजाओं के कारण शताब्दियों पहले से हिन्दी गुजरात में स्थापित हुई थी। वल्लभाचार्य और उनके पुत्र विट्ठलनाथ जी ने गुजरात में वैष्णव धर्म का प्रचार किया। 1481 ई० के आसपास भालण ने गुजरात में ब्रज भाषा में रचनाएँ लिखीं। वैष्णव सम्प्रदाय के कवि भालण के बाद केशवदास कायस्थ, बैजूबावरा, अष्टछाप के प्रसिद्ध कवि कृष्णदास अधिकारी, मुगुन्द युगली, श्री त्रिकम दास आदि कवियों ने ब्रज भाषा में पदरचना की। इन वैष्णव कवियों में दयाराम सर्वश्रेष्ठ कवि हैं, जिन्होंने ब्रज भाषा में 41 ग्रन्थ और 12,000 स्फुट पदों की रचना की। सामाजिक सुधार तथा धार्मिक कुरीतियों को दूर करने लिए संकल्पबद्ध गुजरात के स्वामिनारायण सम्प्रदाय के सहजानन्द की प्रेरणा से अनेक कवियों ने संस्कृत, गुजराती तथा हिन्दी में रचनाएँ लिखीं। वल्लभाचार्य जी के अष्टछाप के समान सहजानन्द के अष्टसखा भी हिन्दी काव्य-कला की दृष्टि से अपना अलग स्थान रखते हैं। इन आठ कवियों में से मुक्तानन्द ब्रह्मानन्द तथा प्रेमानन्द स्वामी महत्वपूर्ण हैं। इनके अतिरिक्त गुजरात में निर्गुण मतावलम्बी दादू और रामानन्दी प्रणामी पंथों का प्रचलन रहा है। इन सभी पंथों के अनुयायी सन्तों ने सधुक्कड़ी वाणी में जनता को उपदेश दिया है। हिन्दी को माध्यम बनाने वाले कवियों में से सन्त दादू और प्राणनाथ ने हिन्दी में कई पद एवं साखियाँ लिखी हैं। अन्य सम्प्रदायों में से जैन कवि आनन्दघन, ज्ञानानन्द, विनय-विजय, यशोविजय, किशनदास, आदि ने हिन्दी में तथा सूफी परम्परा के शेख अहमद खट्टू और बुर्हानुद्दीन खुतवे आजम बुखारी आदि ने गुर्जरी भाषा में रचनाएँ लिखीं जो हिन्दी के काफी निकट हैं।

गुजरात, सौराष्ट्र और कच्छ के राजाओं ने भी हिन्दी को आश्रय दिया। राजकोट के राजा कुमार मेहरामठासिंह, सौराष्ट्र के झाला राजा अमर सिंह जी, रणमल सिंह जी और मानसिंह जी, कच्छ के महराव लखपत जी तथा काकरेची ठकुरानी हरीजी रानी, चावड़ी जी और जाम सुता, प्रताबबाला की भी हिन्दी में रचनाएँ प्राप्त हुई हैं। इस प्रकार पन्द्रहवीं शताब्दी से लेकर आज तक के गुजरात के अंचल में प्राप्त हिन्दी साहित्य के अवलोकन से यह बात स्पष्ट होती है कि गुजरात सदा से ही हिन्दी का समर्थक एवं केन्द्र रहा है।

(छ) महाराष्ट्र : महाराष्ट्र में हिन्दी की प्राचीन परम्परा पायी जाती है। मराठी की लिपि भी हिन्दी के समान देवनागरी है। महाराष्ट्र के संतों का हिन्दी प्रदेश में आना-जाना तथा हिन्दी का माध्यम के रूप में स्वीकार महानुभाव सम्प्रदाय से ही प्रारम्भ हुआ। महानुभाव सम्प्रदाय के संस्थापक चक्रधर स्वामी के कुछ पद हिन्दी में हैं, तथा उनकी शिष्या महदाईसा-परिष्कृत हिन्दी में पद गाया करती थीं। गायक-कवि दामोदर पण्डित ने भी हिन्दी में विभिन्न राग-

रागिनियों पर आधारित कविताएँ लिखीं। वारकरी सम्प्रदाय के सन्त ज्ञानेश्वर, नामदेव, एकनाथ, तुकाराम, सोपानदेव, मुक्ताबाई आदि ने हिन्दी में पद लेखन एवं गायन किया। सन्त ज्ञानेश्वर तथा तुकाराम का इनमें विशिष्ट स्थान है। अठारहवीं शती में जन जयवंत, मध्वमुनीश्वर, अमृतराय, सातपुरी-ठाकुर बाबा, निरंजन रघुनाथ आदि सन्त कवियों की हिन्दी रचनाओं के बाद पंडित कवि और 'तंत कवि' (शाही और लावणीकार) आए जिन्होंने कई फुटकर रचनाएँ हिन्दी में कीं।

महाराष्ट्र में मराठों के शासनकाल में फारसी के स्थान पर मराठी को राजभाषा बनाया गया, किन्तु साथ ही हिन्दी को भी प्रोत्साहन दिया गया। शिवाजी के पिता श्री शहाजी राजे के दरबार में कई हिन्दी कवि थे। शिवाजी का हिन्दी प्रेम उनके दरबारी कवि भूषण के कारण स्पष्ट होता है। शिवाजी के पुत्र संभाजी भी हिन्दी में कविता किया करते थे। इस प्रकार यह स्पष्ट हो जाता है कि महाराष्ट्र प्रारम्भ से ही हिन्दी का समर्थक तथा प्रचारक रहा है।

(ज) **दक्षिण भारत** : आज के मैसूर, मद्रास, केरल तथा आन्ध्र प्रदेश के चार राज्यों को दक्षिण भारत के नाम से अभिहित किया जाता है। यहाँ की चार भाषाएँ कन्नड़, तमिल, मलयालम तथा तेलुगू– भाषा की दृष्टि से द्रविड़ परिवार की भाषाएँ हैं तथा ये चारों राज्य हिन्दी प्रदेश से अति दूरी के कारण उनका हिन्दी से सम्पर्क कम है परन्तु यह सुखद आश्चर्य है कि यहाँ भी हिन्दी की व्यापकता का प्रमाण प्राचीनकाल से मिलता है। प्रमुख रूप से साधु-सन्तों तथा व्यापारी वर्ग के द्वारा हिन्दी दक्षिण में पहुँच गई थी। केरल के प्रमुख बन्दरगाहों और व्यापार केन्द्रों तक आने-जाने वाले मारवाड़ी, गुजराती और मुसलमनों के कारण वहाँ मिश्रित हिन्दुस्तानी में रोजमर्रा की बातचीत तथा व्यापार होता था। हैदर अली और टीपू सुलतान की केरल प्रदेशों पर चढ़ाई के कारण वहाँ हिन्दी और उर्दू का प्रचलन अधिक हुआ। हिन्दी को 'मुसलमानों' की भाषा अर्थात् 'तुर्क भाषा' के रूप में लोग जानने लगे।

मलयालम साहित्य में भी कहीं-कहीं हिन्दी का प्रयोग प्राप्त होता है। मलयालम के प्रसिद्ध प्राचीन कवि हास्य सम्राट स्व० कुंचन नंबियार की 'तुलमल कथा, की रचना में हिन्दी वाक्य मिलते हैं। केरल के तिरुवितांकूर और कोचीन के राजवंशों के लोग हिन्दी भाषी विद्वानों का सम्मान करते थे, जिससे उन्हें हिन्दी का अधिक ज्ञान प्राप्त होने लगा। केरल के प्रसिद्ध राजा स्व० राज वर्मा उर्फ स्वति तिरुनाल ने हिन्दी में कई भक्ति-पद रचे हैं। केरल में हिन्दी के व्यापक प्रचार का महत्त्वपूर्ण कारण दक्खिनी मुसलमानों का केरल में आकर बसना है। किन्तु इन दक्खिनी मुसलमान कवियों की रचनाएँ नष्ट हो चुकी हैं।

कर्नाटक और हिन्दी प्रदेश के बीच का गहरा सम्बन्ध, राजनीतिक,

सांस्कृतिक और धार्मिक कारणों से रहा है। मुहम्मद बिन तुगलक के द्वारा देवगिरि के राजधानी बन जाने पर 'दक्खिनी' नामक अलग भाषा बनी। 'दक्खिनी' को रूप देने वालों में बीजापुर के अली आदिल शाह द्वितीय, गुलबर्गा के बंदेनवाज, बीजापुर के नुसरती, मीर हाशिमी बीजापुरी, कादिर बीजापुरी आदि उल्लेखनीय हैं। कर्नाटक के सन्तों में से महीपती, कृष्णराय, एकमांगत पंडित लक्ष्मीपति आदि सत्रहवीं शती के पूर्वार्द्ध के भक्त कवियों ने कन्नड़ के अतिरिक्त हिन्दी में भी अनेक पदों की रचना की। दत्तसंप्रदाय के सन्तों में से श्री मनोहर माणिक प्रभु, मार्तण्ड माणिक प्रभु आदि और अन्य कवियों में टिप्पणाय, अण्णव-धूत और शिशुनाल शरीफ ने उल्लेखनीय हिन्दी पद रचे हैं।

आंध्र प्रदेश से भी हिन्दी का पुराना सम्बन्ध रहा है। पुष्टिमार्ग के आचार्य श्री वल्लभ, उनके बाद पदमाष्कर और लाल कवि रीतिकालीन कवियों में भाषा की दृष्टि से प्रौढ़ माने जाते हैं। श्री नादल्भ पुरुषोतर कवि ने हिन्दुस्तानी में 32 नाटकों की रचना की। अठारहवीं शती के अन्तिम दशकों में हिन्दी नाट्य रचना तथा अभिनय करने वाले कई आन्ध्र के विवरण मिलते हैं।

चौदहवीं शती में राजनीतिक परिवर्तनों के कारण उत्तर भारत के एक बड़े जन-समूह को हैदराबाद जाकर बसना पड़ा, जिसमें सिपाही, व्यापारी तथा सरकारी कर्मचारी अधिक थे। इनके साथ फारसी और हिन्दी दक्षिण में पहुँची। सन् 1347 ई० में दक्षिण के मुसलमान सरदारों ने दिल्ली साम्राज्य के खिलाफ विद्रोह किया तथा हसनगंग के नेतृत्व में गुलबर्गा में बहमनी वंश की स्थापना की। इस वंश के महामन्त्री गंगू ब्राह्मण ने दक्खिनी को राजभाषा बनाया। बहमनी राज्य के बाद भी उत्तराधिकारी रियासतों ने हिन्दी के स्थान को बनाए रखा।

पन्द्रहवीं शती के उत्तरार्ध में बहमनी राज्य के नष्ट होने पर बीजापुर में आदिलशाही, बरार में इंमादशाही, अहमदनगर में निजामशाही, गोलकुंडा में कुतुबशाही तथा बीदर में बरीदशाही की सल्तनतें स्थापित हुईं। इन राज्यों ने भी हिन्दी भाषा को अपनाया तथा हिन्दी कवि और लेखकों को राजाश्रय दिया। बीजापुर के शासकों ने दक्खिनी हिन्दी को ही राजभाषा बनाया। इस प्रकार सोलहवीं शती के प्रारम्भ तक दक्खिनी दक्षिण के राजा और जनता की भाषा बन चुकी थी, और साहित्य की भी अभिवृद्धि हुई थी। दक्खिनी हिन्दी के प्रारम्भिक कवियों में बन्देनवाज गेसूदराज, मुहम्मद हुसैनी (1318-1422 ई०), बहमनी राज्य के निजामी, आदिलशाही और कुतुबशाही राज्यों में से वजही गवासी, इल निशाती, गुलाम अली, शाह मीराजी, वरहानुद्दीन जानिम, सनाती आदि उल्लेखनीय हैं।

उपर्युक्त विवेचन से हम इस निष्कर्ष पर पहुँचते हैं कि कई शताब्दियों पहले से ही सम्पूर्ण भारत में हिन्दी का प्रयोग होने लगा था और वह लोकप्रिय भाषा

के रूप में स्थापित हो चुकी थी।

खड़ी बोली : प्रयोग, निरुक्ति एवं नामकरण, उत्पति तथा विकास

(क) प्रयोग : हिन्दी के जिस रूप को राजभाषा स्वीकार किया गया है, वह वस्तुतः खड़ी बोली हिन्दी का परिनिष्ठित रूप है। इसका मूलाधार दिल्ली-मेरठ की विभाषा है। जिसके 'इन्द्रप्रस्थ की बोली', 'दिल्ली की बोली' तथा 'हरियानी बोली', आदि प्रचलित संबोधन रहे, परन्तु कालांतर में विभाषा से भाषा बनने की प्रक्रिया में उसे खड़ी बोली का अभिधान दिया गया। सर्वप्रथम सन् 1803 में इस संज्ञा का प्रयोग फोर्ट विलियम कॉलेज, कलकत्ता के भाषामुंशियों क्रमशः लल्लूजीलाल तथा सदल मिश्र ने किया। लल्लूजीलाल ने अपने ग्रंथ 'प्रेमसागर' के सम्बन्ध में लिखा है कि यामिनी भाषा को छोड़ दिल्ली-आगरे की खड़ी बोली में कह नाम 'प्रेमसागर' धरा।"[1] इसी वर्ष सदल मिश्र ने अपने ग्रंथ 'नासिकेतोपाख्यान' के बारे में लिखा—"देववाणी से कोई-कोई समझ नहीं सकता इसलिए खड़ी बोली में किया।"[2] फोर्ट विलियम कॉलेज के जॉन गिलक्राइस्ट ने भी उसी समय 'दि हिन्दी स्टोरी टेलर' (भाग दो) तथा 'दि ओरियंटल फैबुलिस्ट' आदि पुस्तकों में खड़ी बोली शब्द का प्रयोग किया है— "वास्तविक खड़ी बोली (खड़ी बोली) में हिन्दुस्तानी के व्याकरण पर विशेष ध्यान दिया जाता है और अरबी-फारसी का लगभग पूर्ण परित्याग रहता है।[3]

इस प्रकार सन् 1803 से पहले इस शब्द के भाषा के अर्थ में प्रयोग के साहित्यिक एवं ऐतिहासिक प्रमाणों के न मिलने के कारण यह माना जा सकता है कि लल्लूजीलाल ने 'प्रेमसागर' में ही सबसे पहले इस शब्द-संज्ञा का प्रयोग किया, किन्तु इसी आधार पर कुछ विद्वानों ने यह भ्रम फैलाने की कोशिश की कि खड़ी बोली भाषा का निर्माण जॉन गिलक्राइस्ट के निर्देशन एवं प्रेरणा से लल्लूजीलाल और सदल मिश्र नामक दो पण्डितों ने फोर्ट विलियम कॉलेज, कलकत्ता में किया। इस सम्बन्ध में 'उत्पत्ति' के अंतर्गत चर्चा की जाएगी।

(ख) निरुक्ति एवं नामकरण : खड़ी बोली शब्द की निरुक्ति एवं नामकरण को लेकर विभिन्न विद्वानों के विभिन्न मत हैं। पण्डितों के एक दल की यह मान्यता है कि खड़ी बोली गँवारों तथा असभ्यों की भाषा है तथा वह न तो राजकाज की भाषा बनने के योग्य है और न ही भद्र समाज के व्यवहार की ही भाषा वह हो सकती है। खड़ी बोली की प्रकृति और व्यवहार क्षेत्र के बारे में ऐसे विचार व्यक्त

1. लल्लूजीलाल प्रेमसागर (1805), पृ० 1
2. सदल मिश्र : नासिकेतोपाख्यान (1805), पृ० 2
3. जॉन गिलक्राइस्ट: दि ओरियंटल फैबुलिस्ट, पृ० 5

करने के पार्श्व में भी एक रहस्य था। जब सन् 1838 के सरकारी आदेश के अंतर्गत हिन्दी ने कचहरी भाषा के रूप में प्रयोग किए जाने के लिए अपना न्यायिक अधिकार माँगना प्रारम्भ किया तब उर्दू के पक्षधरों को यह बात रास नहीं आई। उन्होंने खड़ी बोली के खिलाफ कुछ अंग्रेज विद्वानों के सहयोग से जहर उगलना शुरू किया और राजकाज के लिए दरबारी शैली की उर्दू की वकालत की। इस दल के सरगना सर सैय्यद अहमद खाँ ने सन् 1838 में कहा कि हिन्दी एक हेय और गँवारू बोली है। वे हिन्दी को दस-पन्द्रह बोलियों का समूह कहते थे जो निम्नवर्ग के लोगों की बोलचाल की भाषा थी। इनके मत का समर्थन करने वालों में अंग्रेज विद्वान वीम्स साहब प्रमुख थे। वे हिन्दी को दस-पन्द्रह ठेठ बोलियों का समूह कहते थे जो निम्न वर्ग के बोलचाल की भाषा थी तथा वह शिष्ट समाज, कचहरी तथा शिक्षा की भाषा नहीं हो सकती थी। समय के प्रवाह में बहकर बाद में राजा शिवप्रसाद सितारे हिन्द भी इसे गँवारों के ही योग्य बताने लगे थे।[1] पिन्काट महोदय ने भी खड़ी बोली पद्य की भूमिका में इसी मत का अनुमोदन किया —"यह बहुधा देशवासियों द्वारा उपेक्षित थी क्योंकि वे इसे असभ्य गँवारों की बोली मानते थे।[2]

उर्दू के ही पक्षधरों के इस मत का टी० ग्राह्मबेली, डॉ० क्षितिकण्ठ मिश्र आदि ने जोरदार विरोध किया। उन्होंने खड़ी बोली की व्याकरणिक एवं अंतर्प्रकृति की पड़ताल कर अपने विचार प्रस्तुत किए। टी० ग्राह्‌मब्रेली ने खड़ी बोली का अर्थ ···गँवारों की भाषा को अस्वीकार करते हुए लिखा कि 'खड़ी', 'खड़ा' शब्द का स्त्रीलिंग है। खड़ी या खड़ा का अर्थ है···उठी हुई अर्थात् विकसित। वास्तव में खड़ी बोली प्रगतिशील लोगों की, संभ्रान्त समाज की भाषा है। उन्होंने खड़ी बोली शब्द का अन्य बोलियों में प्रचलित अर्थ देते हुए अपने कथन की पुष्टि की। जैसे बुन्देलखण्डी में खड़ी बोली शब्द को ठाठ बोली या तुर्की बोली कहते हैं। ठाठ का अर्थ है खड़ा, मारवाड़ी में इसे ठाठ बोली कहते हैं। डॉ० क्षितिकण्ठ मिश्र भी अपने महत्त्वपूर्ण शोध प्रबंध में खड़ी बोली के लिए गँवारू भाषा के संबोधन का निरसन करते हुए लिखते हैं—पता नहीं उर्दू वालों ने खड़ी बोली का अर्थ गँवारू बोली किस आधार पर लगा लिया। लल्लूजीलाल से पूर्व न तो किसी उर्दू लेखक को खड़ी बोली शब्द प्रयोग का पता लग सका है, और न उनके किसी कोश में इसका उल्लेख 'गँवारू' के अर्थ में अब तक आप्त हो सका है। जामइ उल लुगत में इसका अर्थ मर्दों की बोली अवश्य दिया है न कि गँवारों की बोली।[3] कुछ विद्वानों

1. आ० रामचंद्र शुक्ल : हिन्दी साहित्य का इतिहास, पृ० 38
2. उर्दू रिसाला—जुलाई 1933, पृ० 590
3. डॉ० क्षितिकंठ मिश्र : खड़ी बोली का आंदोलन, पृ० 5

का मत है कि खड़ी बोली 'खरी वाली' का रूपान्तर है। 'खड़ी बोली' को खरी बोली मानकर उसे उर्दू से शुद्ध करके गढ़ी हुई एक कृत्रिम भाषा-शैली होने का भ्रम पहले तासी ने शुरू किया। इष्टविक ने भी इसी भ्रम का पोषण किया।[1] एस० एच० कैलाग (सन् 1875) ने भी इसी मत की पुष्टि करते हुए खड़ी बोली को खरी अर्थात् विशुद्ध अथवा अरबी-फारसी के शब्दों के मिश्रण से रहित भाषा कहा है। उसने लिखा है कि—"हिन्दी के इस रूप को प्रायः खड़ी बोली अथवा शुद्ध भाषा भी कहा जाता रहा है।"[2] सुधाकर द्विवेदी आदि लेखकों ने भी उन्हीं का समर्थन किया—"अपनी भाषा में भूलकर जो शब्द दूसरे आ गए हों उन्हें खोटे शब्द और उन्हें निकाल देने से खरे शब्दों की खड़ी बोली हो जाती है।"[3]

जहाँ एक ओर उर्दू के पक्षधरों ने 'खड़ी बोली' की निरुक्ति एवं अर्थ को लेकर अनेक आरोप लगाए वहाँ आश्चर्य की ही बात कही जाएगी कि ब्रज भाषा के समर्थकों ने भी 'खड़ी बोली' को पद्य रचना के लिए अस्वीकार कर श्री अयोध्या-प्रसाद खत्रीं सन् 1887 की खड़ी बोली को काव्याभिव्यक्ति का माध्यम बनाने की महत्त्वाकांक्षी गतिविधि को शिथिल कर दिया और खड़ी बोली के नकारात्मक एवं हास्यास्पद अर्थों की खोज कर उसे अयोग्य, असमर्थ एवं अललित भाषा करार करने में कुछ उठा नहीं रखा। कदाचित उनके मन में यह आशंका जाग गई कि पिछली कई शताब्दियों से हिन्दी प्रदेश की साहित्यिक अभिव्यक्ति की प्रमुख एवं प्रधान माध्यम ब्रजभाषा की स्थिति भविष्य में खड़ी बोली के कारण असुविधा में न पड़ जाए। इसके अलावा भक्ति-काव्य की भाषा होने के कारण देववाणी[4] के समतुल्य ब्रज की तुलना सामान्य भाषा खड़ी बोली से करने में वे अपने आपको मानसिक रूप से तैयार नहीं कर पाए होंगे। इन कारणों के अतिरिक्त ब्रजभाषा की 'मिठलोनी' की तुलना में उन्हें खड़ी बोली शुष्क तथा कर्कश लगी होगी। इसी समय सन् 1877 में भारतेन्दुजी[5] ने "हिन्दीवर्धिनी सभा, प्रयाग" में खड़ी बोली को अभिव्यक्ति के नये माध्यम के रूप में अयोग्य घोषित कर अस्वीकार करने का प्रयास किया। उन्होंने अपने व्याख्यान में हिन्दी को भौंडी कह दिया। बस तभी से ब्रज भाषा के समर्थक खड़ी बोली को काव्य के लिए अनुपयुक्त सिद्ध करने में लग गए।

1. ग्राह् मबेली : उर्दू साहित्य का इतिहास, पृ० 44
2. 'This form of Hindi has also often been turned Khari Boli or the pure speech.' by—S. H. Kailey—Grammer of the Language की भूमिका से
3. सुधाकर द्विवेदी : सीधी हिन्दी बोली में राम कहानी, पृ० 11
4. श्रीकृष्णलाल : खड़ी बोली का आंदोलन-परिचय, पृ० 6
5. डॉ० क्षितिकंठ मिश्र : खड़ी बोली का आंदोलन, पृ० 8

इन लोगों ने खड़ी बोली को खड़ी-खड़ी बोली भी कहा और खड़ी का अर्थ इन्होंने कर्कश (खड़ी-खड़ी) और कच्ची बोली लगाया। डॉ० धीरेन्द्र वर्मा ने यह मत अभिव्यक्त किया कि ब्रज भाषा की अपेक्षा यह बोली वास्तव में खड़ी लगती है। कदाचित इस कारण इसका नाम खड़ी बोली पड़ा।[1] डॉ० श्यामसंदर दास ने लिखा—"रेख्ता का अर्थ गिरता या पड़ता है। इसी गिरी या पड़ी भाषा के नाम का विरोध सूचित करने के लिए इसका नाम खड़ी बोली पड़ा।[2] डॉ० सुनीतिकुमार चाटुर्ज्या ने 'रेख्ता' के बदले ब्रज भाषा आदि को पड़ी एवं गिरी बोलियाँ माना है।[3] श्री ब्रजरत्नदास की मान्यता है कि खड़ी बोली का नामकरण पड़ी के वजन पर हुआ। परन्तु पं० चन्द्रवली पाण्डेय ने खड़ी बोली को कृत्रिम अथवा गढ़ी हुई भाषा और ब्रज की कोमलकांत पदावली के विपरीत सख्त या शुष्क भाषा कहे जाने का खण्डन किया। पाण्डे जी ने खड़ी बोली का अर्थ असिद्ध अथवा कच्चा बतलाया जैसे चावल खड़ा रह गया का अर्थ हुआ चावल कच्चा रह गया। इस कच्चे शब्द से उन्होंने खड़ी बोली का संकेतार्थ प्रकृत, ठेठ या शुद्ध बोली लगाया। उन्होंने ब्रज भाषा के समर्थकों द्वारा खड़ी बोली का शब्दार्थ 'कड़ा' पर प्रहार करते हुए कहा कि "कड़ा माने सख्त हो सकता है पर खड़ा का यह अर्थ किसी कोष में नहीं मिलता। इस प्रकार खड़ी बोली का अर्थ जिसमें कोई मिलावट न हों। साथ-ही-साथ यह शब्द नीरस या शुष्क बोली का भी द्योतक नहीं है।"[4] पं० कामता गुरु, नाथूराम शंकर तथा चंद्रधर शर्मा गुलेरी ने खड़ी शब्द का आधार खड़ी बोली की विशेषताओं, कर्कशताओं, कर्णकटुता, सूक्ष्मता और लोच के अभाव को माना है। उन्हें हिन्दी के आकारांत रूप खड़े जान पड़ते हैं।[5] पं० किशोरी दास वाजपेयी 'खड़ी पाई-खड़ा' मत के सूत्रधार हैं। वे लिखते हैं कि "मीठा, खाता, जाता, जो खड़ी पाई उनमें देखते हैं वह हिन्दी के अतिरिक्त किसी दूसरी बोली में नहीं मिलेगी। सो इस खड़ी पाई के कारण इसका नाम खड़ी बोली पड़ा।"[6] डॉ० क्षितिकण्ठ मिश्र की मान्यता है कि खड़ी बोली में समकालीन भाषाओं, बोलियों की अपेक्षा ओज-गुण संपन्न, मर्दानी जबान होने के कारण इसे खड़ी बोली का संबोधन दिया गया —"हरिश्चन्द्र ने भी ब्रज भाषा को जनानी और खड़ी बोली को मर्दानी बोली

1. डॉ० धीरेन्द्र वर्मा : हिन्दी भाषा का इतिहास, पृ० 63
2. डॉ० श्यामसुंदर दास : हिन्दी भाषा, पृ० 31
3. डॉ० सुनीतिकुमार चाटुर्ज्या : भारतीय आर्य भाषा और हिन्दी, पृ० 216
4. चन्द्रबली पाण्डे : खड़ी बोली की निरुक्ति : ना० प्र० पत्रिका भाग-18 पृ० 2
5. कामता प्रसाद गुरु : हिन्दी व्याकरण, पृ० 6
6. किशोरीदास वाजपेयी—हिन्दी शब्दानुशासन, पृ० 14-15

कहा है। उर्दू के कोश में भी 'खड़ी बोली' का अर्थ मर्दानी बोली लिखा है। वस्तुतः उर्दू की नजाकत देखते हुए यह अधिक मर्दानी बोली लगती भी है। इसीलिए यह मानने में कोई आपत्ति नहीं होनी चाहिए कि इस बोली के ओज गुण के कारण भी इसे 'खड़ी बोली' नाम दिया गया। यह न ही ब्रज भाषा के माधुर्य के विरुद्ध कर्कशता या नीरसता का द्योतक है और न उर्दू के विरुद्ध गँवारू या कृत्रिमता का द्योतक है, बल्कि यह एक प्रचलित ओजपूर्ण तथा निर्मल या शुद्ध बोली है।"[1] डॉ० शिवराज वर्मा ने खड़ी बोली नामकरण की सार्थकता उसके गुणों के आधार पर मानी है। उनकी यह मान्यता है कि किसी भाषा के नामकरण के तीन आधार होते हैं—(क) गुण का आधार—संस्कृत, प्राकृत, अपभ्रंश। (ख) देश, स्थान तथा जाति के आधार पर —जापानी, पंजाबी। (ग) किसी प्रचलित भाषा के वजन पर जैसे पिंगल के वजन पर डिंगल। वे आगे लिखते हैं कि "उपर्युक्त आधार पर खड़ी बोली के नामकरण के सम्बन्ध में भी विचार किया जा सकता है। 'खड़ी' शब्द खरी का पर्यायवाची नहीं माना जा सकता क्योंकि खरी तथा खड़ी दोनों शब्दों के अर्थों में पर्याप्त भिन्नता है। खड़ी का आधार पड़ी शब्द है। यह मत भी समीचीन नहीं क्योंकि किसी भाषा का नाम किसी अन्य भाषा से विरोध स्वरूप पड़ता हो ऐसा ठोस साक्ष्य नहीं है। अतः गुण एवं विशेषताओं के आधार पर ब्रज भाषा की कोमलकांत पदावली की तुलना में खड़ी बोली की वाक्यरचना कर्कश तथा खड़ी-खड़ी है अतः उचित है।"[2] इस प्रकार हम देखते हैं कि विभिन्न विद्वानों ने खड़ी बोली शब्द की निरुक्ति और नामकरण पर अपने-अपने ढंग से विचार किया है। पर सच्चाई यह है कि आज भी विद्वान इस सम्बन्ध में किसी सर्वमान्य निष्कर्ष तक नहीं पहुँचे हैं। इतना अवश्य है कि 19वीं शती के प्रारम्भ से पूर्व इस शब्द का प्रयोग नहीं मिलता है और खड़ी बोली का नाम भले ही नया हो लेकिन इसकी भाषा या बोली का रूप नया नहीं है।

(ग) **उत्पत्ति** : निरुक्ति तथा नामकरण की तरह ही खड़ी बोली की उत्पत्ति को भी भ्रामक निष्कर्षों की ओर ले जाने के प्रयत्न हुए हैं। एक ओर उर्दू के समीक्षकों ने यह दावा किया कि खड़ी बोली का जन्म उर्दू से हुआ है, और दूसरी ओर ब्रज भाषा के पक्षधरों ने खड़ी बोली की उत्पत्ति अपनी ही कोख से होने की सौंह खाई है। मगर द्रष्टव्य यह है कि दोनों ही पक्ष इसे सहज प्राकृत भाषा के बजाय कृत्रिम भाषा मानते हैं।

प्रारम्भ में जब खड़ी बोली का प्रयोग मुसलमानों ने किया तो स्वाभाविक था कि इसमें उनकी अरबी-फारसी के भी कुछ शब्द घुल-मिल गए। खड़ी बोली

1. क्षितिकण्ठ मिश्र : खड़ी बोली का आयोजन, पृ० 14
2. डॉ० शिवराज वर्मा : हिन्दी का राष्ट्रभाषा के रूप में विकास, पृ० 77

के इस नये मिले-जुले रूप को रेख्ता संबोधन दिया गया। जब मुगल सल्तनत के कदम दक्षिण में पहुँचे तो इसी उत्तर की भाषा को दक्खिनी अभिधान व परिधान मिल गया। बाद में जब हिन्दी-उर्दू का विवाद उठा तो रेख्ता, दक्खिनी, उर्दू और हिन्दुस्तानी में जानबूझकर भ्रम फैलाया गया और इन सबका अर्थ 'उर्दू' बतलाया गया, किन्तु वास्तविकता यह है कि रेख्ता हिन्दुस्तानी का वह रूप है जिसके आधार पर उर्दू-ए-मुअल्ला अर्थात् आज की उर्दू का निर्माण हुआ। अतएव उर्दू स्वयं खड़ी बोली के आधार पर विकसित हुई। खड़ी बोली में से हिन्दी संस्कृत शब्दों को निकाल कर उसके स्थान पर अरबी-फारसी शब्दों का प्रयोग कर उर्दू भाषा की शक्ल दी गई। मगर इस वास्तविकता के विपरीत तासी, बीम्स, ग्रियर्सन जैसे अंग्रेज विद्वानों और सर सैय्यद अहमद खाँ तथा पं० चंद्रधर शर्मा गुलेरी आदि भारतीय विद्वानों ने भी सरकार के इस मत के प्रति अपनी सहमति प्रकट की कि उर्दू में से अरबी-फारसी के शब्दों को चुन-चुन कर निकाल उनके स्थान पर संस्कृत हिन्दी के तत्सम या अर्द्धतत्सम शब्दों का प्रयोग कर सन् 1803 में फोर्ट विलियम कॉलेज के तत्त्वावधान में सर जॉन गिलक्राइस्ट की अध्यक्षता में लल्लूजीलाल ने प्रेमसागर ग्रंथ का खड़ी बोली में प्रणयन कर खड़ी बोली को जन्म दिया। दूसरे शब्दों में खड़ी बोली के जनक पं० लल्लूजीलाल हैं और जन्मस्थान फोर्ट विलियम कॉलेज है।

खड़ी बोली की उत्पत्ति ब्रज भाषा से मानने वाले विद्वान भी हैं। उनका तर्क है कि अपभ्रंश से डिंगल का डिंगल से पिंगल या जन भाषा का विकास हुआ है। इसी चारण भाषा से ब्रज भाषा तथा ब्रज भाषा से खड़ी बोली का विकास हुआ है। ब्रज भाषा में उर्दू के मिश्रण से यह खड़ी बोली निष्पन्न हुई है। इस गलत धारणाएँ एवं निष्कर्ष के लिए मौ० मुहम्मद हुसैन आजाद की पुस्तक 'आवो हयात' जिम्मेदार है जिसमें उन्होंने यह सिद्ध करने का प्रयत्न किया है कि खड़ी बोली का जन्म ब्रज भाषा और उर्दू से हुआ है। महात्मा भगवान दीन और बालमुकुन्द गुप्त ने भी मौलाना के इस मत का समर्थन इन शब्दों में किया है—"वर्तमान हिन्दी भाषा की जन्मभूमि दिल्ली है। वहीं ब्रज भाषा से वह उत्पन्न हुई और वहीं उसका नाम हिन्दी रखा गया।"[1] मगर न तो खड़ी बोली की उत्पत्ति फोर्ट विलियम कॉलेज से हुई है और न ब्रज भाषा से। प्राचीन ग्रंथों का अवलोकन और अध्ययन करने से हिन्दी के विविध रूपों के दर्शन होते हैं। राजस्थानी के पहले कवि चंद और खुसरो के कार्यकाल में मुश्किल से 64, 65 वर्षों का अन्तर है, किन्तु दोनों की भाषाओं में इतना अधिक अन्तर है कि खड़ी बोली का राजस्थानी भाषा से विकसित होने के सभी अनुमान ध्वस्त हो जाते हैं। साथ ही इस तर्क में कोई वजन नहीं दिखाई

1. बालमुकुन्द गुप्त : हिन्दी भाषा भूमिका।

देता कि खड़ी बोली ब्रज भाषा से निकली है क्योंकि यदि ऐसा माना जाए तब यह भी मानना पड़ेगा कि आज ब्रज-प्रदेश में आम जनता की भाषा खड़ी बोली होती, परन्तु आज भी ऐसा नहीं है। डॉ० कपिलदेव सिंह का वक्तव्य इस कथन की पुष्टि करता है—"यदि खड़ी बोली की उत्पत्ति सीधे ब्रज भाषा से हुई होती तो आज मथुरा, वृंदावन में जो ब्रज भाषा का केन्द्र है, हम खड़ी बोली का ही प्रचार पाते, परन्तु ब्रज भाषा का साम्राज्य अब भी अपने क्षेत्र में बना हुआ है।"[1]

संक्षेप में कहा जा सकता है ब्रज, अवधी, राजस्थानी तथा खड़ी बोली इत्यादि का विकास अपभ्रंश भाषाओं से अपने-अपने क्षेत्रों में अलग-अलग ढंग से हुआ। मूलतः खड़ी बोली दिल्ली-मेरठ की ठेठ बोली है। मुसलमानों के संपर्क में आने पर बोलचाल-व्यापार तथा व्यवहार की भाषा के रूप में इसका प्रचलन बढ़ गया। इसका जन्म 11वीं शती में दिल्ली के मुसलमानों के आगमन के समय हुआ न कि सन् 1803 में फोर्ट विलियम कॉलेज में। वस्तुतः यही वह काल है जबकि आधुनिक हिन्दी की सभी बोलियाँ अपभ्रंशों से विकसित हो रही थीं। खड़ी बोली के संदर्भ में फोर्ट विलियम कॉलेज की अहम विधायक भूमिका सिर्फ इतनी ही है कि उसने इस विभाषा को अभिनय नामकरण दिया।

(घ) **विकास** : खड़ी बोली हिन्दी का परिनिष्ठित रूप आज विशेष रूप से हिन्दी प्रदेशों की साहित्यिक अभिप्रायों की अभिव्यक्ति का माध्यम एवं सामान्य रूप से संघ के प्रशासन की राजभाषा, हिन्दी प्रदेशों की राज्यभाषा एवं पंजाब, गुजरात तथा महाराष्ट्र की सह राज्य-भाषा है। यद्यपि भाषा के अर्थ में खड़ी बोली शब्द का प्रयोग 19वीं शती के प्रारम्भ में मिलता है, परन्तु यह भाषा 11वीं-12वीं शताब्दी के पूर्व से हमारे बोध और अनुभूति के दरवाजे पर अपनी पहचान बनाने के लिए दस्तकें देने लगी थीं।

इस खड़ी बोली के प्रारंभिक दर्शन सर्वप्रथम अब्बुल रहमान कृत 'संदश रासक' (11वीं शती), विद्याधर शारंग कृत 'प्राकृत पैंगलम' (13वीं शती), पं० दामोदर लिखित 'उक्ति व्यक्ति प्रकरणम्' (12वीं शताब्दी), ज्योतिश्वर ठाकुर के 'वर्ण रत्नाकार' और विद्यापति कृत 'कीर्तिलता' (सन् 1460) आदि अपभ्रंशों की रचनाओं में होता है। 'प्राकृत पैंगलम' के इस उदाहरण से बात स्पष्ट हो जाएगी—"हत्थी जूहा सज्जा हुआ।" इसी प्रकार गुजरात के जैन मुनि हेमचन्द्र सूरि (12वीं शताब्दी) ने अपने व्याकरण में (भल्ला हुआ जु मारिया, बाहिण म्हारा कंतु) दिए गए उदाहरण में भी खड़ी बोली के बीज सहज ही परिलक्षित किए जा सकते हैं। इन उदाहरणों से यह प्रमाणित हो जाता है कि यह एक प्रकृत सहज प्राचीन भाषा है, न कि अंग्रेजों के कारखाने में तैयार की गई कोई नकली

1. डॉ० कपिलदेव सिंह : ब्रज भाषा बनाम खड़ी बोली, पृ० 45

या कृत्रिम भाषा। साथ-ही-साथ न तो उर्दू और न ही ब्रज भाषा से ही यह उत्पन्न हुई। भाषा विकास की दृष्टि से यह कुरुदेशी अपभ्रंश से विकसित एक बोली थी।

इस बोली के कुछ शब्द-प्रयोग अपभ्रंश की रचनाओं के अलावा हिन्दी-साहित्य के आदिकाल की रासो रचनाओं में विशेष रूप से चंदबरदाई (सं० 1206) के पृथ्वीराज रासो में देखे जा सकते हैं। (यद्यपि रासो काव्य की भाषा की प्रामाणिकता असंदिग्ध नहीं है।) इसी समय फारसी के प्रसिद्ध कवि अमीर खुसरो का अवतरण होता है। उन्होंने खड़ी बोली में पहेलियाँ, मुकरियाँ तथा कविताएँ लिखीं। ऐसा कहा जाता है कि उन्होंने 'खालिक वारी' नामक शब्दकोष भी तैयार किया था। पर इसकी प्रामाणिकता संदिग्ध है। पर उसमें खड़ी बोली की अभिव्यक्तिगत भावी सम्भावनाओं के संकेत अवश्य मिलते हैं। इसी खड़ी बोली को महाराष्ट्र के महानुभाव एवं वारकरी संप्रदाय (12वीं शती) के संतों नामदेव, ज्ञानेश्वर, तुकाराम, आदि ने उत्तर भारत में अपने धर्म प्रचार के लिए अपनाया। नाथपंथियों (11वीं शती से 14वीं शताब्दी तक), सिक्ख गुरुओं तथा कबीर एवं उनके अनुयायिओं ने भी खड़ी बोली का उपयोग अपने धार्मिक उपदेशों तथा समाज सुधारों के लिए किया। भक्तिकाल की विभिन्न धाराओं से सम्बद्ध और स्वतन्त्र कवियों—सूर, मीरा, रहीम तथा तानसेन आदि की रचनाओं में भी खड़ी बोली का आभास मिलता है। रीतिकालीन कवियों में भी घनानन्द तथा रघुनाथ आदि में भी खड़ी बोली के शब्द प्रयोग मिलते हैं, परन्तु इस छिटपुट शब्द-प्रयोगों के अतिरिक्त खड़ी बोली हिन्दी काव्य की किसी निरंतर प्रवाहित काव्य-धारा के दर्शन 19वीं शती के पूर्व तक नहीं होते। इतना अवश्य है कि खड़ी बोली इस समय सुदूर प्रांतों तक अंतर्प्रांतीय बोलचाल की भाषा बन गई थी। यह इतिहास का विरोधाभास ही कहा जाएगा कि उत्तर भारत में जन्मी यह बोली उत्तर भारत में साहित्यिक प्रयोजनों के लिए प्रयुक्त नहीं की जा सकी। तब सुदूर दक्षिण में उसने पद्य एवं गद्य दोनों विधाओं में अपनी साहित्यिक अभिव्यक्ति क्षमता का पूरा-पूरा परिचय दिया। अपभ्रंश के बाद उत्तर भारत में रजपूती प्रभाव के कारण एक ओर डिंगल और दूसरी ओर वैष्णव आन्दोलन के प्रभाव के कारण ब्रज भाषा काव्य-भाषा बन गई। यद्यपि इनमें भी कहीं न कहीं खड़ी बोली का पुट अवश्य था। ब्रज भाषा की ओर रुझान का कारण यह था कि वह उनके आराध्य की लीला-भूमि की भाषा थी। इसके अलावा दुर्भाग्य से खड़ी बोली का सीधा सम्बन्ध मुसलमानों से जोड़ दिया गया। अतः हिन्दू अपने पवित्र धार्मिक ग्रन्थों की रचना करने में 'मल्लेछ भाषा' का उपयोग करने से कतरा गए। बहरहाल यह हुआ कि मुसलमानों का राज्याश्रय पाकर फारसी पनपी, धर्माश्रय पाकर ब्रज भाषा फूली-फली किन्तु खड़ी बोली हिन्दी का भाग्य लोकाश्रय से जुड़ गया। यद्यपि यह काव्य एवं धर्म

की अभिव्यक्ति की महत्त्वपूर्ण भाषा नहीं बन पाई परन्तु लोक व्यवहार की वृहत्तर भूमिका पर अवश्य स्थापित हो गई। हाँ, अल्लाउद्दीन खिलजी की दक्षिण विजय (12वीं शती) के पश्चात वहाँ उसे उर्वरा भूमि मिल गई। मुस्लिम सैनिकों और व्यापारियों के साथ यह भाषा उत्तर से दक्षिण में पहुँची और अपने रूप-संस्कार में थोड़ा-सा दाक्षिण्य पुट का मेल कर वह वहाँ के साहित्य-सृजन की प्रमुख वाणी बन बैठी। उसमें खड़ी बोली या पश्चिमी हिन्दी का मूल ढाँचा था और उस पर अरबी-फारसी के साथ-साथ मराठी तथा अन्य दक्षिण भाषाओं का प्रभाव आ गया था। ईसा की 12वीं शताब्दी से ही दक्षिण में यह बोलचाल की भाषा बरार, हैदराबाद, महाराष्ट्र तथा मैसूर प्रदेशों में प्रचलित थी। दक्षिण के प्रमुख कवियों में मसऊद (सन् 1054-1137) ने पहली बार खड़ी बोली के लिए हिन्दी शब्द का प्रयोग किया और तीन दीवानों में से अपने एक दीवान का नाम 'हिन्दवी दीवान' रखा। हिन्दी शब्द का प्रयोग (खड़ी बोली हिन्दी के लिए) सबसे पहले उत्तर के पण्डितों ने नहीं, महाराष्ट्र के सूफियों ने किया। पहली बार इसी सूफी (शाह मीरांजी 15वीं शती) ने कहा और गर्व से कहा—"ये देखत हिन्दी बोल। मत भउजी है निपतोल।"[1] दक्षिणी हिन्दी के और प्रसिद्ध रचनाकार हैं—मिराजुल आशकीन के गद्यकार ख्वाजा बंदे नवाज, गैसूदराज (सं० 1470-80) के मरकुबुल, कलब के लेखक शाह मीरांजी (15वीं शती), सबरस के लेखक वजही (सन् 1620)। इनमें वजही की रचना का गद्य परिष्कृत और स्पष्ट है। मोहम्मद वली-ऊल्लकादरी (सन् 1782) ने 'तर्जुमा मारफत-उल-सलूक हिन्दी' लिखी। दक्खिनी हिन्दी की साहित्यिक समृद्धि से प्रभावित होकर उर्दू के पक्षधरों ने इसे उर्दू कहना शुरू किया परन्तु दक्खिनी साहित्यकारों ने न तो स्वयं को उर्दू का लेखक कहा और न कभी अपनी भाषा को दक्खिनी उर्दू। वे दक्खिनी हिन्दी में लिखते थे और उन्हें इस पर नाज था। ख्वाजा, महमूद बहरी ने अपनी मसनवी 'भललगनवो' में कहा है. "हिन्दी तो है जबान-हमारी कहने न लगे, हमन को भारी।" सन् 1700 तक वहाँ की रचनाओं में हिन्दीपन बना रहा, किन्तु इसके बाद वली दिल्ली आये और वहाँ के शाह सादुल्ला की हिदायत से वे फारसी की ओर मुड़ गए।

खड़ी बोली की पद्य परम्परा के संकेत के बाद उसकी गद्य परम्परा का अवलोकन करना सम्यक अध्ययन के लिए आवश्यक है। खड़ी बोली गद्य का सर्वप्रथम उदाहरण दक्षिणाचार्य चिह्लयोद्योतन के 'कुबलय माला कहा' (9वीं शती) में मिलता है। उसमें बाजार के दृश्य का वर्णन किया गया है, जहाँ भिन्न-भिन्न प्रान्तों के व्यापारी दुकाने लगाकर बैठे हैं और ग्राहकों को अपनी-अपनी भाषा में

1. सं० डॉ० प्रभात : हिन्दी के विकास में महाराष्ट्र का योगदान : अपनी बात

आमंत्रित कर रहे हैं। 'तेरे मेरे आउ त्ति, जंपेरे मञ्झू देसेय' अर्थात् मध्यदेश का व्यापारी ग्राहकों का तेरे-मेरे आओ कह कर बुला रहा है। संभवत: अब तक के प्राप्त उदाहरणों में खड़ी बोली गद्य का यह प्राचीनतम नमूना लगभग वि० सं० 835 का है और इस बात का प्रतीक है कि इस समय के मध्यदेश के शिष्ट समाज और व्यवहार की वह भाषा थी। डॉ० पीताम्बर बड़थ्वाल का अनुमान है कि सन् 778 से पहले से इस भाषा का प्रयोग होता रहा होगा। सातवीं शती के पुष्य नामक कवि का उल्लेख भी इस बारे में मिलता है। पुष्य दंत लिखित णयकुमार चरित (956-971) अपभ्रंश की रचना है और इसमें हिन्दी के आदिम रूप प्राप्त है। इ० स० 1121 में रचित दक्षिणापथ (महाराष्ट्र के चालुक्य राजा सोमेश्वर का एक ज्ञानकोश 'अभिलाषितार्थ चिन्तामणि' मिलता है, जिसमें राग-रागिनियों के उदाहरण देशी भाषा में दिए गए हैं। गुरु गोरखनाथ जी की गद्य रचनाएँ भी द्रष्टव्य हैं। बारहवीं शती के राजस्थान के दानपात्रों एवं परवानों में भी खड़ी बोली की क्रियाओं – लावेगा, लाये देवेगा आदि का पाया जाना इसकी व्यापकता का प्रमाण है। यह जानना सम्भव नहीं है कि उस समय की बोलचाल की भाषा का स्वरूप क्या था ? संवत 1631 के गद्य का नमूना संघपति दारा के पुत्र द्वारा रचित नवबोली छन्द रचना में है। इसमें खड़ी बोली ग्यारह बोलियों के उदाहरण दिए गए हैं। इसके पश्चात वैकुण्ठमणि शुक्ल (1675-1680) की गद्य रचनाएँ वैसाख महात्म तथा अगहन महात्म, सन् 1741 में रामप्रसाद निरंजनी की कृति भाषायोगवाशिष्ठ्य, सन् 1761 में पं० दौलतराम कृत जैन पदमपुराण और 'मंडोवर का वर्णन' (1773), मुंशी सदासुखलाल नियाज (सन् 1783) की शिकस्तलिपि एवं मथुराप्रसाद शुक्ल का पंचांग दर्शन ब्रजरंजित खड़ी बोली में मिलते हैं। इसी समय 18वीं शती में महामहोपाध्याय वररुचि ने बंगला लिपि में पत्र व्यवहार की शिक्षा देने के लिए एक पुस्तक 'पत्र कौमुदी' लिखी। इसमें खड़ी बोली के पाँच प्रकार के पत्रों के उदाहरण दिए गए हैं। इस पुस्तक से यह सहज ही अनुमान लगाया जा सकता है कि हिन्दुस्तानी नाम से खड़ी बोली समस्त देश की राजकाज की तथा जनता के कामकाज की और पत्रव्यवहार की भाषा बन गई थी। स्वयं अंग्रेजों ने भी गिलक्राइस्ट की भाषा नीति के पूर्व हिन्दुस्तानी (खड़ी बोली) का प्रयोग हिन्दुस्तान के शिष्ट वर्ग की भाषा के रूप में किया है। इसी समय सन् 1800 में इंशा अल्ला खाँ ने "रानी केतकी की कहानी" लिखी। इससे उन भ्रमों का निराकरण हो जाता है कि हिन्दुस्तानी (खड़ी बोली) का अर्थ न तो उर्दू था और न ही खड़ी बोली का जन्म एवं प्रारम्भ लल्लूजीलाल से जॉन गिलक्राइस्ट की प्रेरणा से फोर्ट विलियम कॉलेज, कलकत्ता में हुआ था। इसी समय नये युग के नये विज्ञान, नये मानव-मूल्य बौद्धिकता, तथा तार्किकता आदि का प्रवेश जीवन में हुआ और यह महसूस किया जाने लगा कि उस संक्रमणकालीन

जीवन को कविता की सुकुमारता के बजाय गद्य के खुरदरेपन से बाँधना ज्यादा अच्छा होगा। युग चेतना के बदलते तेवर एवं गद्य प्रचार की अनिवार्यता के कारण लोगों का रुझान गद्य की ओर होने लगा। ईसाई प्रचारक पत्र-पत्रिकाएँ प्रेस तथा शिक्षा संस्थाएँ वे विधायक शक्तियां हैं जिनके कारण खड़ी बोली गद्य ने युग सापेक्षता के अनुकूल और अनुरूप स्वयं को ढालना-सँवारना प्रारम्भ कर दिया। इतिहास इस बात की साफ-साफ गवाही देता है कि कम्पनी के भाषा मुंशियों लल्लूजीलाल तथा सदल मिश्र की अपेक्षा इन्हीं के समकालीन इंशा अल्ला खाँ तथा पं० सदासुखलाल नियाज का गद्य अधिक परिष्कृत और परिमार्जित है तथा गद्य परम्परा के विकास में अमर योगदान है तो वह है—इंशा अल्ला खां और पं० सदासुखलाल नियाज का न कि लल्लूजीलाल एवं सदल मिश्र का।

ब्रिटिश शासन काल में हिन्दी

19वीं शती भारतीय इतिहास में सत्ता हस्तांतरण की तिथि है। यह तिथि भारत के शासन के क्रमशः मुगलों के हाथों से निकलकर ईस्ट इंडिया कम्पनी (सन् 1818) और कालांतर में ब्रिटिश शासन (सन् 1858) को सुपुर्द कर दिए जाने की तिथि है। यह तिथि मध्यदेश की भाषा खड़ी बोली के वर्तमान उर्दू भविष्य की संघर्ष-कथा अंकित करने वाली तिथि है। व्यावसायिक संस्था के रूप में सन् 1600 में भारत में पदार्पण करने वाली अंग्रेजों की ईस्ट इंडिया कम्पनी ने सन् 1818 में मराठों को हराकर व्यावसायिक मुखौटा उतार कर भारत के एकछत्र सम्राट बनने की अपनी महत्त्वाकांक्षा स्पष्ट कर दी और शनैः-शनैः उन्होंने इस देश का आर्थिक, सामाजिक तथा सांस्कृतिक दोहन प्रारम्भ किया। व्यापार एवं प्रशासन के लिए जनभाषा की अनिवार्यता और आवश्यकता से अंग्रेज अपरिचित नहीं थे, परन्तु भावना से परिचालित न होकर राजनीतिक, हित और व्यावहारिक पक्ष को ध्यान में रखते हुए उन्होंने क्रमशः फारसी को अपदस्थ कर अंग्रेजी को राजभाषा, संभ्रात भारतीयों के लिए संपर्क भाषा तथा सिर्फ निचली अदालतों में प्रादेशिक भाषाओं को स्वीकृति देकर सांस्कृतिक, राजनैतिक एवं भाषिक मोर्चे पर उन्होंने अपने साम्राज्य की पक्की मुहर लगा दी। इसमें भी हिन्दी प्रदेशों में हिन्दी के बजाय उर्दू को अदालत की भाषा स्वीकार कर उन्होंने क्रान्तिचेता जनभाषा हिन्दी को उसी के प्रदेशों से निर्वासित करने का षड्यंत्र रचा। इतना ही नहीं, उन्होंने हिन्दी को हिन्दी, उर्दू और हिन्दुस्तानी तीन विभिन्न भाषा-संबोधन देकर हिन्दू-मुस्लिमों में भाषा के नाम पर साम्प्रदायिकता का बीजारोपण किया। किन्तु इसके समानांतर ही राजनीतिक रूप से पराजित होने

पर भी अविजित राष्ट्रीय अस्मिता से सम्पन्न भारतीयों ने शासन के भय, नाराजगी की चिन्ता न करते हुए तथा अप्रत्यक्ष अत्याचारों को सहते हुए हिन्दी को उसका सही स्थान दिलाने के लिए सांस्कृतिक, आर्थिक तथा राष्ट्रीय आन्दोलनों के माध्यम से पहल की और अंतत: 26 जनवरी, 1950 को देश की स्वतंत्रता के साथ हिन्दी को संघीय राजभाषा के रूप में प्रतिष्ठा करवाकर संघर्ष यात्रा का एक महत्त्वपूर्ण चरण पूरा किया। ईस्ट इंडिया कम्पनी से लेकर ब्रिटिश सल्तनत की हिन्दी नीति का अध्ययन राष्ट्रभाषा एवं राजभाषा के रूप में हिन्दी के विकास को रेखांकित करने के लिए आवश्यक है।

ब्रिटिश शासन की भाषानीति को हमें विभिन्न खंडों में समझना होगा—

(क) कम्पनी की भाषा नीति : फोर्ट विलियम कॉलेज

कम्पनी इस बात से अच्छी तरह परिचित थी कि इस देश में चाहे व्यापार करना हो अथवा शासन, दोनों के लिए भारतीयों का सेवा-सहयोग लेना आवश्यक है, अतएव 4 मई 1800 में लार्ड वेलेजली के समय 'फोर्ट विलियम कॉलेज' की स्थापना कलकत्ता में की गई। कम्पनी के सैनिक-असैनिक कर्मचारियों की शिक्षा अनुशासन तथा देश-विदेश की जानकारी देने के लिए प्रारम्भ में जॉन गिलक्राइस्ट ने अपनी अध्यक्षता में ओरिएंटल सेमिनरी की स्थापना की थी, बाद में यही संस्था 'फोर्ट विलियम कॉलेज' कहलाई। जॉन गिलक्राइस्ट को इसी कॉलेज में हिन्दुस्तानी भाषा का अध्यक्ष नियुक्त किया गया था। इस कॉलेज में विभिन्न भाषाएँ और विभिन्न विषय पढ़ने-पढ़ाने की सुविधा थी। गिलक्राइस्ट चूँकि उर्दू के पक्षधर थे अतः उन्होंने खड़ी बोली हिन्दी के नाम पर उर्दू को ही अपनाया। वे हिन्दुस्तानी की तीन शैलियाँ मानते थे—

1. दरबारी या फारसी शैली।
2. मध्य या विशुद्ध हिन्दुस्तानी शैली।
3. हिन्दवी या गँवारू बोली।

इन्होंने मध्य या विशुद्ध हिन्दुस्तानी शैली को प्राथमिकता दी, किन्तु दुर्भाग्यवश यह शैली उर्दू के अलावा कुछ भी नहीं थी। उनकी इस भाषा में अरबी फारसी की अधिकता थी पर उसका मूल ढाँचा और व्याकरण हिन्दी पर आधारित था। उनके अनुसार हिन्दवी, अरबी तथा फारसी का मिश्रित रूप ही हिन्दुस्तानी है परन्तु उनकी यह हिन्दुस्तानी वास्तव में उर्दू ही थी। गिलक्राइस्ट ने हिन्दुस्तानी के नाम से उर्दू का ही प्रचार-प्रसार किया। लिपि के प्रश्न पर गिलक्राइस्ट रोमन तथा फारसी लिपि के समर्थक थे लेकिन वे नागरी लिपि का बहिष्कार न कर पाए। यहाँ यह लिखना आवश्यक लगता है कि स्वयं कम्पनी जिस हिन्दुस्तानी का प्रयोग करती थी वह उसी तक ही सीमित थी। सन् 1824 तक कम्पनी और

कॉलेज दोनों ने ही हिन्दी, हिन्दुस्तानी और उर्दू का प्रयोग एक ही अर्थ में किया। गिलक्राइस्ट ने कई पुस्तकें—'डिक्शनरी इंग्लिश एण्ड हिन्दुस्तानी' फारसी लिपि में लिखी। उनकी एक पुस्तक 'ए ग्रामर ऑफ हिन्दुस्तानी लैंग्वेज' (1796-98) में व्याकरण सम्बन्धी सिद्धान्त तो हिन्दी के हैं पर शेष बातें उर्दू की हैं। इस प्रकार कॉलेज में प्रमुख रूप से हिन्दुस्तानी (उर्दू) का ही अध्ययन होता था। जब हिन्दवी (हिन्दी) के अध्ययन की आवश्यकता महसूस की जाती थी तब उसके लिए विशेष प्रबन्ध कर लिया जाता था। इसी प्रबन्ध के अन्तर्गत लल्लूजीलाल एवं सदल मिश्र की नियुक्ति कॉलेज में हुई थी। उन्हें वेतन भी कॉलेज के सामान्य अध्यापक से कम दिया जाता था। यहीं इन दोनों ने क्रमशः प्रेमसागर तथा नासिकेतापाख्यान लिखा। सन् 1804 में गिलक्राइस्ट ने इस्तीफा दे दिया। पर उनकी भ्रामक भाषा नीति का अनुपालन होता रहा। जब टेलर तथा प्राइस आदि कॉलेज अधिकारियों ने हिन्दी शिक्षा के ह्रास का संकेत किया तब कहीं सन् 1823 में विलियम प्राइस को हिन्दी विभाग का अध्यक्ष बनाया गया। प्राइस हिन्दी के प्रोफेसर थे और हिन्दी तथा हिन्दुस्तानी में लिपि तथा शब्दगत मुख्य अंतरों को समझते थे। इनके प्रयत्नों से कॉलेज में हिन्दुस्तानी के बजाय हिन्दी का अध्ययन प्रारम्भ हुआ और कॉलेज की भाषानीति में भी परिवर्तन हुआ। परन्तु सन् 1854 में कॉलेज ही बन्द कर दिया गया।

(ख) राजभाषा नीति

कम्पनी के शासन ग्रहण करते समय भारतवर्ष में प्रमुख भाषाएँ इस प्रकार थीं—

1. कम्पनी की अपनी भाषा अंग्रेजी।
2. मुस्लिम शासनकाल की राजभाषा फारसी।
3. देसी भाषाएँ जो अपने-अपने क्षेत्रों की भाषाएँ थीं और उनमें हिन्दी का स्थान प्रमुख तथा प्रधान था।
4. कम्पनी सरकार के केन्द्र की भाषा बंगला।

यहाँ पर यह तथ्य विशेष उल्लेखनीय है कि समय की इस अवधि तक 'उर्दू' नामक किसी स्वतंत्र अलग भाषा का कोई अस्तित्व नहीं था। समस्त हिन्दी प्रदेश में सिर्फ एक लोकभाषा हिन्दी ही प्रचलित थी, जिसे अंग्रेजों ने हिन्दुस्तानी कहना अधिक उचित समझा था। कम्पनी सरकार अंग्रेजी को राजभाषा बनाना चाहती थी, परन्तु परम्परागत राजभाषा फारसी थी और शासित लोकमत दोनों भाषाओं की अपेक्षा लोकभाषा हिन्दी के पक्ष में था। कुछ अंग्रेज अधिकारी भी विदेशी भाषा को लादने के पक्ष में नहीं थे। देशी भाषाओं विशेष रूप से हिन्दी के प्रति वातावरण दिन-प्रति-दिन अच्छा बन रहा था अतः कम्पनी सरकार ने फारसी के

साथ राजकाज में हिन्दी का उपयोग भी जारी रहने दिया। राजकीय आदेशों, सूचनाओं, दस्तावेजों, सिक्कों तथा मुहरों पर फारसी के साथ हिन्दी को स्थान दिया गया। फारसी भाषा यद्यपि काफी समय तक राजभाषा रही थी, लेकिन जनता इसमें कार्य करने में कठिनाई महसूस करती थी। वह लोकभाषाओं के पक्ष में थी। अतः अंग्रेजों ने सन् 1830 में एक विज्ञप्ति द्वारा अदालतों में देशी भाषाओं के प्रयोग की स्वीकृति दे दी परन्तु चूंकि फारसी को वैधानिक रूप से राजभाषा बनाया गया था अत: 20 नवम्बर, 1837 को दूसरे कानून के तहत ही अदालतों में फारसी के स्थान पर देशी भाषाओं में कार्य प्रारम्भ किया जा सका। इसके साथ ही बंगला में बंगाली अदालती भाषा बन गई, किन्तु बिहार, उत्तर प्रदेश तथा मध्य प्रदेश में सरकारी कर्मचारियों के स्वार्थ और चालबाजी के कारण हिन्दी के प्रयोग के बजाय अदालतों में उर्दू का इस्तेमाल फारसी लिपि में किया जाने लगा, कारण कि मुसलमान और कायस्थ हिन्दू अमलों की आदत फारसी लिपि में काम करने की हो गई थी क्योंकि उसमें सरलता होती थी। वे अपने बच्चों को फारसी पढ़ा रहे थे ताकि उनका पेशा बाद में भी चलता रहे। हिन्दी के आ जाने पर उन्हें नये सिरे से हिन्दी भाषा एवं देवनागरी सीखनी पड़ती। उन्होंने सरकार को सुझाव दिया था कि "अगर हिन्दी में कार्य किया जाएगा तो नए कर्मचारियों की नियुक्ति करनी पड़ेगी और शासन पर भारी खर्च का बोझ आ जाएगा, अत: उर्दू को राजभाषा बना दिया जाए ताकि भाषा देशी रहे और लिपि का प्रश्न नहीं उठे।" यह विचित्र विडम्बना थी कि जब तक देश में फारसी का प्रचलन रहा तब तक देशी भाषा होने के कारण हिन्दी और उसकी नागरी लिपि दोनों को स्थान मिला था, किन्तु जब फारसी के स्थान पर उर्दू का प्रचलन हुआ तो हिन्दी का बचा-खुचा प्रयोग भी नष्ट हो गया।[1]

वास्तव में धूर्त अंग्रेजों ने उक्त व्यवस्था से एक ओर अंग्रेजी को राजभाषा बनाने का मार्ग प्रशस्त कर लिया और दूसरी ओर उर्दू को प्रोत्साहित कर मुसलमानों के एक वर्ग का समर्थन प्राप्त कर अपने शासन के पायों को और अधिक मजबूत कर लिया। तीसरी ओर लोकभाषाओं की जीवंत चेतना को जड़ तथा अनुपयोगी सिद्ध करने का प्रयत्न कर उन्होंने लोकजीवन की प्राण-शक्ति को मूर्च्छित कर देने का षड्यंत्र रचा और चौथी ओर उन्होंने भाषा क्षेत्र में एक नए रोग—भाषायी सांप्रदायिकता का बीजवपन कर दिया। जिसके भयंकर परिणाम देश को कालांतर में भुगतने पड़े।

परन्तु जनता उदासीन नहीं थी। सन् 1858 के आसपास से जनता की ओर से सरकार से यह अनुरोध किया जाने लगा कि अदालतों और कार्यालयों में

1. डॉ० मलिक मुहम्मद : राजभाषा हिन्दी : विविध आयाम, पृ० 85

फारसी लिपि के स्थान पर नागरी लिपि के प्रयोग को मान्यता दी जाए और इस माँग ने धीरे-धीरे एक आन्दोलन का रूप धारण कर लिया। परिणामस्वरूप सन् 1856 में एक आज्ञा-पत्र प्रकाशित किया गया जिसमें अदालतों में नागरी लिपि के प्रयोग करने का आदेश दिया गया था। सन् 1870 में सरकार ने फारसी बहुल उर्दू भाषा के स्थान पर जनसुलभ भाषा के प्रयोग के लिए आज्ञा-पत्र जारी किया, परन्तु इस आज्ञा-पत्र का कोई असर नहीं हुआ।

(ग) शिक्षा नीति एवं हिन्दी

कम्पनी सरकार इस देश के निवासियों विशेष रूप से हिन्दू और मुसलमानों को क्रमश: संस्कृत तथा फारसी में शिक्षा देना चाहती थी। इसके अलावा शासकों की भाषा तथा आधुनिक ज्ञान-विज्ञान की भाषा होने के कारण अंग्रेजी की शिक्षा भी इसमें सम्मिलित करना चाहती थी। सन् 1871 के संशोधित कानून के अनुसार कम्पनी के हिन्दू और मुसलमान कर्मचारियों को अनेक धर्म और रहन-सहन तथा रीति-रिवाज के अनुकूल और अनुरूप उच्च शिक्षा के केन्द्र स्थापित किए गए। इसी सिद्धान्त के परिप्रेक्ष्य में उन्होंने कलकत्ता, मदरसा एवं बनारस संस्कृत कॉलेज (सन् 1791) दो संस्थाएँ कायम कीं। सन् 1800 में फोर्ट विलियम कॉलेज, सन् 1818 में फोर्ट सेण्ट जार्ज कॉलेज, मद्रास की स्थापना की गई। इसी समय भारत आए लार्ड मैकाले ने अंग्रेजी शिक्षा पर जोर दिया। कम्पनी की शिक्षा-नीति वस्तुत: समय-समय पर बदलती रही। सन् 1814 में उन्होंने प्राच्य-शिक्षा प्रणाली एवं संस्कृत के अध्ययन पर बल दिया। सन् 1824 में पाश्चात्य ज्ञान एवं विज्ञान के प्रसार पर बल दिया। सन् 1828 में मुनरो की भारतीय भाषाओं द्वारा जन शिक्षा की योजना को स्वीकार कर लिया गया। जहाँ तक कम्पनी सरकार की हिन्दुस्तानी नीति का प्रश्न है, कम्पनी ने फोर्ट विलियम कॉलेज (1800-1854) की भाषा नीति को ही अपनाया और सन् 1824 तक कॉलेज तथा कम्पनी दोनों ने ही हिन्दी, हिन्दुस्तानी और उर्दू का प्रयोग एक ही अर्थ में किया।

(घ) सरकारी क्षेत्र में हिन्दी तथा उर्दू विवाद : राजभाषा आन्दोलन का सूत्रपात

कम्पनी की भाषानीति शैक्षिक हितों और आदर्शों के बजाय राजनीतिक हित साधन का जरिया बन गई। कम्पनी ने कॉलेज की देखा-देखी हिन्दी के नाम पर उर्दू को प्रोत्साहित किया। इस प्रोत्साहन के कारण हिन्दू और मुसलमानों के बीच सांप्रदायिक तनाव प्रारम्भ हुआ। इसके अलावा हिन्दी प्रदेशों से हिन्दी को अलग कर उर्दू का प्रश्रय देकर उन्होंने इस अग्नि को ईंधन दिया। गिलक्राइस्ट ने

कॉलेज में हिन्दी एवं उर्दू विभागों की अलग-अलग स्थापना कर उनके लिए अलग-अलग मुंशियों की नियुक्ति कर हिन्दी और उर्दू दो अलग-अलग भाषाएँ सिद्ध करने का मार्ग प्रशस्त कर दिया और हिन्दी तथा उर्दू के बीच संघर्ष की शुरुआत हो गई। हिन्दी तथा उर्दू के संघर्ष के मूल में कई कारण थे। सबसे पहला कारण लिपि-भेद का था। दूसरा कारण नाम-भेद था। "उर्दू समर्थकों के अनुसार हिन्दी एक कल्पित और नया नाम है और वह उर्दू के विरोध स्वरूप गढ़ लिया गया है। ऐसे लोगों का दावा था कि हिन्दी इस देश की भाषा नहीं है।"[1] इसके विपरीत हिन्दी के समर्थक उर्दू को हिन्दी की एक साहित्यिक शैली मानते थे। उर्दू का अरबी-फारसी की ओर अत्यधिक झुकाव होने से उनके समस्त साहित्यिक मान अभारतीय हो गए थे। इसी समय कुछ धर्मांध सियासी मुसलमान नेताओं ने मुसलमानों को गुमराह करते हुए उनके भीतर यह भय जगाया कि हिन्दी हिन्दुओं की भाषा है, उनकी संस्कृति और धर्म की भाषा है। इसके प्रचार से अगर उर्दू की रक्षा नहीं की गई तो हम लोगों का भी अस्तित्व समाप्त हो जाएगा। सीधे-सादे मुसलमानों ने हिन्दी को हिन्दुओं की भाषा मान लिया और इससे अलग हो गए। मूलत: हिन्दी-उर्दू विवाद हिन्दी भाषी प्रदेशों बिहार तथा संयुक्तप्रांत में शुरू हुआ। इनके विवाद के मुद्दे थे---

1. सन् 1837 में जब अदालतों में देशी भाषाओं को स्वीकार किया गया तब हिन्दी प्रदेशों से हिन्दी को हटाकर उर्दू को थोप दिया गया।

2. शिक्षा के क्षेत्र में भी उर्दू के विद्यार्थियों को हिन्दी की अनिवार्यता से मुक्त कर दिया गया।

3. सन् 1872 में लार्ड मेयो ने मुसलमानों को शिक्षा सम्बन्धी अनेक रियायतें दीं, उनसे उर्दू को बड़ा प्रोत्साहन मिला, उसे पनपने के अवसर और साधन मिले परन्तु हिन्दी के लिए सरकार की ओर से इस मामले में उदासीनता बरती गई।

4. सर सैयद अहमद खाँ ने पश्चिमोत्तर प्रांत के सन् 1882 के शिक्षा आयोग के सामने यह गवाही दी कि सैकड़ों वर्षों से फारसी लिपि का प्रयोग तथा ढाई सौ वर्षों से उर्दू इन प्रांतों की जनबोली है। नागरी में कठिनाई यह है कि उसके लिखने में अधिक समय लगता है। समाज के केवल निम्न श्रेणी के लोग ही हिन्दी पढ़ते हैं या वे लोग जो व्यापार करते हैं।

हिन्दी और उर्दू के इस सघर्ष में एक ओर जहाँ भारतीय विद्वान शामिल हुए वहीं अंग्रेज पंडित भी पीछे नहीं रहे। अंग्रेज विद्वानों में ग्राउस ने हिन्दी का

1. मलिक मुहम्मद : राजभाषा हिन्दी विविध आयाम, पृ० 81

समर्थन किया तो बीम्स ने उर्दू का पल्ला पकड़ा। ग्राउस साहब का यह कहना था कि पचास-साठ वर्ष पूर्व उर्दू जैसी किसी भाषा का कोई अस्तित्व ही नहीं था, जबकि हिन्दी सदियों से जनाभिव्यक्ति की भाषा रही है। इसके विपरीत बीम्स का कहना था कि उर्दू एक सभ्य तथा प्रगतिशील भाषा है और हिन्दी दस-पन्द्रह ठेठ बोलियों का एक समूह मात्र है। विरोधी ध्रुवों के बीच राजा शिवप्रसाद सिंह 'सितारे हिन्द' जैसे मध्यमार्गीय भी थे जो हिन्दी के लिए फारसी शैली अपनाने में किसी प्रकार की हिचक नहीं रखते थे बशर्ते नागरी लिपि को मान्यता मिल जाए, परन्तु हिन्दी के कट्टर समर्थक उनसे सहमत नहीं थे। हिन्दी-उर्दू संघर्ष जहाँ एक ओर राजनीतिक रूप ले रहा था, धर्म और सांप्रदायिकता में आकार पा रहा था वहाँ दूसरी ओर उर्दू के विरोध में उठा जनाक्रोश हिन्दी को हिन्दी प्रदेशों की अदालती भाषा बनाने के लिए आंदोलनशील हो उठा था। सार्वजनिक सभाएँ, सरकार को आवेदन आदि के द्वारा हिन्दी क्षेत्र की जनता अपने ऊपर जबरन लादी गई उर्दू बनाम फारसी का विरोध प्रकट कर रही थी। सन् 1875 में पिछले परिपत्रों की तरह हिन्दी के प्रयोग के लिए सरकार ने एक अन्य परिपत्र जारी किया किन्तु यह भी निष्प्रभ रहा। अन्ततोगत्वा बंगाल के लेफ्टिनेंट गवर्नर सर ऐशले ने अप्रैल सन् 1880 में एक स्पेशल आदेश निकाला। जिसके तहत अदालतों में जनता की ओर से पेश सभी कागजात केवल नागरी लिपि में हों। इस आदेश ने उर्दू को प्रभावहीन कर दिया। गवर्नर ने स्पष्ट आदेश दिया कि फारसी लिपि में कोई कागज न तो अदालतों से जारी किया जाए और न जनता से अदालतों में स्वीकार किया जाए। पुलिस अफसरों को आदेश दिया गया कि वे यदि जनवरी सन् 1881 तक नागरी लिखना-पढ़ना नहीं सीखेंगे तो उन्हें हटा दिया जाएगा और उनकी जगह हिन्दी के जानकार को दे दी जाएगी। इस आदेश से बिहार में हिन्दी की वापसी हुई। मध्य प्रांत में भी इसी समय अदालतों में हिन्दी को स्थान मिल पाया परन्तु संयुक्त प्रांत में स्थिति अभी वैसी ही चल रही थी। सन् 1836 तक फारसी तथा नागरी लिपि के प्रयोग की छूट थी परन्तु 1837 से वहाँ भी उर्दू का प्रचलन हो गया। सन् 1854 तथा 1856 में राजस्व विभाग में सभी कामकाज नागरी लिपि में अनिवार्यत: माँगे जाने लगे परन्तु उससे हिन्दी के पक्षधर संतुष्ट नहीं हुए। सन् 1877 में सरकार ने वहाँ आदेश निकाला कि सरकारी नौकरी उनको ही उपलब्ध होगी जो उर्दू या फारसी भाषा के साथ 'वर्नाकुलर' अथवा 'एंग्लो मिडिल परीक्षा' उत्तीर्ण होंगे। इस आदेश से हिन्दी समर्थकों को गहरा आघात लगा और हिन्दी आन्दोलन तीव्रतर हो गया। इसे प्रांत के सभी वर्ग के लोगों का सहयोग मिला। यहाँ सांप्रदायिकता को फलने-फूलने का अवकाश नहीं था क्योंकि मुसलमान भी इस आंदोलन के साथ हो गए

थे। भारतेन्दु हरिश्चन्द्र, पं० प्रतापनारायण मिश्र ने इस आंदोलन की बागडोर सँभाली। अनेक पत्र-पत्रिकाएँ प्रकाशित की जाने लगीं। यद्यपि हिन्दी का प्रथम-पत्र 'उदंत मार्तंड' सन् 1826 में युगलकिशोर शुक्ल ने कलकत्ते से प्रकाशित किया, किन्तु हिन्दी प्रचार की दृष्टि से सन् 1850 में काशी से प्रकाशित 'सुधाकर' प्रथम पत्र है। हिन्दी प्रचार-प्रसार के लिए आंदोलनोन्मुखी भारतेन्दु हरिश्चन्द्र जी तथा उनके मित्रों ने अनेक पत्र-पत्रिकाएँ प्रकाशित करनी प्रारम्भ कीं। जिनमें भारतेन्दु की हरिश्चन्द्र मैगजीन (1873), कवि बेचन डुथा (1868), प्रताप नारायण मिश्र ब्राह्मण (1883), राधाचरण गोस्वामी, भारतेन्दु (सं० 1941), अम्बिकादत्त व्यास—पीयूष प्रभात (सं० 1941) तथा बालकृष्ण भट्ट—हिन्दी प्रदीप (1877) प्रसिद्ध हैं। भारतेन्दु जी ने सन् 1882 में शिक्षा आयोग की प्रश्नावली का उत्तर देते हुए हिन्दी के बारे में निम्नलिखित उद्‌गार प्रकट किए—

"सभी सभ्य देशों की अदालतों में उनके नागरिकों की बोली और लिपि का प्रयोग होता है। यही एक ऐसा देश है जहाँ न तो अदालती भाषा शासकों की मातृभाषा है और न प्रजा की।

1. यदि नागरी लिपि को सरकारी मान्यता मिल जाए तो पेशकार तथा सरिश्तेदार, मुहर्रिर आदि उस अवसर से पूर्णतया वंचित हो जाएँगे, जिसके द्वारा वे लूट-खसोट करते हैं। वे अनभिज्ञ व्यक्तियों को कुछ न कुछ पढ़कर सुना देते हैं और इस युक्ति से लिखित बात का तथ्य बदल देते हैं।"[1] अन्ततः जनांदोलन को सन् 1900 में सफलता मिली।

च. सरकार और नागरी लिपि आंदोलन

सरकार की मंशा शुरू से ही हिन्दी के प्रति साफ नहीं थी। सन् 1893 में इसने भारतीय भाषाओं के लिए रोमन लिपि के उपयोग का सुझाव देकर उर्दू एवं हिन्दी दोनों के पक्षधरों को स्तंभित कर दिया क्योंकि इससे दोनों भाषाओं का भविष्य ही खतरे में पड़ सकता था। इसी समय "नागरी प्रचारिणी सभा" ने इस प्रस्ताव के विरोध का विस्तृत कार्यक्रम बनाया। उसके द्वारा अंग्रेजी में नागरी कैरेक्टर पुस्तक लिखवाकर रोमन लिपि अवैज्ञानिकता पर प्रकाश डाला गया। सरकार ने इस बारे में एक समिति नियुक्त की, परन्तु समिति ने सरकारी सुझाव के पक्ष में ही निर्णय किया। हिन्दी की नियति संघर्ष की नियति है। अधिकारिणी होकर भी अपने सहज स्वीकृत अधिकारों को प्राप्त करने के लिए भी उसे प्रत्येक कदम पर संघर्ष करना पड़ा है। लम्बे आंदोलनों के बाद बिहार

1. रामगोपाल : स्वतन्त्रता पूर्व हिन्दी का इतिहास, पृ० 38

तथा उत्तर प्रदेश की अदालतों में हिन्दी को अभी-अभी स्थान मिला था कि अब अपनी लिपि के लिए मोर्चे पर डटना पड़ा। अब आंदोलन का नेतृत्व पं० मदन मोहन मालवीय के पास था। इन्होंने अगाध परिश्रम से हिन्दी भाषा तथा लिपि पर ऐतिहासिक तथा अन्य सामग्री एकत्र कर "कोर्ट करेक्टर एण्ड प्राइमरी एजुकेशन इन नार्थ वेस्टर्न प्रोविन्सेज" पुस्तक लिखी। जिसमें तथ्यों के आधार पर इन्होंने इस बात पर बल दिया कि भारतीय ही नहीं स्वयं अंग्रेज विद्वानों ने 19वीं शती के प्रारम्भ में ही खड़ी बोली हिन्दी तथा देवनागरी लिपि को अदालती कामों के लिए सक्षम तथा जनता के एक विशाल वर्ग के लिए व्यावहारिक भाषा स्वीकार की है। इस सिलसिले में सन् 1898 में मालवीय जी की अध्यक्षता में सतरह सदस्यीय एक प्रतिनिधि मंडल प्रांत के लेफ्टिनेंट गवर्नर जनरल सर एंटोनी मैकडानल से मिला और उन्हें साठ हज़ार हस्ताक्षरों का एक प्रार्थना-पत्र प्रस्तुत किया। गवर्नर ने इस आवेदन-पत्र पर पूरा-पूरा विचार करने का आश्वासन दिया। उर्दू वाले मी चुप नहीं बैठे थे। उन्होंने भी सार्वजनिक सभाएँ कीं और उनका प्रतिनिधि मंडल भी सर सैयद अहमद खाँ की सदस्यता में गवर्नर से मिला। अब माषायी मामले ने पूर्णतया राजनीतिक रंग ले लिया, अतएव सरकार ने प्रशासन के तीन प्रमुख विभागों राजस्व बोर्ड, हाई कोर्ट के रजिस्ट्रार तथा न्याय विभाग के कमिश्नर से इस सम्बन्ध में राय माँगी। अन्त में सरकार ने 18 अप्रैल, 1900 को निम्नलिखित निर्णय दिया—

1. सभी लोग अपनी याचिकाएँ अथवा शिकायतें हिन्दी अथवा फारसी लिपि के प्रस्तुत कर सकते हैं।

2. सभी सम्मन, घोषणाएँ आदि अदालतों एवं राजस्व बोर्ड से जारी पत्र फारसी तथा नागरी लिपि में होंगे। इन कागजों के रिक्त स्थान भी दोनों लिपियों में अक्षरों में भरे जाएँगे।

3. भविष्य में सभी ऐसे दफ्तरों में (जहाँ अंग्रेजी में काम नहीं होता) ऐसे क्लर्क या अधिकारी की नियुक्ति की जाएगी जो फारसी तथा नागरी लिपि दोनों भली-भाँति लिख सकता हो।[1]

इस प्रकार एक लम्बे अथक संघर्ष के बाद बीसवीं शती के प्रारम्भ में संयुक्त प्रांत, बिहार तथा मध्य प्रदेश आदि हिन्दी प्रांतों की अदालतों में हिन्दी को स्थान मिल सका परन्तु जैसा कि पहले लिखा गया है कि हिन्दी की नियति निरन्तर संघर्ष की नियति है। उसे अपना प्राप्य भी सहजता एवं सरलता से नहीं मिला। जीवन के प्रारम्भ से ही उसे अस्तित्व, अधिकार एवं अस्मिता के लिए नित नई चुनौतियों के आह्वान को स्वीकार करना पड़ा, नित नए संघर्षों की अगवानी

1. रामगोपाल : स्वतन्त्रता पूर्व हिन्दी का संघर्ष, पृ० 52

करनी पड़ी। 19वीं एवं 20वीं शताब्दी के पूर्वार्द्ध की संघर्षमयी जय-यात्रा के पश्चात् हिन्दी के भाग्य में विश्राम का समय आ गया तो ऐसा मानना भूल होगी। बीसवीं शती के प्रारम्भ से आज तक हिन्दी को अपनी संघर्षमयी नियति से दो-दो हाथ करने पड़े हैं। चाहे वह आजादी की प्राप्ति के पूर्व का स्वतन्त्रता संग्राम हो अथवा स्वातन्त्र्योत्तर काल।

2
स्वाधीनता संग्राम में हिन्दी की भूमिका

19वीं शताब्दी के उत्तरार्ध में हिन्दी को अदालतों आदि में प्रवेश मिल गया परन्तु इससे हिन्दी के पक्षधरों को संतोष नहीं हुआ। एक ओर प्रथम भारतीय स्वतन्त्रता संग्राम (सन् 1857) का सीखा पराजय बोध ओर दूसरी ओर सन् 1885 में राष्ट्रीय कांग्रेस की स्थापना के कारण भारतीयों के मन में अपनी स्वतन्त्रता की चिनगारी पूरी तरह बुझी नहीं थी। अपनी इस करुण पराजय के पश्चात् जब भारतीय पौरुष, भारतीय मनीषा तथा रण बाँकुरों ने अपने अभियान की असफलता की आंतरिक गंभीर पड़ताल की तब उन्हें यह एक महत्त्वपूर्ण सूत्र मिला कि उपयुक्त सरल, सहज, सामान्य भाषा के न होने के कारण आन्दोलन के लक्ष्य को, अभिप्राय को यथासमय जन-सामान्य तक नहीं पहुँचाया जा सका और इस कारण सर्वसाधारण जनता को ठीक से संगठित ही किया जा सका। परन्तु एक बात तो निश्चित थी कि स्वतन्त्रता संग्राम के प्रति अंग्रेजों द्वारा अपनाए गए कर दमनात्मक रुख के कारण लोगों को अंग्रेजों से गहरी घृणा हो गई थी और उनमें राष्ट्रीय चेतना का उदय हो गया था। सन् 1885 में कांग्रेस की स्थापना के साथ राष्ट्रीय आन्दोलन का सूत्रपात हुआ और स्वराष्ट्र, स्वतन्त्रता, स्वदेशी, स्वभाषा, राष्ट्रीय शिक्षण तथा विदेशी का बहिष्कार में वे शब्द बन गए जिनके लिए भारतीय मानस ने जेहाद पुकारा। संपूर्ण देश अब क्रमश: एक राजनीतिक इकाई में परिवर्तित हो चुका था अत: सभी के बीच संपर्क भाषा की आवश्यकता महसूस की जाने लगी। तत्कालीन राष्ट्रीय-नेताओं, समाज-सुधारकों, शिक्षा-शास्त्रियों तथा साहित्यिकों ने हिन्दी को इस लक्ष्य के लिए सर्वथा योग्य पाया। सर्वश्री बंकिमचंद्र चैटर्जी, कवीन्द्र रवीन्द्र, महात्मा गांधी आदि ने सर्वानुमति से हिन्दी को स्वीकार किया। डॉ० उदयनारायण दुबे ने इस समस्त संघर्ष की विवेचना करते हुए ठीक लिखा है—"यह संघर्ष ब्रिटिश शासन के विरुद्ध स्व-शासन, पर राज्य के विरुद्ध स्वराज्य, परतंत्रता के स्थान पर स्वतन्त्रता का संघर्ष

था। इसी प्रकार राजभाषा का आन्दोलन भी अंग्रेजी जैसी विदेशी भाषा के खिलाफ स्वदेशी (भारतीय) भाषाओं का आन्दोलन था।"[1] श्री किशोरीदास वाजपेयी जी ने तत्कालीन नेताओं की राष्ट्रभाषा के प्रति के सोच को इन शब्दों में व्यक्त किया है—"अनेक बंगाली, गुजराती, पंजाबी, और महाराष्ट्रीय नेता यह उद्योग कर रहे थे कि अपने राष्ट्र की एक राष्ट्रभाषा होनी चाहिए जो अंतर-प्रान्तीय व्यवहार का माध्यम बन सके और आगे चलकर जब देश स्वतन्त्र हो, यही अपनी राष्ट्रभाषा अंग्रेजी भाषा का स्थान ग्रहण करके देश की केन्द्रीय सरकार की भाषा बने।"[2] देश-विदेश में बसे उग्रपंथी क्रान्तिकारी भी राष्ट्रीय आन्दोलन में अपने ढंग से सहयोग कर रहे थे। वीरसावरकर के नेतृत्व में विदेश में संगठित एक सशक्त क्रान्तिकारी दल ने हिन्दी को राष्ट्रभाषा के रूप में स्वीकार कर लिया। तात्पर्य यह है कि 19वीं शती के उत्तरार्ध में आरम्भ राष्ट्रीय मुक्ति आन्दोलन में हिन्दी के राष्ट्रभाषा-राजभाषा बनाने के प्रयत्नों को अनेक महानुभावों एवं संस्थाओं ने अपना योगदान दिया। इन व्यक्तियों एवं संस्थाओं की हिन्दी सेवा का उल्लेख यहाँ करना अप्रासंगिक नहीं होगा।

राष्ट्रीय, सामाजिक तथा धार्मिक नेता एवं हिन्दी

1. राष्ट्रीय नेता एवं हिन्दी

स्वतंत्रता संघर्ष में सम्मिलित प्रायः सभी व्यक्ति स्वतंत्रता के संघर्ष को एक संगठित अभियान बनाने में लिए संपर्क-सूत्र के रूप में क्रमशः हिन्दी का प्रयोग करने लगे थे। पर यहाँ हम कुछ विशिष्ट राष्ट्रीय नेताओं के हिन्दी प्रचार-प्रसार कार्य का परिचय प्रस्तुत कर रहे हैं।

(क) लोकमान्य बाल गंगाधर तिलक

प्रबुद्ध प्रखर नेता तिलक जी ने जहाँ राष्ट्र को एक गर्वीला नारा दिया—"स्वराज्य हमारा जन्मसिद्ध अधिकार है" वहाँ समय-समय पर हिन्दी के प्रति अपने विचारों को भी उन्होंने प्रकट किया है। उनका यह पूर्ण विश्वास था कि देवनागरी लिपि में केवल हिन्दी ही इस देश की राष्ट्रभाषा बन सकती है—हिन्दी राष्ट्रभाषा बन सकती है—मेरी समझ में हिन्दी भारत की सामान्य भाषा होनी चाहिए यानी समस्त हिन्दुस्तान में बोली जाने वाली भाषा होनी चाहिए।[3]

---

1. उदयनारायण दुबे : राजभाषा के संदर्भ में हिन्दी आन्दोलन का इतिहास
2. किशोरीदास वाजपेयी : राष्ट्रभाषा का इतिहास, पृ० 18-19
3. डॉ० लक्ष्मीकान्त वर्मा : हिन्दी आन्दोलन, पृ० 23 से उद्धृत

उन्होंने मात्र अपने विचारों को ही प्रकट नहीं किया बल्कि उन पर क्रियान्वयन भी किया। वे हिन्दी को एक ऐसी भाषा मानते थे जो राष्ट्र के सभी वर्गों, जातियों, धर्मों के लोगों को एक-दूसरे के करीब लाती है। उन्होंने हिन्दी प्रचार-प्रसार के लिए सन् 1903 में 'हिन्दी केसरी' नामक पत्रिका का प्रकाशन भी किया तथा अंग्रेजी के स्थान पर हिन्दी में व्याख्यान देकर जनता-जनार्दन तक अपनी बात पहुँचाई। वस्तुतः महाराष्ट्र प्रदेश में हिन्दी को राष्ट्रभाषा एवं देवनागरी को राष्ट्रलिपि के रूप में मान्यता देने वालों में वे सर्वोपरि थे।

(ख) लाला लाजपतराय

कट्टर आर्य समाजी एवं उग्र राष्ट्रीय विचारधारा के प्रवक्ता लाला लाजपतराय पंजाब के क्रान्तिकारियों के 'गुरु' माने जाते थे। वे लोकमान्य बाल गंगाधर तिलक, विपिनचंद्रपाल तथा लाला लाजपतराय से बने (बाल, पाल एवं लाल) की प्रसिद्ध जोड़ी की एक महत्त्वपूर्ण कड़ी थे। उन्होंने पंजाब में हिन्दी प्रसार का कार्य एक संस्था के रूप में किया। हिन्दी-उर्दू संघर्ष में उन्होंने हिन्दी के पक्ष में वातावरण बनाया। वहाँ की शिक्षण संस्थाओं में हिन्दी की पढ़ाई को अनिवार्य कराने में लालाजी की भूमिका सराहनीय है। उन्हीं के प्रयत्नों का सुपरिणाम था कि पंजाब विश्वविद्यालय में आधुनिक भारतीय भाषाओं के साथ हिन्दी के पाठ्यक्रम को स्वीकार किया गया। विश्वविद्यालय द्वारा हिन्दी की रत्न-भूषण तथा प्रभाकर आदि परीक्षाओं का संचालन भी उन्हीं के प्रयासों से संभव हो सका। निश्चित रूप से पंजाब में हिन्दी को राष्ट्रभाषा के रूप में प्रचारित-प्रसारित करने में लाला जी के योगदान का विस्मरण नहीं किया जा सकता है।

(ग) पंडित मदन मोहन मालवीय

हिन्दी की संघर्ष-कथा में मालवीय जी का विशिष्ट स्थान है। इनका समस्त जीवन हिन्दी के लिए लड़ाई लड़ते बीता। राष्ट्रीय स्वतन्त्रता और राष्ट्र-भाषा हिन्दी संभवतः यही उनके जीवन के दो परम लक्ष्य थे। इन्होंने सन् 1893 में नागरी प्रचारिणी सभा, काशी की स्थापना में अपना योगदान दिया। सन् 1863 में सरकार द्वारा जब देवनागरी लिपि के स्थान पर रोमन लिपि के प्रयोग का सुझाव रखा गया था तब इन्होंने उसका डट कर विरोध किया था और 'कोर्ट करैक्टर एण्ड प्राइमरी एजुकेशन इन नार्थ-वेस्ट प्रोविन्सेज' लिखकर रोमन लिपि की अव्यवहारिकता सिद्ध करते हुए उसकी वैज्ञानिकता की धज्जियाँ उड़ा दी थीं। तथा तत्कालीन गवर्नर को उन्होंने साठ हजार हस्ताक्षरों वाला निवेदन देकर रोमन लिपि के खिलाफ जनाक्रोश एवं जनभाषा से सत्ता को परिचित कराया

था और अदालतों में हिन्दी को प्रवेश दिलवाया था। इन्होंने सन् 1917 में बनारस हिन्दू विश्वविद्यालय की स्थापना की एवं सभी विद्यार्थियों के लिए हिन्दी एक अनिवार्य विषय के रूप में पाठ्यक्रमों में शामिल कराया। इन्होंने 'हिन्दुस्तान', 'अभयुदय', 'मर्यादा' तथा 'सनातन धर्म' आदि पत्रों का प्रारंभ एवं सम्पादन किया। इस प्रकार हम देखते हैं कि मालवीय जी ने जीवट पत्रकार, दूरदर्शी शिक्षा शास्त्री तथा जुझारु राष्ट्रीय नेता के रूप में हिन्दी के लिए बहुत कुछ किया है। हिन्दी भाषा एवं साहित्य सदा उनकी कृतज्ञ रहेगी।

(घ) महात्मा गांधी

राष्ट्रपिता महात्मा गांधी ने देश की स्वतन्त्रता के अभियान में हिन्दी के प्रयोग की व्यावहारिक आवश्यकता को अच्छी तरह परख लिया था। उन्हीं के निरन्तर प्रयत्नों का यह परिणाम था कि संपूर्ण देश में हिन्दी के पक्ष में एक उत्साहमय आत्मीय वातावरण का निर्माण हुआ। उन्होंने मई 1917 को एक स्थान पर लिखा है : "हिन्दी ही हिन्दुस्तान के शिक्षित समुदाय की सामान्य भाषा हो सकती है यह बात निर्विवाद है। यह कैसे हो। केवल यही विचार करना है। जिस स्थान को अंग्रेजी भाषा आजकल लेने का प्रयत्न कर रही है और जिसे लेना उसके लिए असम्भव है, वही स्थान हिन्दी को मिलना चाहिए क्योंकि हिन्दी का उस पर पूर्ण अधिकार है।"[1]

इसी वर्ष भड़ौच में 'गुजरात शिक्षा परिषद' के अधिवेशन के सभापति पद से गांधीजी ने भारत की राष्ट्रभाषा के स्वरूप तथा व्यवहार-क्षेत्र के प्रति अपने उद्गार निम्नलिखित शब्दों में व्यक्त किए हैं—

1. अमलदारों (राजकीय कर्मचारियों) के लिए वह भाषा सरल होनी चाहिए।
2. यह जरूरी है कि भारतवर्ष के बहुत से लोग उस भाषा को बोलते हों।
3. यह जरूरी है कि भारतवर्ष की आपसी धार्मिक, आर्थिक और राजनैतिक व्यवहार हो सकना चाहिए।
4. राष्ट्र के लिए वह भाषा आसान होनी चाहिए।
5. उस भाषा का विचार करते समय किसी क्षणिक भी अल्प स्थायी स्थिति पर जोर नहीं देना चाहिए।[2]

गांधीजी ने उपर्युक्त कल्पनाओं को स्वीकार्य एवं व्यवहार्य बनाने के लिए हिन्दी के बजाय हिन्दुस्तानी शब्द का प्रयोग एवं प्रचलन किया। उन्हीं की प्रेरणा

---

1. सम्पूर्ण गांधी वाङ्मय, खण्ड 13, पृ० 424
2. संपूर्ण गांधी वाङ्मय, खण्ड 14, पृ० 28-29

से सन् 1929 में कांग्रेस के 40वें अधिवेशन में कानपुर में हिन्दुस्तानी को अखिल भारतीय कांग्रेस की दूसरी दफ्तरी भाषा के रूप में स्वीकार कर लिया गया अर्थात् कांग्रेस, कांग्रेस महासमिति और कार्यकारिणी समिति के कामकाज में इसी भाषा का उपयोग किया जाए। गांधीजी ने हिन्दुस्तानी से अपना तात्पर्य इन शब्दों में स्पष्ट किया—"हिन्दुस्तानी का मतलब उर्दू नहीं, बल्कि हिन्दी और उर्दू की वह खूबसूरत मिलावट है जिसे उत्तरी हिन्दुस्तान के लोग समझ सकें और जो नागरी या उर्दू लिपि में लिखी जाती हो।"[1] गांधीजी द्वारा हिन्दुस्तानी की पक्षधरता के बारे में दिनकर जी अपने विचार इन शब्दों में प्रकट करते हैं—"आजादी की लड़ाई के दिनों में हिन्दू-मुस्लिम एकता की समस्या ही प्रधान थी, अतएव भारत के सभी प्रान्तों में ऐसे लोग थे, जो यह चाहते थे कि हिन्दी-उर्दू की एकता से अगर हिन्दू-मुस्लिम एकता की नींव पुष्ट होती है तो उचित है कि भारत की राष्ट्रभाषा हिन्दुस्तानी बना दी जाए।"[2]

महात्मा गांधी ने सन् 1918 में हिन्दी साहित्य सम्मेलन, इंदौर में हिन्दी के प्रचार-प्रसार के लिए एक प्रस्ताव रखा था जिसके अनुसार उत्तरी भारत के छह विद्यार्थी दक्षिणी भाषाएँ सीखने दक्षिण में जाएँ और छह दक्षिणी विद्यार्थी हिन्दी सीखने उत्तर भारत आएँ। उन्होंने अपने पुत्र देवदास गांधी को भी हिन्दी प्रचार-प्रसार के लिए मद्रास भेजा था। परन्तु जहाँ हिन्दुस्तानी के सुझाव को कुछ लोगों ने पसन्द नहीं किया वैसा ही इनके हिन्दी के राष्ट्रभाषा बनाने के सुझाव से तमिलनाडु में कुछ लोगों को शंका हुई, हिन्दी के प्रचार से प्रांतीय भाषाओं के विकास में बाधा पड़ेगी। उनकी शंकाओं का समाधान करते हुए गांधीजी ने लिखा है—"कुछ लोग ऐसा समझते हैं कि हम प्रांतीय भाषाओं को नष्ट करके हिन्दी को सारे भारत की एकमात्र भाषा बनाना चाहते हैं। इस गलतफहमी से प्रेरित होकर वे हमारे प्रचार का विरोध करते हैं। मैं हमेशा से यह मानता रहा हूँ कि हम किसी भी हालत में प्रांतीय भाषाओं को मिटाना नहीं चाहते। हमारा मतलब तो सिर्फ यह है कि विभिन्न प्रांतों के पारस्परिक सम्बन्ध के लिए हम हिन्दी भाषा सीखें।"

महात्मा गांधी ने हिन्दुस्तानी के प्रचार-प्रसार के लिए "दक्षिण हिन्दी प्रचार सभा", मद्रास, राष्ट्रभाषा प्रचार समिति, वर्धा तथा हिन्दुस्तानी प्रचार सभा, आदि का गठन किया और हिन्दी तथा देवनागरी लिपि के प्रति आग्रहशील हिन्दी साहित्य सम्मेलन, प्रयाग से इन्होंने सन् 1935 में अपना सम्बन्ध तोड़ दिया। इस प्रकार हम देखते हैं कि महात्मा गांधी ने स्वतंत्रता संग्राम में हिन्दी की

1. राष्ट्रभाषा हिन्दुस्तानी की भूमिका, पृ० 9
2. दिनकर : राष्ट्रभाषा का आन्दोलन और गांधीजी, पृ० 102

व्यावहारिक उपयोगिता को परख कर उसे अपनाया तथा राजभाषा के आवश्यक गुणों से सम्पन्न समझकर कांग्रेस के राजकाज में उसका प्रयोग प्रारंभ कराया। परिस्थिति एवं समय की आवश्यकता को दृष्टिगत रख इन्होंने हिन्दी के हिन्दुस्तानी रूप को मान्यता प्रदान की तथा हिन्दी से प्रांतीय भाषाओं के नष्ट हो जाने के भय को निर्मूल सिद्ध किया। इसके अलावा महात्मा गांधी ने विभिन्न सभा-संस्थाओं की स्थापना कर हिन्दी प्रचार के राष्ट्रीय कार्य को बल दिया।

(च) राजर्षि पुरुषोत्तमदास टंडन

पंडित मदनमोहन मालवीय की हिन्दी निष्ठा एवं संकल्प के मूर्तिमंत्र उत्तराधिकारी टंडन जी थे। इनका समस्त जीवन हिन्दी-सेवा का पर्याय है। हिन्दी के स्वाभिमान, सम्मान तथा आत्मगौरव के प्रश्न पर इस तपे-सधे सेवक ने कभी कहीं-किसी कीमत पर समझौता नहीं किया। हिन्दी की अस्मिता के वे संरक्षक हैं। वे हिन्दी साहित्य सम्मेलन, प्रयाग के संस्थापकों में से हैं और सम्मेलन की ओर गांधी जी को आकर्षित करने का श्रेय भी इन्हीं को है। वे कई बार सम्मेलन के अधिवेशनों के सभापति बने। हिन्दी तथा देवनागरी लिपि के प्रति समर्पित इस साधक ने हिन्दुस्तानी के प्रश्न पर गांधीजी के पुण्य प्रकोप को भी सहा। गांधीजी द्वारा 'सम्मेलन' से त्यागपत्र दे देने पर भी हिन्दी के सवाल पर वे झुके नहीं। डॉ० शिवराम वर्मा के शब्दों में—"सत्य बात तो यह है कि हिन्दी को राष्ट्रभाषा तथा संघ की राजभाषा बनाने में जो महत्त्वपूर्ण कार्य राजर्षि पुरुषोत्तमदास टंडन ने किया, वह कार्य दूसरा नेता न कर सका।"[1]

(छ) डॉ० राजेन्द्र प्रसाद

संत नेता देशरत्न डॉ० राजेन्द्र प्रसाद जी ने एक साधारण कांग्रेसी कार्यकर्ता से लेकर स्वतंत्र भारत देश के प्रथम राष्ट्रपति पद से हिन्दी की सेवा की है। उनका सम्बन्ध हिन्दी भाषा परिषद, कलकत्ता, हिन्दी साहित्य सम्मेलन, प्रयाग, दक्षिण भारत हिन्दी प्रचार सभा, मद्रास से रहा। उन्होंने विविध सभा-संस्थाओं के अधिवेशनों की अध्यक्षता की। गांधी जी के परमभक्त होने के कारण हिन्दी तथा हिन्दुस्तानी में कोई फर्क न करते हुए उन्होंने हिन्दुस्तानी का समर्थन किया। भारतीय संविधान सभा के अध्यक्ष की हैसियत से उन्होंने संविधान का हिन्दी रूपांतर करवाया तथा संविधान में स्वीकृत सभी भारतीय भाषाओं में पारिभाषिक कोश तैयार करवाने का महनीय कार्य किया। राष्ट्रपति कार्यालय से उन्होंने

1. डॉ० शिवराज वर्मा : हिन्दी का राष्ट्रभाषा के रूप में विकास, पृ० 185

सरकारी समारोहों के निमंत्रण पत्र, राष्ट्रीय मौकों पर भाषण, राष्ट्र के नाम संदेश, विदेशी राजपूतों के द्वारा परिचय-पत्र प्रस्तुति के अवसर पर आयोजित समारोहों तथा राष्ट्रपति भवन से जारी सूचनाओं एवं परिपत्रों में हिन्दी को उचित स्थान दिलाया। सरकारी कर्मचारियों के लिए हिन्दी प्रशिक्षण योजना के मूल में इनका हाथ था। संक्षेप में कहा जा सकता है कि डॉ० राजेन्द्र प्रसाद जी ने हिन्दी के उस स्वरूप को पुख्ता एवं प्रचलित करने में सहयोग दिया जिसे प्रयोजनमूलक हिन्दी कहा जाता है।

(ज) सेठ गोविन्ददास

हिन्दी के सुप्रसिद्ध साहित्यकार, राजनेता, प्रखर वक्ता तथा हिन्दी के सजग प्रहरी सेठ गोविन्ददास की हिन्दी सेवा—सृजनात्मक साहित्य, पत्रकारिता, हिन्दी प्रचारक तथा सांसद के रूप में उल्लेख्य है। सन् 1916 से ही वे राष्ट्रभाषा आन्दोलन में शामिल हो गए थे। सन् 1920 में बरार हिन्दी साहित्य सम्मेलन के वे अध्यक्ष बने। हिन्दी साहित्य सम्मेलन के भी अध्यक्ष रहे। भारतीय संविधान सभा में कन्द्रीय राजभाषा का नाम हिन्दी हो अथवा हिन्दुस्तानी को लेकर जो विवाद चला, उसे बुद्धिमता से हल करने में इनकी भूमिका श्लाध्य रही। उन्होंने शारदा, 'लोकमत' तथा 'जयहिंद' आदि पत्र-पत्रिकाओं का संपादन किया। वास्तव सेठ जी रार्जषि की परम्परा के वे हिन्दी स्वाभिमानियों में से रहे जिन्होंने हिन्दी के प्रश्न पर विराट से विराट व्यक्तित्व से टकराने में किसी तरह का न संकोच किया और न विचलित ही हुए।

(झ) काका कालेलकर

हिन्दीतर भाषी हिन्दी प्रचारकों में काका कालेलकर का नाम महत्त्वपूर्ण है। उन्होंने राष्ट्रभाषा के प्रचार-कार्य को राष्ट्रीय जीवन के संदर्भ में देखा। इन्होंने हिन्दी प्रचार का क्षेत्र दक्षिण भारत तथा बाद में गुजरात की 'राष्ट्र भाषा प्रचार समिति' को बनाया। वे गांधी के परम प्रिय शिष्य थे अत: वे भी हिन्दी के बजाय गांधीजी के अनुकरण पर हिन्दुस्तानी के समर्थक हो गए और हिन्दुस्तानी के लिए समर्थन जुटाने के लिए इन्होंने समस्त भारत की यात्रा की।

इन्होंने हिन्दी अथवा हिन्दुस्तानी को टाइपरायटर तथा प्रेस की दृष्टि से सरल एवं सज्जित करने की दृष्टि से देवनागरी लिपि में कुछ मौलिक संशोधन-परिवर्धनों का सुझाव दिया था पर जिन्हें स्वीकार नहीं किया गया। उन्होंने हिन्दी के लिए 'सबकी बोली' नाम सुझाया था पर इसे भी जनमत ने अस्वीकार कर दिया। फिर भी हिन्दी प्रचारक की दृष्टि से काका कालेलकर की सेवाओं के प्रति हिन्दी भाषा सदा कृतज्ञ रहेगी।

2. सामाजिक तथा धार्मिक नेता एवं हिन्दी

(क) राजा राममोहन राय

ब्रह्म समाज के संस्थापक राजा राममोहन राय का जन्म कलकत्ता के एक जमींदार घराने में सन् 1774 में हुआ था। वे बहुभाषाविज्ञ थे। इन्हें अंग्रेजी, ग्रीक, अरबी, फारसी, संस्कृत तथा बंगला भाषाओं का अच्छा ज्ञान था। वे हिन्दू समाज में प्रचलित धार्मिक और सामाजिक कुरीतियों तथा अंधविश्वासों को दूर करने के लिए कृत संकल्प थे। वे समाचारपत्र तथा प्रेस के विचार स्वातंत्र्य के प्रबल प्रवक्ता थे। वे अंग्रेजी भाषा के समर्थक थे पर हिन्दी के पक्षधर भी थे। उनकी मान्यता थी कि राष्ट्रीय समस्याओं और कार्यों के लिए हिन्दी का प्रयोग किया जाए। कलकत्ता से प्रकाशित होने वाले उनके बंगदूत (सन् 1826) में बंगला, अंग्रेजी, फारसी तथा हिन्दी के पृष्ठों का विधान था। वे स्वयं हिन्दी में लिखते थे और प्रचार सामग्री का प्रकाशन भी हिन्दी में करते थे।

(ख) ऋषि दयानन्द सरस्वती

आर्य समाज के संस्थापक ऋषि दयानन्द सरस्वती का जन्म सन् 1824 में काठियावाड़ के ओरवी राज्य में औवीच्य ब्राह्मण परिवार में हुआ था। प्रारम्भ में वे अपने व्याख्यानों में संस्कृत का प्रयोग करते थे। पर 21 जनवरी, 1873 में, कलकत्ता में श्री केशव सेन की प्रेरणा से वे हिन्दी में व्याख्यान देने लगे। उन्होंने तत्पश्चात् भाषण, शास्त्रार्थ एवं पत्र-व्यवहार में हिन्दी का प्रयोग किया। अपने ग्रंथ 'सत्यार्थ प्रकाश' आदि भी हिन्दी में लिखे। वस्तुत: उन्होंने मन, वाणी और कर्म से हिन्दी की जो सेवा की, उससे हिन्दी को एक नई गति, एक नई चेतना तथा एक नया स्पंदन व कंपन के साथ नवजीवन मिला।[1]

राजा राममोहन राय तथा ऋषि दयानन्द सरस्वती के अलावा 'सनातन धर्म समाज' के संस्थापक गोस्वामी गणेशदत्त का नाम भी उल्लेखनीय है।

हिन्दी आन्दोलन : संस्थाओं की भूमिका

राष्ट्रीय कांग्रेस की स्थापना के पश्चात हमारे राष्ट्रीय ध्येय क्रमश: स्पष्ट होने लगे और अंततोगत्वा कांग्रेस ने ब्रिटिश शासन के प्रति सहयोग के बजाय असहयोग करने का निश्चय किया। कांग्रेस के इस निर्णय से राष्ट्रीय स्वतन्त्रता आंदोलन को एक नई ताजगी, नई स्फूर्ति, नया उत्साह और नई दिशा मिली। एक ओर इस देश के विभिन्न भावों के नेता एक राजनीतिक इकाई के रूप में संगठित हो गए थे

1. डॉ० उदयनारायण दुबे : राजभाषा के संदर्भ में हिन्दी आंदोलन का इतिहास, पृ० 145

और दूसरी ओर आंदोलन को सफलता एवं सार्थकता के लिए किए जाने वाले प्रयासों का लेखा-जोखा करने पर उन्होंने पाया कि बिना सामाजिक एवं धार्मिक सुधार किए राष्ट्रीय आंदोलन को सफल नहीं बनाया जा सकता। इस कारण विभिन्न विचारकों, चिंतकों, समाज सुधारकों ने धार्मिक एवं सामाजिक सुधारों को एक आंदोलन के रूप में प्रारम्भ करने का निश्चय किया। उन्होंने भारतीय जन-जीवन में घर कर गए अंधविश्वास, कुरीतियों, धार्मिक आडम्बरों, छूतछात, जात-पांत, बालविवाह, अनमेल विवाह, पुरानी रूढ़ियों के खिलाफ जनजागरण का कार्य प्रारम्भ किया। ब्रिटिश शासन ने भी भारतीय समाज-सुधारकों एवं विचारकों के लिए अनायास ही ईसाई धर्म प्रचारकों को धर्म प्रचार की छूट देकर नकारात्मक सहयोग दिया। अतः एक विदेशी धर्म के चंगुल से मुक्त करने का अभियान भी इनके सामाजिक-आर्थिक आंदोलन का हिस्सा बन गया। वस्तुतः यह आंदोलन एक राष्ट्रीय पुनरुत्थानवादी आध्यात्मिक आंदोलन था जिसके मूल में राष्ट्र की स्वतन्त्रता की बलवती आकांक्षा, सन्तुलित स्वस्थ सामाजिक अनुशासित व्यवस्था का आग्रह, मानवीय हित साधक वर्ग की पुनर्स्थापना एवं सांस्कृतिक गौरव से अभिभूत रहने की मंशा सम्मिलित थी। इन बहुमुखी आंदोलनों के प्रवर्तकों तथा संचालकों को अपने उद्देश्यों की पूर्ति एवं लक्ष्य की प्राप्ति के लिए एक ऐसी राष्ट्र-भाषा की आवश्यकता महसूस हुई जो संपूर्ण भारत को संपर्क-सूत्र में बाँधती हो। उत्तर से दक्षिण तक अधिसंख्य व्यक्तियों के लिए अभिव्यक्ति का सहज-सरल माध्यम बन सके तथा आंग्ल या कोई अन्य विदेशी मूल की भाषा न होकर कोई देशी भाषा हो। चूंकि ये प्रवर्तक, प्रचारक, सुधारक कहीं-न-कहीं राष्ट्रीय आंदोलन से सक्रिय रूप से जुड़े हुए थे, अतः उन्होंने प्रादेशिक स्तर पर प्रादेशिक भाषाएँ तथा राष्ट्रीय स्तर पर राष्ट्रीय आंदोलन की भाषा—हिन्दी को प्रचार-प्रसार के माध्यम भाषा के रूप में स्वीकार कर हिन्दी के प्रचार-प्रसार की गति तीव्रतर कर दी। उन्नीसवीं एवं बीसवीं शती की विभिन्न धार्मिक-सामाजिक संस्थाओं—ब्रह्मसमाज, आर्यसमाज, प्रार्थना समाज तथा थियोसोफिकल सोसायटी आदि तथा साहित्यिक संस्थाओं तथा नागरी प्रचारिणी सभा काशी, हिन्दी साहित्य सम्मेलन प्रयाग, दक्षिण भारत प्रचार समिति मद्रास तथा राष्ट्रभाषा प्रचार समिति वर्धा आदि एवं राजनीतिक संस्था कांग्रेस के द्वारा हिन्दी के प्रचार प्रसार के लिए किए गए प्रयत्नों के लेखा-जोखा की झलक यहाँ प्रस्तुत है। राजनीतिक संस्था कांग्रेस की हिन्दी-सेवा के सम्बन्ध में महात्मा गांधी के सन्दर्भ में चर्चा की ही जा चुकी है।

धार्मिक एवं सामाजिक संस्थाएँ

भारतवर्ष में धर्म एवं समाज को एक दूसरे से पूर्णतया भिन्न करनहीं देखा जा सकता है। धर्म एवं समाज अन्योन्याश्रित हैं। अतएव धर्म के विकारों एवं

सामाजिक शैथिल्य को दूर करने के लिए संयुक्त प्रयत्नों की आवश्यकता पड़ती है। अतएव धार्मिक संस्था में सामाजिक सुधारों का प्रतिबिंब झलकता है और सामाजिक संस्थाओं में धार्मिक ढोंग एवं आडम्बर के खिलाफ सौम्य आक्रोश दृष्टिगत होता है। अतः धार्मिक एवं सामाजिक संस्थाओं को एक दूसरे से पूर्णतया अलग कर देखना बहुत अधिक व्यावहारिक नहीं है। इसलिए हिन्दी के सन्दर्भ में सामाजिक एवं धार्मिक संस्थाओं पर एक साथ ही दृष्टिपात किया जा रहा है।

1. ब्रह्मसमाज

आधुनिक भारत के निर्माताओं में से एक, राजनीतिक जागृति के प्रवर्तक सूत्रधार राजा राममोहन राय ने सन् 1828 में ब्रह्मसमाज की स्थापना की। इस संस्था का लक्ष्य ईसाई धर्म प्रचारकों एवं यूरोपीय सभ्यता के मोहक आकर्षण से भारतीयों को अविचलित रखना था। यह संस्था एकेश्वरवाद में विश्वास करती थी और मूर्तिपूजा की विरोधी थी। इस संस्था ने भारतीयों में जागरण लाने एवं स्त्रियों को सामाजिक समानता दिलवाने के लिए सफल प्रयत्न किए। राजा राममोहन राय ने जनता में राष्ट्रीय चेतना को गतिशील किया एवं राष्ट्र के लिए एक राष्ट्रभाषा होने पर बल देते हुए हिन्दी को इस पद के लिए सर्वथा उपयुक्त बतलाया। इसी कारण उन्होंने अपनी अधिकांश पुस्तकों का प्रकाशन हिन्दी में ही कराया। सन् 1826 में अंगदूत नामक साप्ताहिक पत्र निकाला जिसमें कुछ पृष्ठ हिन्दी, बंगला, अंग्रेजी तथा फारसी में रहते थे। राजा राममोहन राय के अलावा केशवचन्द्र सेन, राजनारायण बोस, भूदेव मुखर्जी और नवीनचन्द्र राय आदि ब्रह्मसमाज के नेताओं ने भी हिन्दी की काफी सेवा की। श्री केशवचन्द्र सेन की प्रेरणा से स्वामी दयानन्द सरस्वती ने अपना विश्वविख्यात ग्रंथ 'सत्यार्थ प्रकाश' हिन्दी में लिखा एवं हिन्दी को अपने प्रवचन की भाषा बनाया। श्री नवीनचन्द्र राय ने पंजाब में हिन्दी के माध्यम से समाज के विचारों का प्रचार-प्रसार किया और लाहौर से 'ज्ञानप्रदायिनी' (सन् 1867) आदि की पत्रिकाएँ निकालीं। 19वीं शताब्दी में हुए हिन्दी-उर्दू विवाद में उन्होंने हिन्दी का समर्थन किया। श्री भूदेव मुखर्जी ने बिहार की अदालतों में हिन्दी के प्रवेश तथा पाठ्य पुस्तक को प्रचलित कराने में महत्त्वपूर्ण भूमिका निभाई।

2. आर्य समाज

महर्षि दयानन्द सरस्वती ने बम्बई में आर्य समाज की स्थापना की। आर्य समाज के प्रमुख उद्देश्यों में ईसाई धर्म के बढ़ते हुए प्रभाव को रोकना तथा हिन्दू समाज तथा धर्म में प्रचलित विविध रूढ़ियों, अंधविश्वासों तथा कुरीतियों के खिलाफ जनमानस को जाग्रत करना था। आर्य समाज पहली संस्था है जिसने अखिल भारतीय स्तर पर स्वभाषा, स्वदेश, स्वधर्म तथा स्वराज्य के लिए आंदोलन

की पहल की। उन्होंने अपने विचारों को पूरे देश में पहुँचाने के लिए हिन्दी भाषा को चुना। हिन्दी को उन्होंने आर्य भाषा कहा और आर्य समाज के अट्ठाईस नियमों में से पाँचवें नियमानुसार प्रत्येक आर्य समाजी को हिन्दी पढ़ना अनिवार्य है। स्वामी जी के अपने भाषणों, अधिवेशनों के उद्घाटन भाषण, सिद्धान्तों के खण्डन-मण्डन, ग्रंथ लेखन तथा प्रचार साहित्य तथा पारस्परिक वार्तालाप में हिन्दी का प्रयोग किया जाता था। साप्ताहिक सत्संग और वार्षिक अधिवेशन में भी केवल हिन्दी का उपयोग किया जाता था।

गुजराती भाषा-भाषी स्वामी जी ने जहाँ स्वयं अपने लेखन-भाषण में हिन्दी का प्रयोग किया वहाँ 'आर्य दर्पण' आदि का प्रकाशन करवाकर हिन्दी प्रचार को बढ़ावा दिया। स्वामीजी ने सरकार की कृपा-दृष्टि की प्रतीक्षा किए बिना पंजाब, उत्तर प्रदेश, राजस्थान तथा बिहार में सैकड़ों शिक्षण संस्थाओं को स्थापित कर हिन्दी के प्रचार को गति दी। इन शिक्षण संस्थाओं में हिन्दी माध्यम से पढ़ाई करवायी जाती थी। आर्य समाज ने कन्याओं के लिए हिन्दी माध्यम की पाठ-शालाएँ खुलवाईं। स्वामी जी का इतना प्रभाव था कि देश की अनपढ़ जनता ने आर्य समाज के सिद्धांतों को समझने के लिए हिन्दी का अक्षर ज्ञान प्राप्त किया। महर्षि दयानन्द जी की हिन्दी सेवा का मूल्यांकन करते हुए डॉ० मलिक मुहम्मद लिखते हैं—"आर्य समाज ने देश की शिक्षा प्रणाली में हिन्दी को सम्मिलित कराने के प्रयास किए थे और साथ ही न्यायालय में भी हिन्दी के प्रयोग का आंदोलन चलाया था। ऋषि दयानन्द की प्रेरणा से हिन्दी को राजकार्य में प्रवृत्त कराने के लिए भी अनेक स्थानों से अंग्रेज सरकार के पास मेमोरेंडम भेजे गए।"[1]

3. प्रार्थना समाज

सन् 1867 में श्री महादेव गोबिन्द रानाडे ने प्रार्थना समाज की स्थापना की। यह संस्था एक ओर सामाजिक तथा धार्मिक उद्देश्यों को दूर करने के लिए प्रयत्न-शील थी और दूसरी ओर वह स्त्री शिक्षा तथा विधवा विवाह आदि के पक्ष में वातावरण बना रही थी। इस संस्था का कार्य क्षेत्र महाराष्ट्र तक सीमित रहा। वह संस्था अपने साप्ताहिक प्रवचन में हिन्दी का थोड़ा बहुत प्रयोग करती थी। संस्था के नेता महादेव गोबिन्द रानडे के विचारों ने उस युग के हिन्दी साहित्य को अवश्य प्रभावित किया था।

4. थियोसोफिकल सोसायटी

इस संस्था की स्थापना सन् 1875 में मदाम ब्लास्की तथा कर्नल आलकोट ने अमरीका में की। संस्था के मूल में भारतीय धर्म दर्शन का अध्ययन और प्रसारण

1. मलिक मुहम्मद : राजभाषा हिन्दी विविध आयाम, पृ० 123

था। सन् 1875 में इन दोनों महानुभावों ने बम्बई आकर यहाँ भी उसका कार्यालय खोला। सन् 1885 में उन्होंने अडयार (मद्रास) नामक स्थान पर अपना अन्तर्राष्ट्रीय कार्यालय स्थापित किया और राष्ट्रीय कार्यालय बनारस में कायम किया। श्रीमती एनी बेसेंट ने सन् 1893 से अपने विचारों का प्रचार प्रारम्भ किया। इनके विचार ब्रह्मसमाज के प्रायः समानांतर हैं। सोसायटी ने अनेक शिक्षण संस्थाओं जैसे काशी में सेंट्रल हाई स्कूल, सेंट्रल हिन्दू कॉलेज तथा हिन्दू कन्याशाला स्थापित की। इन सभी संस्थाओं में भारतीयता, भारतीय संस्कृति और भारतीय भाषाओं पर जोर दिया गया। इससे हिन्दी को काफी फायदा हुआ। एनी बेसेंट सन् 1917 में कांग्रेस की अध्यक्ष रहीं तथा सन् 1915-25 तक इन्होंने राष्ट्रभाषा का प्रचार-प्रसार करने के लिए गांधीजी के साथ दक्षिण के दौरे पर भी गई थीं। अपने अंग्रेजी पत्र 'न्यू इंडिया' में वे हिन्दी लेखों का भी प्रकाशन किया करती थीं। सामाजिक एवं धार्मिक सुधारों के प्रति संकल्पबद्ध कुछ और भी संस्थाएँ हैं जो अपने ढंग से हिन्दी के प्रचार-प्रसार के कार्य में लगी रहती हैं। जैसे —रामकृष्ण मिशन (1897), राधास्वामी संप्रदाय अथवा सनातन धर्म समाज।

साहित्यिक संस्थाएँ

(क) काशी नागरी प्रचारिणी सभा

राष्ट्रभाषा हिन्दी तथा राष्ट्रलिपि देवनागरी के प्रचार-प्रसार के उद्देश्य से सन् 1893 में वाराणसी में नागरी प्रचारिणी सभा की स्थापना हुई। यह हिन्दी की पहली साहित्यिक संस्था है। सभा के प्रारम्भिक संरक्षकों में श्री गोपाल प्रसाद खत्री तथा बाबू श्यामसुन्दर दास आदि के नाम उल्लेखनीय हैं। पं० श्री मदन मोहन मालवीय, श्री अम्बिकादत्त व्यास, श्री श्रीधर पाठक तथा श्री बदरीनारायण चौधरी भी सभा के संरक्षक रहे हैं।

सभा हिन्दी प्रचार-प्रसार के लिए रचनात्मक तथा आंदोलनात्मक दोनों रूपों में काम करती है। जहाँ सभा के भगीरथ प्रयत्नों से 12 अप्रैल सन् 1900 में उत्तर प्रदेश सरकार ने अदालती काम-काज के लिए फारसी के साथ नागरी को भी स्वीकार किया, वहाँ सभा हिन्दी के अनुपलब्ध प्राचीन हस्तलिखित ग्रंथों की खोज, हिन्दी के वृहद कोशों का निर्माण, हिन्दी भाषा तथा साहित्य का इतिहास-लेखन, शोधकार्य एवं साहित्यिक गोष्ठियों के आयोजन जैसे रचनात्मक कार्य भी करती है। संस्था के अपने आर्य पुस्तकालय में करीब चालीस हजार मुद्रित पुस्तकें और लगभग चार हजार अप्राप्य हस्तलिखित ग्रंथ हैं। प्रादेशिक भाषाओं के भी कुछ महत्वपूर्ण ग्रंथ हैं। सभा हिन्दी शोध कार्य को विशेष महत्त्व देती है। उसके पास हिन्दी साहित्य के उच्चस्तरीय शोध के लिए अपना एक विशाल पुस्तकालय

है और एक अलग शोध विभाग है जिसमें अनुपलब्ध ग्रंथों के अनुसंधान का कार्य होता है। सभा का अपना प्रकाशन विभाग है। सभा के 'कोश विभाग' द्वारा हिन्दी शब्द सागर, हिन्दी वैज्ञानिक शब्दावली और संक्षिप्त शब्द सागर जैसे संग्रहणीय कोशों का प्रकाशन हुआ है। इसके अलावा सभा ने अब तक लगभग पाँच सौ ग्रंथ साहित्य की विविध विधाओं,—काव्य, नाटक, उपन्यास, दर्शन, तर्कशास्त्र, विज्ञान और कला आदि विषयों पर प्रकाशित किए हैं। पृथ्वीराज रासो, परमाल रासो, बीसलदेव रासो आदि पिछले 81 वर्षों से सभा के महत्त्वपूर्ण प्रकाशन हैं। नागरी प्रचारिणी पत्रिका सभा की साहित्यिक शोध पत्रिका प्रकाशित हो रही है। सभा हिन्दी साहित्य की मौलिक एवं श्रेष्ठ रचनाओं को प्रति वर्ष पुरस्कृत भी करती है। सभा ने अब हिन्दी के प्रयोजनमूलक स्वरूप को दृष्टिगत रख 'संकेतलिपि विद्यालय' स्थापित किया है जिसमें हिन्दी की संकेत लिपि (Short hand) तथा टाइपिंग की शिक्षा दी जाती है। सभा ने तमिल, तेलुगू, कन्नड़ तथा मलयालम भाषाओं की प्रारम्भिक शिक्षा का प्रबन्ध भी किया है।

(ख) हिन्दी साहित्य सम्मेलन, प्रयोग

सन् 1910 में बाबू श्यामसुन्दर दास जी की प्रेरणा एवं सुझाव से 'हिन्दी नागरी प्रचारिणी सभा' के तत्त्वावधान में समस्त भारतवर्ष से हिन्दी प्रचार अथवा हिन्दी के हित के लिए कार्यरत संस्थाओं के प्रतिनिधियों, हिन्दी के विद्वानों तथा प्रेमियों का एक विशेष अधिवेशन महामना मालवीय जी की अध्यक्षता में काशी में हुआ। इस अधिवेशन में हिन्दी भाषा एवं देवनागरी के प्रचार-प्रसार के लिए एक नई संस्था (हिन्दी साहित्य सम्मेलन) का गठन किया गया। सम्मेलन के मुख्य सूत्रधार राजर्षि टंडन थे। उन्होंने ही सम्मेलन के द्वितीय अधिवेशन प्रयाग में सम्मेलन की संक्षिप्त नियमावली प्रस्तुत की और प्रयाग में ही इसके स्थायी कार्यालय बने रहने का सुझाव दिया। सम्मेलन का उद्देश्य एवं कार्य क्षेत्र इस प्रकार है—

1. हिन्दी साहित्य के सब अंगों की पुष्टि और उन्नति का प्रयत्न करना।
2. देशव्यापी व्यवहारों और कार्यों को सुलभ करने के लिए राष्ट्रलिपि देवनागरी और राष्ट्रभाषा हिन्दी का प्रचार बढ़ाने का प्रयास करना।
3. नागरी लिपि को मुद्रण-सुलभ और लेखन-सुलभ बनाने की दृष्टि से उसे अधिक विकसित करने का प्रयत्न करना।
4. हिन्दी भाषा को अधिक सुगम, मनोरम, व्यापक और समृद्ध बनाने के लिए समय-समय पर उसके अभावों को पूरा करना और उसकी शैली और त्रुटियों के संशोधन का प्रयत्न करना।
5. हिन्दी भाषी राज्यों में सरकारी विभागों, पाठशालाओं, कॉलेजों, विश्व-

विद्यालयों, म्युनिसिपैलिटियों और अन्य संस्थाओं, समाजों, जनसमूहों तथा व्यापार और अदालत के कार्यों में देवनागरी लिपि और हिन्दी भाषा के प्रचार का उद्योग करते रहना।

6. हिन्दी के ग्रंथकारों, लेखकों, कवियों, पत्र-संपादकों, प्रचारकों को समय-समय पर उत्साहित करने के लिए पारितोषिक, प्रशंसापत्र, पदक, उपाधि आदि से सम्मानित करना।

7. सारे देश के युवकों में हिन्दी अनुराग उत्पन्न करने और बढ़ाने के लिए प्रयत्न करना।

8. हिन्दी भाषा द्वारा परमोच्च शिक्षा देने के लिए विद्यापीठ स्थापित करना।

9. हिन्दी भाषा द्वारा उच्च परीक्षाएँ लेने का प्रबंध करने के लिए एक हिन्दी विश्वविद्यालय स्थापित करना।

10. जहाँ आवश्यकता समझी जाए वहाँ पाठशाला, समिति तथा पुस्तकालय स्थापित करने और कराने का उद्योग करना तथा इस प्रकार की वर्तमान संस्थाओं की सहायता करना।

11. हिन्दी-साहित्य की वृद्धि के लिए उपयोगी पुस्तकें लिखवाना और प्रकाशित करना।

12. हिन्दी की हस्तलिखित और प्राचीन सामग्री तथा हिन्दी भाषा और साहित्य के निर्माताओं के स्मृति-चिह्नों की खोज करना और इसके तथा सभी प्रकाशित पुस्तकों के संग्रह और रक्षा के निमित्त सम्मेलन की ओर से एक वृहद संग्रहालय की व्यवस्था करना।

13. हिन्दी भाषा तथा साहित्य सम्बन्धी अनुसंधान का प्रबन्ध करना।

14. उपर्युक्त उद्देश्यों की सिद्धि और सफलता के लिए जो अन्य उपाय आवश्यक और उपयुक्त समझे जाएँ, उन्हें काम में लाना।

उपर्युक्त लक्ष्यों के अलावा सम्मेलन भारतीय साहित्य, संस्कृति और भाषाओं से सम्बद्ध महत्त्वपूर्ण ग्रन्थों का प्रकाशन करता है। सम्मेलन की अपनी एक त्रैमासिक पत्रिका भी है। सम्मेलन हिन्दी की उच्च कोटि की रचनाओं को पुरस्कार भी प्रदान करता है। सम्मेलन के कार्यों से प्रभावित होकर भारत सरकार ने 'हिन्दी साहित्य सम्मेलन' को सन् 1963 में एक राष्ट्रीय महत्त्व की संस्था के रूप में अभिस्वीकृति दी है।

(ग) दक्षिण भारत हिन्दी प्रचार सभा, मद्रास

महात्मा गांधी की प्रेरणा से दक्षिण भारत में हिन्दी प्रचार के कार्य के लिए एक योजना सन् 1918 में हिन्दी साहित्य सम्मेलन, प्रयाग के इन्दौर अधि-

वेशन के अवसर पर प्रस्तुत की गई और वहीं पर दाताओं के सहयोग से दक्षिण भारत हिन्दी प्रचार सभा, मद्रास की स्थापना हो गई। पर प्रारम्भ में इसका नाम हिन्दी साहित्य सम्मेलन, मद्रास रखा गया और यह प्रयाग में सम्मेलन के अन्तर्गत कार्य करती रही, परन्तु गांधीजी की इच्छा थी कि दक्षिण में हिन्दी प्रचार का कार्य दक्षिण भारतीयों के हाथों में रहे, अतएव सन् 1927 में हिन्दी साहित्य सम्मेलन, मद्रास के बजाय इस संस्था को 'दक्षिण भारत प्रचार सभा' नाम दिया गया। इसके संरक्षकों में चक्रवर्ती राजगोपालाचार्य का नाम उल्लेखनीय है। इस सभा की चार शाखाएँ क्रमशः त्रिचिनापल्ली (तमिलनाडु), हैदराबाद (आन्ध्र प्रदेश), एर्णाकुलम (केरल) और धारवाड़ (कर्नाटक) में खोली गई और मुख्य कार्यालय मद्रास में रखा गया।

विभिन्न प्रांतीय भाषाओं के सहयोग से हिन्दी का प्रचार-प्रसार तथा हिन्दी के विकास के लिए स्वरूप एवं अनुकूल वातावरण का निर्माण करना तथा भारतीय एकता के लिए प्रयास करना सभा के प्राथमिक उद्देश्यों में हैं।

राष्ट्रीय महत्त्व की संस्था के रूप में इस सभा को सरकारी अभिस्वीकृति मिली है। संस्था स्नातकोत्तर अध्ययन और अनुसंधान विभाग संचालित करती है। इसमें उच्च शिक्षण का प्रबन्ध किया गया है।

संस्था के कई महत्त्वपूर्ण विभाग हैं जैसे—परीक्षा विभाग, साहित्य विभाग, पत्रिका विभाग, तथा प्रकाशन विभाग आदि। सभा हिन्दी प्रचार, समाचार तथा दक्षिण भारत दो मासिक पत्रिकाएँ प्रकाशित कर दक्षिण में हिन्दी के संदेश को प्रत्येक घर में पहुँचाने का कार्य करती है। इसके प्रकाशन विभाग से हिन्दी के शिक्षण में उपयोगी सिद्ध होने वाली पुस्तकों का प्रकाशन किया जाता है। दक्षिण भारत के प्रमुख केन्द्रों पर 'हिन्दी महाविद्यालय' तथा "हिन्दी प्रचारक विद्यालय की स्थापना की गई है। हिन्दी को लोकप्रिय बनाने के लिए विभिन्न कार्यक्रमों का आयोजन भी सभा समय-समय पर करती है। सभा के अध्यक्षों में महात्मा गांधी, डॉ० राजेन्द्र प्रसाद, लालबहादुर शास्त्री तथा श्रीमती इन्दिरा गांधी रहे हैं।

(घ) राष्ट्रभाषा प्रचार समिति, वर्धा

सन् 1936 में हिन्दी साहित्य सम्मेलन के पच्चीसवें अधिवेशन, नागपुर में डॉ० राजेन्द्र प्रसाद के सभापतित्व में राजर्षि पुरुषोत्तमदास टंडन के प्रस्ताव के अनुसंधान में दक्षिण-उत्तर अहिन्दी भाषी प्रदेशों में हिन्दी प्रचार के लिए एक 'हिन्दी प्रचार समिति' का गठन किया गया। सन् 1938 में शिमला के हिन्दी साहित्य सम्मेलन के 27वें अधिवेशन में 'हिन्दी प्रचार समिति' का नाम 'राष्ट्र भाषा प्रचार समिति' कर दिया गया एवं उसका मुख्य कार्यालय वर्धा में कायम किया गया। इस समिति के प्रमुख सदस्यों में सर्वश्री महात्मा गांधी, पं० जवाहर-

लाल नेहरू, राजर्षि पुरुषोत्तमदास टंडन, आचार्य नरेन्द्र देव, काका कालेलकर, पं० माखनलाल चतुर्वेदी तथा सेठ जमनादास बजाज उल्लेखनीय हैं। राष्ट्रभाषा के माध्यम से भारतीय एकता तथा राष्ट्रभाषा तथा देवनागरी लिपि का प्रचार इस संस्था के प्राथमिक उद्देश्यों में से हैं। राष्ट्रभाषा की शिक्षा एवं परीक्षा का प्रबन्ध करना, पाठ्य पुस्तकों को तैयार कराना, प्रांतीय भाषाओं के श्रेष्ठतम साहित्य को हिन्दी में अनुवाद करवाकर प्रकाशित करना, हिन्दी के प्रचार-प्रसार में उपयोगी मौलिक पुस्तकें लिखवाना आदि उद्देश्यों को यह संस्था परिचालित करती है।

सन् 1938 में सभा ने अपना प्रकाशन विभाग प्रारम्भ किया है। इसमें देवनागरी लिपि के माध्यम से विभिन्न भारतीय भाषाओं को सीखने-सिखाने की दृष्टि से 'भारत भारती' नामक पुस्तकमाला का प्रकाशन किया गया। समिति 'राष्ट्रभाषा' (सन् 1943) तथा 'राष्ट्र भारती' (सन् 1950) दो पत्रिकाओं का प्रकाशन करती है। इनमें हिन्दी की मौलिक एवं अन्य भारतीय भाषाओं की साहित्यिक कृतियों का हिन्दी अनुवाद कर प्रकाशित किया जाता है। राष्ट्रभाषा प्रचार सम्मेलन, राष्ट्रभाषा प्रदर्शनियों के साथ-साथ द्वितीय एवं तृतीय विश्व हिन्दी सम्मेलनों क्रमशः मॉरिशस एवं दिल्ली के संयोजन में समिति की भूमिका सराहनीय रही है। इस समय समिति के केन्द्र मणिपुर, असम, नागालैंड, मिजोरम, बंगाल तथा उड़ीसा के साथ इंग्लैंड, इंडोनेशिया, श्री लंका, बर्मा, दक्षिण अफ्रीका, फिजी, चेकोस्लोवाकिया तथा मॉरीशस में हिन्दी प्रचार-प्रसार के कार्यों में संलग्न हैं।

(ङ) महाराष्ट्र राष्ट्रभाषा सभा, पुणे

महात्मा गांधी की प्रेरणा एवं आचार्य काका कालेलकर की सद्भावना एवं अध्यक्षता में महाराष्ट्र के राजनीतिक तथा सांस्कृतिक जीवन के महत्त्वपूर्ण महानुभावों ने 22-5-1937 में उपर्युक्त संस्था की स्थापना की। प्रारम्भ में यह संस्था राष्ट्रभाषा प्रचार समिति, वर्धा तथा हिन्दी साहित्य सम्मेलन, प्रयाग से सम्बद्ध रही, परन्तु 12-10-1945 को महाराष्ट्र के प्रमुख कार्यकर्ताओं ने एक बैठक में दोनों संस्थाओं से सम्बन्ध-विच्छेद कर स्वतन्त्ररूप से कार्य करने का निर्णय किया और संस्था "महाराष्ट्र राष्ट्रभाषा सभा, पुणे के नाम से कार्य करने लगी।

समिति के उद्देश्य एवं नियम

1. प्रदेशों में प्रादेशिक भाषाओं का स्थान बना रहे किन्तु अन्तर्प्रांतीय व्यवहार के लिए राष्ट्रभाषा का उपयोग किया जाए।

2. राष्ट्रभाषा का प्रचार राष्ट्र के नवनिर्माण, राष्ट्रीय एवं सांस्कृतिक एकता के संवर्धन का एक रचनात्मक कार्य है।

3. राष्ट्रभाषा का स्वरूप सर्वसंग्रहिक हो और वह स्वरूप इस प्रकार है—भारत के अंतप्रांतीय व्यवहार के लिए जिस एक भाषा का उपयोग सदियों से सामान्य रूप से चला आ रहा है वह है हमारी राष्ट्र भाषा। इसके लिए हिन्दी, उर्दू तथा हिन्दुस्तानी तीनों नाम रूढ़ हों।

4. राष्ट्रभाषा का विकास देश की प्रादेशिक भाषाओं के सम्पर्क और उनके विकास के साथ सम्पन्न होता है।

इस सभा का मुख्य कार्यालय पुणे है और इसकी शाखाएँ बम्बई, नागपुर, तथा औरंगाबाद में हैं। यह संस्था अपनी परीक्षाएँ भी संचालित करती है जिसमें काफी संख्या में विद्यार्थी बैठते हैं।

उपर्युक्त संस्थाओं के अलावा अनेक ऐसी संस्थाएँ हैं जो हिन्दी प्रचार-प्रसार कार्य में बड़ी ही महत्त्वपूर्ण भूमिका निभा रही हैं। जैसे हिन्दी विद्यापीठ, बम्बई, असम राष्ट्रभाषा प्रचार समिति, गुवाहाटी, गुजरात विद्यापीठ, अहमदाबाद, अखिल भारतीय हिन्दी संस्था संघ तथा नागरी लिपि परिषद् नई दिल्ली आदि।

3
राजभाषा हिन्दी : संवैधानिक स्थिति और गति

26 नवम्बर, 1949 को संविधान सभा ने भारती संविधान को अन्तिम रूप दिया। 26 जनवरी, 1950 से यह संविधान देश में लागू हुआ और इतिहास में पहली बार हिन्दी को राष्ट्रीय धरातल पर राजभाषा के रूप में संवैधानिक मान्यता प्राप्त हुई। भारतीय संविधान के 2, 6 तथा 17 इन तीन भागों में राज-भाषा सम्बन्धी प्रावधान है। इनमें भाग 2 के अनुच्छेद 120 में 'संसद की भाषा' तथा भाग 6 के अनुच्छेद 210 में राज्य की विधान सभाओं के सम्बन्ध में निर्देश हैं 17वें भाग के चार अध्यायों में राजभाषा सम्बन्धी उपबन्ध प्रस्तुत किये गये हैं। इनमें प्रथम अध्याय में संघ की भाषा के सम्बन्ध में 343 तथा 344 अनुच्छेद हैं। द्वितीय अध्याय में 345, 346 तथा 347 अनुच्छेदों में राजभाषा के रूप में प्रांतीय भाषाओं के प्रयोग के सम्बन्ध में निर्देश दिये गये हैं। तृतीय अध्याय के अनुच्छेद 348 और 349 में उच्च न्यायालय और सर्वोच्च न्यायालय की भाषा के सम्बन्ध में निर्देश हैं तथा चौथे अध्याय के अनुच्छेद 350 और 351 में क्रमशः व्यथा के निवारण के लिए अभिवेदन में प्रयोक्तव्य भाषा और हिन्दी भाषा के विकास के सम्बन्ध में विशेष निर्देश दिये गये हैं।

343 : संघ की राजभाषा

1. संघ की राजभाषा हिन्दी और लिपि देवनागरी होगी। संघ के राजकीय प्रयोजनों के लिए प्रयोग होने वाले अंकों का रूप भारतीय अंकों का अन्त-र्राष्ट्रीय रूप होगा।
2. खण्ड (1) से किसी बात के होते हुए भी इस संविधान के प्रारम्भ से पन्द्रह वर्ष की कालावधि के लिए संघ के उन सब राजकीय प्रयोजनों के लिए अंग्रेजी भाषा प्रयोग की जाती रहेगी, जिनके लिए ऐसे प्रारम्भ के ठीक पहले यह प्रयोग की जाती थी। परन्तु राष्ट्रपति उक्त कालावधि में आदेश द्वारा,

संघ के राजकीय प्रयोजनों में से किसी के लिए अंग्रेजी भाषा के साथ-साथ हिन्दी भाषा का तथा भारतीय अंकों के अंतर्राष्ट्रीय रूप के साथ-साथ देवनागरी रूप का प्रयोग प्राधिकृत कर सकेगा।

3. इस अनुच्छेद में किसी बात के होते हुए भी संसद उक्त पन्द्रह साल की कालावधि के पश्चात् विधि द्वारा—

(क) अंग्रेजी भाषा, अथवा

(ख) अंकों के देवनागरी रूप का, ऐसे प्रयोजनों के लिए प्रयोग उपबन्धित कर सकेगी जैसे कि ऐसी विधि में उल्लिखित हो।

344 : राजभाषा के लिए संसद का आयोग और समिति

1. राष्ट्रपति इस संविधान के प्रारम्भ में पाँच वर्ष की समाप्ति पर तथा तत्पश्चात् ऐसे प्रारम्भ से दस वर्ष की समाप्ति पर आदेश द्वारा एक आयोग गठित करेगा, जो एक सभापति और अष्टम अनुसूची में उल्लिखित भिन्न भाषाओं का प्रतिनिधित्व करने वाले अन्य सदस्यों आयोग द्वारा अनुसरण की जाने वाली प्रक्रिया का आदेश परिभाषित करेगा।
2. राष्ट्रपति को—
   (क) संघ के राजकीय प्रयोजनों के लिए हिन्दी भाषा के लिए उत्तरोत्तर अधिक प्रयोग के,
   (ख) संघ के राजकीय प्रयोजनों में से सब या किसी के लिए अंग्रेजी भाषा के प्रयोग पर निर्बन्धनों के,
   (ग) अनुच्छेद 348 में वर्णित प्रयोजनों में से सब या किसी के लिए प्रयोग की जाने वाली भाषा के,
   (घ) संघ के किसी एक या अधिक उल्लिखित प्रयोजनों के लिए प्रयोग किए जाने वाले अंकों के रूप के,
   (ङ) संघ की राजभाषा तथा संघ और किसी राज्य के बीच अथवा एक राज्य और दूसरे राज्य के बीच संचार की भाषा तथा उनके प्रयोग के बारे में राष्ट्रपति द्वारा आयोग से पृच्छा किए हुए किसी अन्य विषय के बारे में सिफारिश करने का आयोग का कर्तव्य होगा।
3. खण्ड (2) के अधीन अपनी सिफारिशें करने में आयोग भारत की औद्योगिक, सांस्कृतिक और वैज्ञानिक उन्नति का तथा लोकसेवाओं के बारे में अहिन्दी भाषा-भाषी क्षेत्रों के लोगों के न्यायपूर्ण दावों और हितों का सम्यक ध्यान रखेगा।
4. तीस सदस्यों की एक समिति गठित की जाएगी, जिनमें से बीस लोकसभा के सदस्य होंगे तथा दस राज्यसभा के सदस्य होंगे, जो कि क्रमशः लोकसभा के

सदस्यों तथा राज्यसभा के सदस्यों द्वारा अनुपाती प्रतिनिधित्व-पद्धति के अनुसार एकल संक्रमणीय मत द्वारा निर्वाचित होंगे।

5. खण्ड (1) के अधीन गठित आयोग की सिफारिशों की परीक्षा करना तथा उन पर अपनी राय का प्रतिवेदन राष्ट्रपति को प्रस्तुत करना समिति का कर्तव्य होगा।
6. अनुच्छेद 343 में किसी बात के होते हुए भी राष्ट्रपति खण्ड (5) में निर्दिष्ट प्रतिवेदन पर विचार करने के पश्चात् उस सारे प्रतिवेदन के या उसके किसी भाग के अनुसार निदेश निकाल सकेगा।

345 : राज्य की राजभाषा या राजभाषाएँ

अनुच्छेद 346 और 347 के उपबंधों के अधीन रहते हुए राज्य का विधान-मंडल विधि द्वारा उस राज्य के राजकीय प्रयोजनों में से सब या किसी के लिए प्रयोग के अर्थ उस राज्य में प्रयुक्त होने वाली भाषाओं में से किसी एक या अनेक को या हिन्दी को अंगीकार कर सकेगा। परन्तु जब तक राज्य का विधानमंडल विधि द्वारा इससे अन्यथा उपबन्ध न करे तब तक राज्य के भीतर उन राजकीय प्रयोजनों के लिए अंग्रेजी भाषा प्रयोग की जाती रहेगी, जिनके लिए इस संविधान के प्रारम्भ से ठीक पहले वह प्रयोग की जाती थी।

346 : एक राज्य और दूसरे राज्य के बीच में अथवा राज्य और संघ के बीच में संचार के लिए राजभाषा

संघ में राजकीय प्रयोजनों के लिए प्रयुक्त होने के लिए तत्समय प्राधिकृत भाषा, एक राज्य और दूसरे राज्य के बीच में तथा किसी राज्य और संघ के बीच में संचार के लिए राजभाषा होगी, परन्तु यदि दो या अधिक राज्य करार करते हैं कि ऐसे राज्यों के बीच में संचार के लिए राजभाषा हिन्दी भाषा होगी तो ऐसे संचार के लिए वह भाषा प्रयोग की जा सकेगी।

347 : किसी राज्य के जनसमुदाय के किसी भाषा के सम्बन्ध में विशेष उपबन्ध विभाग द्वारा बोली जाने वाली

तद्विषय माँग की जाने पर यदि राष्ट्रपति का समाधान हो जाए कि किसी राज्य के जनसमुदाय का पर्याप्त अनुपात चाहता है कि उसके द्वारा बोली जाने वाली कोई भाषा राज्य द्वारा अभिज्ञात की जाए तो वह निदेश दे सकेगा कि ऐसी भाषा को उस राज्य में सर्वत्र अथवा उसके किसी भाग में ऐसे प्रयोजन के लिए जैसा कि वह उल्लिखित करे, राजकीय मान्यता दी जाए।

348 : उच्चतम न्यायालय और उच्च न्यायालयों में तथा अधिनियमों, विधेयकों आदि में प्रयोग की जाने वाली भाषा

1. इस भाग के पूर्ववर्ती उपबन्धों में किसी बात के होते हुए भी जब तक संसद विधि द्वारा अन्यथा उपबन्ध न करे, तब तक

(क) उच्चतम न्यायालय में तथा प्रत्येक उच्च न्यायालय में सब कार्य-वाहियाँ,

(ख) जो—

1. विधेयक, अथवा उन पर प्रस्तावित किए जाने वाले जो संशोधन संसद के प्रत्येक सदन में पुनः स्थापति किए जाएँ, उन सबके प्राधिकृत पाठ,
2. अधिनियम संसद द्वारा या राज्य के विधानमंडल द्वारा पारित किए जाएँ तथा जो अध्यादेश राष्ट्रपति या राज्यपाल द्वारा प्रख्यापति किए जाएँ, उन सबके प्राधिकृत पाठ, तथा
3. आदेश, नियम, विनियम और उपविधि इस संविधान के अधीन, अथवा संसद या राज्यों के विधानमंडल द्वारा निर्मित किसी विधि के अधीन, निकाले जाएँ, उन सबके प्राधिकृत पाठ, अंग्रेजी भाषा में होंगे।

2. खण्ड (1) के उपखण्ड (क) में किसी बात के होते हुए भी किसी राज्य के राज्यपाल या राष्ट्रपति की पूर्व सम्मति से हिन्दी भाषा का या उस राज्य में राजकीय प्रयोजन के लिए प्रयुक्त होने वाली किसी अन्य भाषा का प्रयोग उस राज्य में मुख्य स्थान रखने वाले उच्च न्यायालय में की कार्यवाहियों के लिए प्राधिकृत कर सकेगा, परन्तु इस खण्ड की कोई बात वैसे उच्च न्यायालय द्वारा दिए गए निर्णय, आज्ञप्ति अथवा आदेश को लागू न होगी।

3. खण्ड (1) के उपखण्ड (ख) में किसी बात के होते हुए भी जहाँ किसी राज्य के विधानमंडल ने, उस विधानमंडल में पुरःस्थापित विधेयकों या उसके द्वारा पारित अधिनियमों में अथवा उस राज्य के राज्यपाल द्वारा प्रख्यापित अध्यादेशों में अथवा उस उपखंड की कंडिका, (3) में निर्दिष्ट किसी आदेश, नियम, विनियम या उपविधि में प्रयोग के लिए अंग्रेजी भाषा से अन्य किसी भाषा के प्रयोग को विहित किया है, वहाँ उस राज्य के राजकीय सूचना-पत्र में उस राज्य के राज्यपाल के प्राधिकार से प्रकाशित अंग्रेजी भाषा में उसका अनुवाद उस खंड के अभिप्रायों के लिए उसका अंग्रेजी भाषा में प्राधिकृत पाठ समझा जाएगा।

349 : भाषा सम्बन्धी कुछ विधियों के अधिनियमित करने के लिए विशेष प्रक्रिया

इस संविधान के प्रारभ से 15 वर्षों की कालावधि तक अनुच्छेद 348 के

खंड (1) में वर्णित प्रयोजनों में से किसी के लिए प्रयोग की जाने वाली भाषा के लिए उपबंध करने वाला कोई विधेयक या संशोधन संसद के किसी सदन में राष्ट्रपति की पूर्व मंजूरी के बिना न तो पुर:स्थापित और न प्रस्तावित किया जाएगा तथा ऐसे किसी विधेयक के पुर:स्थापित अथवा ऐसे किसी संशोधन के प्रस्तावित किए जाने की मंजूरी अनुच्छेद 344 के खंड (1) के अधीन गठित आयोग की सिफारिशों पर, तथा उस अनुच्छेद के खंड (5) के अधीन गठित समिति के प्रतिवेदन पर, विचार करने के पश्चात् ही राष्ट्रपति देगा।

350 : किसी व्यथा के निवारण के लिए संघ या राज्य के किसी पदाधिकारी या प्राधिकारी को यथास्थिति संघ में या राज्य में प्रयोग होने वाली किसी भाषा में अभिवेदन देने का प्रत्येक व्यक्ति को हक होगा।

351 : हिन्दी भाषा के विकास के लिए निदेश

हिन्दी भाषा की प्रसार-वृद्धि करना, उसका विकास करना ताकि वह भारत की सामासिक संस्कृति के सब तत्त्वों की अभिव्यक्ति का माध्यम हो सके तथा उसकी आत्मीयता में हस्तक्षेप किए बिना हिन्दुस्तानी और अष्टम अनुसूची में उल्लिखित अन्य भारतीय भाषाओं[1] के रूप, शैली और पदावली को आत्मसात् करते हुए तथा जहाँ आवश्यक या वांछनीय हो वहाँ उसके शब्द भंडार के लिए मुख्यत: संस्कृत से तथा गौणत: वैसी उल्लिखित भाषाओं से शब्द ग्रहण करते हुए उसकी समृद्धि सुनिश्चित करना संघ का कर्तव्य होगा।

संविधान स्वीकृत भाषा-नीति : एक सर्वेक्षण

1. संविधान के अनुच्छेद 343 (1) के अनुसार संघ की राजभाषा देवनागरी लिपि में लिखित हिन्दी है।

2. अनुच्छेद 343 (2) के अनुसार संविधान के प्रारम्भ से पन्द्रह वर्ष की कालावधि अर्थात् 26 जनवरी, 1965 तक सभी राजकीय प्रयोजनों के लिए अंग्रेजी का यथावत प्रयोग होता रहेगा ताकि हिन्दी इस अवधि के दौरान शासन, विधान, कार्यपालिका तथा न्यायपालिका के कार्यों को निष्पादित करने में सक्षम हो जाए। इसमें हिन्दी को कम महत्त्व देने या इतर किसी भाषा से कम आँकने या उसे अपमानित करने की कोई मंशा नहीं दिखती है, परन्तु अंग्रेजी भाषा में काम-काज करने-कराने के आदि प्रशासकों-कर्मचारियों आदि के लिए नये भाषा-माध्यम हिन्दी को अपनाने के लिए समय देना उचित समझा गया होगा। यहाँ

1. भारतीय संविधान की अष्टम अनुसूची में उल्लिखित भाषाएँ, असमिया, उड़िया, उर्दू, कन्नड़, कश्मीरी, गुजराती, तमिल, तेलुगू, पंजाबी, मलयालम्, बंग्ला, मराठी, संस्कृत तथा हिन्दी।

पर राष्ट्रपति को यह अधिकार भी दिया गया कि, वह पन्द्रह वर्षों की कालावधि में संघ के किसी राजकीय प्रयोजन के लिए हिन्दी भाषा एवं भारतीय अंकों के प्रयोग को प्राधिकृत कर सकेगा। यहाँ तक तो बात समझ में आती है परन्तु अनुच्छेद 343(3) में संसद को यह अधिकार दे दिया गया कि पन्द्रह वर्ष की अवधि के समाप्त होने के बाद भी वह चाहे तो अंग्रेजी के प्रयोग को यथावत् रखने के लिए विधि द्वारा कोई उपबंध कर सकेगी। इस प्रकार हिन्दी को राज-भाषा का गौरव प्रदान करने के पश्चात् भी अवरोधात्मक संवैधानिक उपबन्धों की व्यवस्था कर अप्रत्यक्ष रूप से हिन्दी के राजभाषा के रूप में संघीय प्रयोग एवं व्यवहार के सम्मुख अनिश्चय की स्थिति उत्पन्न कर दी। इस तरह संविधान के पण्डितों ने हिन्दी प्रेमियों को सुनहले भविष्य के रमणीय सपने दिखाकर उन्हें प्रसन्न कर दिया और अंग्रेजी के पक्षधरों के लिए अंग्रेजी के निर्बाध प्रयोग का लम्बा रास्ता भी खोल दिया। हिन्दी की झोली में जहाँ सिर्फ अनिश्चित भविष्य था, वहाँ अंग्रेजी के पर्स में वर्तमान के रुतबे के साथ भविष्य की सुनिश्चितता भी हो गई। इस प्रकार संविधान-शिल्पियों ने अनुच्छेद 343 की धारा (1) के अन्तर्गत हिन्दी को राजभाषा का जो पद-गौरव दिया उसे उसी अनुच्छेद की तीसरी धारा के द्वारा निष्प्रभ कर दिया।

अनुच्छेद 344 राष्ट्रपति को आदेश देता है कि वह संविधान के प्रथम पाँच वर्ष तथा दस वर्ष के पश्चात राजभाषा आयोग की नियुक्ति करे। इन आयोग का मुख्य सांविधिक अभिप्राय यह था कि वे राष्ट्रपति को संघ के सरकारी कार्यों के लिए हिन्दी भाषा के उत्तरोत्तर अधिक प्रयोग के बारे में तथा संघ के सरकारी प्रयोजनों में अंग्रेजी भाषा के प्रयोग को सीमित करने या उस पर प्रतिबंध लगाने के लिए संस्तुति करें। इन आयोगों की सिफारिशों पर विचार करने के लिए तथा अपना प्रतिवेदन राष्ट्रपति को प्रदान करने के लिए संसद सदस्यों की एक समिति की स्थापना का भी प्रावधान इसी अनुच्छेद में है।

अनुच्छेद 345 में यह प्रावधान किया गया है कि राज्य का विधानमंडल विधि द्वारा एक या एकाधिक प्रादेशिक भाषाओं अथवा हिन्दी को सरकारी प्रयोजनों के लिए स्वीकार कर सकेगा। अनुच्छेद 346 में यह साफ-साफ आदेश है कि एक राज्य तथा दूसरे राज्य के बीच तथा किसी राज्य एवं संघ के मध्य पत्राचार में संघ की राजभाषा का ही प्रयोग होगा। अनुच्छेद 347 के अनुसार यदि किसी राज्य के जनसमुदाय का एक पर्याप्त अनुपात अपने द्वारा बोली-समझी जाने वाली भाषा को राज्य द्वारा अभिज्ञात कराना चाहे तो राष्ट्रपति उस भाषा को सरकारी अभिज्ञा देने का अधिकारी है।

अनुच्छेद 348 में उच्चतम न्यायालय और उच्च न्यायालयों इत्यादि की भाषा का प्रावधान है। इस अनुच्छेद के अनुसार जब तक संसद विधि द्वारा

अन्यथा उपबंध न करे तब तक विधेयकों, अधिनियमों, अध्यादेशों एवं आदेशों तथा नियमों-विनियमों के प्राधिकृत पाठ अंग्रेजी में ही होंगे।

अनुच्छेद 349 में यह व्यवस्था है कि संविधान के शुरू के पन्द्रह वर्षों की कालावधि तक अंग्रेजी के स्थान पर किसी अन्य भाषा का पाठ प्राधिकृत पाठ नहीं माना जाएगा, किन्तु किसी अन्य भाषा के प्राधिकृत पाठ के लिए राष्ट्रपति भाषा आयोग की संस्तुतियों एवं संसदीय समिति के प्रतिवेदन पर विचार करने के बाद अपनी स्वीकृति दे सकता है।

अनुच्छेद 350 के अनुसार कोई व्यक्ति अपनी शिकायत के समाधान के लिए संघ या संबद्ध राज्य में प्रयुक्त होने वाली किसी भाषा में अभिवेदन दे सकता है। इस व्यवस्था से भाषायी अल्पसंख्यकों के अधिकार सुरक्षित किए गए हैं।

संविधान का अंतिम अनुच्छेद 351 बड़ा महत्त्वपूर्ण है। इसके अनुसार संघ सरकार का कर्तव्य है कि वह हिन्दी को सर्वमान्य एक ऐसी राष्ट्रीय भाषा के रूप में विकसित करे जिसे सारे राष्ट्र में प्रयुक्त किया जा सके और वह भारत की मिश्रित संस्कृति को अभिव्यक्त कर सके। इसके लिए हिन्दी में अन्य भारतीय भाषाओं के शब्दों को ग्रहण कर उसे समृद्ध किये जाने का सुझाव है।

यहीं पर संविधान में हिन्दी की चर्चा दो स्थानों पर होने के कारण उसके स्वरूप और स्थिति को लेकर किंचित भ्रम उत्पन्न हो जाने की संभावना है। अनुच्छेद 343 के अनुसार हिन्दी संघ की राजभाषा है और अनुच्छेद 351 के अनुसार हिन्दी संविधान की अष्टम अनुसूची में उल्लिखित भारतीय भाषाओं में से एक भाषा है। इससे दो हिन्दी के प्रश्न के पैदा हो जाने की गुंजाइश है किन्तु वस्तुत: यह केवल एक भ्रम है। संघ भाषा के रूप में अथवा अष्टम अनुसूची में उल्लिखित हिन्दी के स्वरूप तथा प्रकृति में कोई अन्तर नहीं है। अनुच्छेद 351 में स्पष्टत: लिखा भी गया है कि हिन्दी की प्रकृति को किसी प्रकार संविकृत नहीं किया जाएगा। इसके अलावा अष्टम अनुसूची में उल्लिखित सभी भाषाएँ भारतीय भाषाएँ हैं न कि प्रादेशिक। जैसे संस्कृत किसी राज्य की भाषा विशेष न होकर भारतीय भाषाएँ हैं। अतएव हिन्दी के स्वरूप, प्रकृति एवं संदर्भ में विचार करते समय उसके किसी प्रादेशिक रूप को प्राधान्य न देकर उसके सार्वदेशिक रूप का निर्माण करना ही श्रेयस्कर है। वास्तव म संविधान का यह अंतिम अनुच्छेद हिन्दी भाषा की निरंतर प्रगति की ओर उज्ज्वल संकेत करता है।

हिन्दी के प्रयोग सम्बन्धी राष्ट्रपति के आदेश—1952 तथा 1955

भारत के संविधान के अनुच्छेद 343 खंड (1) में यह स्पष्ट है कि "संघ की राजभाषा हिन्दी और लिपि देवनागरी होगी और संघ के राजकीय प्रयोजनों के लिए प्रयोग होने वाले अंकों का रूप भारतीय अंकों का अन्तर्राष्ट्रीय रूप होगा।"

उक्त अनुच्छेद के खंड (2) में आगे यह कहा गया है कि इस संविधान के प्रारम्भ से पन्द्रह वर्ष की कालावधि के लिए संघ उन सब राजकीय प्रयोजनों के लिए अंग्रेज़ी भाषा प्रयोग की जाती रहेगी, जिनके लिए इसके ठीक पहले वह प्रयोग की जाती थी। खंड (2) के परंतुक के अधीन "राष्ट्रपति उक्त कालावधि में, आदेश द्वारा, संघ के राजकीय प्रयोजनों में से किसी के लिए अंग्रेजी भाषा के साथ-साथ हिन्दी भाषा तथा भारतीय अंकों के अन्तर्राष्ट्रीय रूप के साथ-साथ देवनागरी रूप का प्रयोग प्राधिकृत कर सकेगा।" तदनुसार राष्ट्रपति ने 27 मई, 1952 को एक आदेश जारी किया (क्र० सं० 2, विधि मंत्रालय की दि० 27 मई, 1952 की अधिसूचना संख्या एसआरओ 938ए), जिसके द्वारा उन्होंने (1) राज्यों के राज्यपालों, (2) उच्चतम न्यायालय के न्यायाधीशों, और (3) उच्च न्यायालयों के न्यायाधीशों की नियुक्तियों के अधिपत्रों में संघ के सरकारी प्रयोजनों के लिए अंग्रेजी भाषा के साथ-साथ हिन्दी भाषा तथा भारतीय अंकों के अन्तर्राष्ट्रीय रूप के साथ-साथ देवनागरी रूप का प्रयोग प्राधिकृत किया।

राष्ट्रपति ने संविधान के अनुच्छेद 343 के खंड (2) के परंतुक के अधीन संविधान (सरकारी प्रयोजनों के लिए हिन्दी भाषा) आदेश 1955 नामक एक अन्य आदेश (गृह मंत्रालय की दि० 3 दिसम्बर, 1955 की अधिसूचना संख्या 59/2/54 प ब फ) जारी किया, जिसमें संघ के निम्नलिखित सरकारी प्रयोजनों के लिए अंग्रेजी के अतिरिक्त हिन्दी के प्रयोग को प्राधिकृत किया गया—

1. जनता के साथ पत्र-व्यवहार।
2. प्रशासनिक रिपोर्टें, सरकारी पत्रिकाएँ तथा संसद को प्रस्तुत की जाने वाली रिपोर्टें।
3. सरकारी संकल्प तथा विधायी अधिनियमिति।
4. जिन राज्य सरकारों ने हिन्दी को सरकारी भाषा के रूप में अपना लिया है, उनके साथ पत्र-व्यवहार।
5. संधिपत्र और करार।
6. अन्य देशों की सरकारों तथा उनके दूतों और अंतर्राष्ट्रीय संगटनों के साथ पत्र-व्यवहार।
7. राजनयिक तथा कांसुली अधिकारियों और अंतर्राष्ट्रीय संगठनों में भारत के प्रतिनिधियों को जारी किए जाने वाले औपचारिक कागजात।

अंग्रेजी के साथ-साथ हिन्दी के प्रयोग को धीरे-धीरे बढ़ाने के लिए जो सुझाव दिए गए थे, उन पर भारत सरकार की एक अंतर-विभागीय बैठक में चर्चा की गई और भारत सरकार के सभी मंत्रालयों को अपने कुछ कामों में हिन्दी का प्रयोग करने की सलाह दी गई। इस सम्बन्ध में ता० 8 दिसम्बर, 1955 को गृह मंत्रालय ने एक कार्यालय ज्ञापन जारी किया। इसमें भारत सरकार के सभी

मंत्रालयों को ये सुझाव दिए गए—

1. जनता से जो पत्रादि हिन्दी में मिलें, उनके उत्तर जहाँ तक सम्भव हो, हिन्दी में ही दिए जाएँ, उनकी भाषा सरल होनी चाहिए।

2. प्रशासनिक रिपोर्टों, सरकारी पत्रिकाओं, संसद को प्रस्तुत की जाने वाली रिपोर्टों आदि को, यथासंभव अंग्रेजी और हिन्दी दोनों में प्रकाशित किया जाए।

3. सरकारी संकल्पों, विधायी अधिनियमों आदि को, यथासंभव अंग्रेजी और हिन्दी में जारी किया जाए। किन्तु इन पर यह बात स्पष्ट रूप से लिख देनी चाहिए कि अंग्रेजी पाठ ही प्रामाणिक माना जाएगा।

4. जिन राज्य सरकारों ने हिन्दी को अपनी राजभाषा के रूप में मान लिया है, उनके साथ पत्र-व्यवहार अंग्रेजी में किया जाए, परन्तु यदि सम्भव हो तो भारत सरकार द्वारा भेजे गए सभी पत्रादि के साथ उनका हिन्दी अनुवाद भी भेजा जाए ताकि सांविधानिक कठिनाइयों का सामना न करना पड़े।

स्पष्ट है कि हिन्दी के सम्बन्ध में मात्र औपचारिकता का निभाव हुआ है। "यथासंभव" एवं "यदि संभव हो" ऐसे शब्दों के द्वारा राष्ट्रपति के हिन्दी प्रयोग सम्बन्धी आदेशों का पालन करने से साफ-साफ बचा जा सकता था।

राजभाषा आयोग (सन् 1955)

भारतीय संविधान के 344 अनुच्छेद के अनुसार संविधान लागू होने के पाँच वर्ष पश्चात् राष्ट्रपति को एक राजभाषा आयोग नियुक्त करने का अधिकार दिया गया था। तदनुसार, 7 जून, 1955 को राजभाषा आयोग की नियुक्ति की गई। बम्बई राज्य के भूतपूर्व मंत्री स्व० श्री बाल गंगाधर खेर इस आयोग के अध्यक्ष नियुक्त किए गए तथा विभिन्न राज्यों के 20 प्रतिनिधियों को इसमें समावेश किया गया था। इसकी पहली बैठक 15 जुलाई, 1955 को हुई। इस आयोग ने अनेक सरकारी, गैर सरकारी व्यक्तियों, प्रतिनिधियों तथा संस्थाओं से मुलाकात की। आयोग ने अपना एक विस्तृत प्रतिवेदन जुलाई 1956 में राष्ट्रपति को प्रस्तुत किया। राजभाषा के सम्बन्ध में आयोग के मुख्य सुझाव इस प्रकार हैं—

1. भारत के सम्पूर्ण जनतांत्रिक आधार को ध्यान में रखते हुए अखिल भारतीय स्तर पर सामूहिक माध्यम के रूप में अंग्रेजी को स्वीकार करना संभव नहीं तथा भारतीय भाषाओं के माध्यम से ही अनिवार्य प्राथमिक शिक्षा के कार्य-क्रम के प्रश्न पर विचार किया जा सकता है। विज्ञान एवं अनुसंधान के क्षेत्रों तथा अंतर्राष्ट्रीय मामलों में अंग्रेजी भाषा का ज्ञान आवश्यक है, परन्तु शिक्षा, प्रशासन, सार्वजनिक जीवन एवं दैनिक कार्य-कलापों में विदेशी भाषा का व्यवहार

उचित नहीं है।

2. यद्यपि साहित्यिक दृष्टि से भारत की सभी भाषाएँ समृद्ध हैं फिर भी अधिक लोगों द्वारा बोली तथा समझी जाने के कारण हिन्दी समस्त भारत के लिए एक सुस्पष्ट भाषा-माध्यम है।

3. पारिभाषिक शब्दावली के निर्माण में स्पष्टता, अर्थ की शुद्धता, सरलता, पांडित्यपूर्ण भाषा का त्याग एवं अधिकाधिक देशज और लोकप्रिय शब्दों के प्रयोग पर ध्यान दिया जाना चाहिए। अंतर्राष्ट्रीय शब्दावली को भारतीय भाषाओं की प्रकृति के अनुसार थोड़े हेरफेर के साथ स्वीकार कर लेना चाहिए। पारिभाषिक शब्दावली के निर्माण की गति तीव्र होनी चाहिए।

4. 14 वर्ष की उम्र तक के प्रत्येक विद्यार्थी को हिन्दी का उचित ज्ञान प्राप्त कराया जाए ताकि प्रत्येक नागरिक सार्वजनिक जीवन की गतिविधियों और सरकार की कार्यवाहियों को समझ सके।

5. सारे देश में माध्यमिक शिक्षा के स्तर पर हिन्दी का शिक्षण अनिवार्य कर दिया जाए। हिन्दी-भाषी क्षेत्रों के विद्यार्थियों के लिए दूसरी दक्षिण भारतीय भाषाओं का ज्ञान अनिवार्य किया जाना आयोग को मान्य नहीं है।

6. शिक्षा के माध्यम के रूप में विषय और शिक्षण की सुविधाओं को ध्यान में रखते हुए सभी विश्वविद्यालय आपस में परामर्श करके निर्णय करें कि भिन्न-भिन्न अभ्यास क्रमों के लिए किस माध्यम को स्वीकार किया जाए। परन्तु फिर भी सभी विश्वविद्यालयों को चाहिए कि हिन्दी माध्यम से जो विद्यार्थी परीक्षाओं में बैठना चाहें, उनके लिए वे उचित प्रबन्ध करें।

7. वैज्ञानिक एवं तकनीकी शिक्षण संस्थाओं में सब विद्यार्थी एक भाषिक वर्ग के हों तो उसी भाषा के माध्यम से शिक्षा दी जाए और यदि विभिन्न भाषाओं के क्षेत्रों के हों तो हिन्दी भाषा को ही सामान्य माध्यम के रूप में अपनाया जाए।

8. प्रशासनिक तंत्र से सम्बन्धित सरकारी प्रकाशनों के हिन्दी अनुवाद की भाषा में अधिकाधिक एकरूपता रखी जाए और देखरेख-सम्बन्धी सारा कार्य केन्द्रीय सरकार के एक अभिकरण को सौंप दिया जाए।

9. प्रशासनिक कर्मचारियों के लिए हिन्दी का निश्चित अवधि में आवश्यक ज्ञान प्राप्त करने के लिए नियम लागू किए जाएँ और ऐसा न करने वालों को दंडित किया जाए तथा निर्धारित स्तर से अधिक ज्ञान प्राप्त करने पर कर्मचारियों को पुरस्कार आदि देकर प्रोत्साहित किया जाए।

10. जनता से सीधा सम्पर्क रखने वाले विभागों और संगठनों के आंतरिक कार्य में हिन्दी और जनता से व्यवहार-हेतु क्षेत्रीय भाषा काम में लाई जाए। ऐसे विभागों में भर्ती के लिए क्षेत्रीय भाषा के ज्ञान के साथ-साथ हिन्दी की योग्यता

का स्तर भी निर्धारित किया जाए और बाद में विभागीय प्रशिक्षण द्वारा हिन्दी की योग्यता बढ़ाई जाए।

11. भारत सरकार के सांविधानिक प्रकाशन अधिक से अधिक हिन्दी भाषा में प्रकाशित किए जाएँ और हिन्दी की प्रगति के लिए सरकार द्वारा भरसक प्रयत्न किए जाएँ।

12. राज्य और संघ सरकार के अधिकारियों के लिए किसी स्तर का हिन्दी का ज्ञान अनिवार्य किया जाए और उसके लिए उन्हें अधिकाधिक पुरस्कार देकर प्रोत्साहित किया जाए।

13. संसद एवं विधानमंडलों की कार्यवाहियों की सफलता की दृष्टि से हिन्दी और क्षेत्रीय भाषाओं दोनों का व्यवहार होना चाहिए और विशिष्ट परि-स्थितियों में अंग्रेजी को भी मान्यता दी जानी चाहिए। स्वीकृत सरकारी कानून हिन्दी में ही होने चाहिए परन्तु जनता की सुविधा के लिए क्षेत्रीय भाषाओं में उनके अनुवाद प्रकाशित किए जाने चाहिए और माध्यम के पूर्ण रूप से बदल जाने पर देश के सम्पूर्ण सांविधिक ग्रन्थ हिन्दी भाषा में ही उपलब्ध होने चाहिए।

14. देश में न्याय देश की ही भाषा में किया जाए, इसके लिए यह जरूरी है कि उच्चतम न्यायालय और उच्च न्यायालयों की समस्त कार्यवाही तथा अभि-लेखों, निर्णयों और आदेशों के आवश्यकतानुसार क्षेत्रीय भाषा में अनुवाद भी साथ में रखे जाएँ। उच्च न्यायालयों के न्यायाधीशों को अंग्रेजी के साथ-साथ क्षेत्रीय भाषाओं में भी निर्णय देने का अधिकार होना चाहिए। इसी प्रकार वकीलों एवं अधिवक्ताओं को भी अंग्रेजी अथवा क्षेत्रीय भाषाओं को काम में लाने की छूट होनी चाहिए। विशेष न्यायालयों के निर्णय यदि एक क्षेत्र तक सीमित न हों तो वे निर्णय और आदेश मूल रूप में हिन्दी में ही लिखे जाने चाहिए।

15. प्रतियोगिता परीक्षाओं का माध्यम सुसंगत होना चाहिए। अखिल भारतीय एवं केन्द्रीय सेवाओं के हेतु कर्मचारियों के लिए हिन्दी की योग्यता रखना आवश्यक किया जाए। अतः परीक्षाओं में हिन्दी का अनिवार्य प्रश्नपत्र रखा जाए, परन्तु अहिन्दी-भाषी विद्यार्थियों की सुविधाओं की दृष्टि से उसका स्तर अति साधारण रहे। हिन्दी भाषी विद्यार्थियों से इतर भाषाओं से सम्बन्धित विषयों पर वैकल्पिक प्रश्न पूछे जाने के लिए एक प्रश्नपत्र रखा जाए, जिससे समानता बनी रहे। अंग्रेजी माध्यम के साथ-साथ वैकल्पिक रूप से हिन्दी को भी माध्यम के रूप में अपनाया जाए और शीघ्रातिशीघ्र ऐसा वातावरण बनाया जाए कि अंग्रेज़ी इन प्रतियोगिता-परीक्षाओं का माध्यम न रहे। साथ ही राज्यों के लोकसेवा आयोगों को भी चाहिए कि वे इन परीक्षाओं में हिन्दी-भाषी

उम्मीदवारों को भी प्रोत्साहन दें।

16. हिन्दी के विकास एवं प्रचार की दृष्टि से सरकार को ठोस कदम उठाने चाहिए। सरकार स्वैच्छिक हिन्दी संस्थाओं के कार्यों में सामंजस्य स्थापित करने के लिए भी आवश्यक कदम उठाए तथा उन्हें आर्थिक सहायता प्रदान करें।

17. भारत की सब भाषाओं के लिए यदि एक लिपि रखने का प्रश्न हो तो इसके लिए देवनागरी लिपि ही सर्वथा उपयुक्त होगी। रोमन लिपि को स्वीकार करने से कोई लाभ नहीं होगा। देवनागरी लिपि के सुधार के लिए भी सरकार को आवश्यक कदम उठाने चाहिए।

18. हिन्दी एवं क्षेत्रीय भाषाओं की शब्दावली तथा अभिव्यक्ति के मानकीकरण के लिए सरकार को चाहिए कि वह भारतीय भाषाओं के समाचार पत्रों को इस दृष्टि से सुविधाएँ प्रदान करे और इसके लिए हिन्दी तथा क्षेत्रीय भाषाओं में समाचार देने वाली संस्थाओं के निर्माण करने का प्रयत्न करे।

19. राजभाषा हिन्दी के सफल उन्नयन एवं विकास तथा उनके उचित अधीक्षण का उत्तरदायित्व विशेष रूप से केन्द्रीय सरकार की एक प्रशासकीय इकाई पर डालना चाहिए। संघ भाषा हिन्दी तथा क्षेत्रीय भाषाओं के विकास के लिए भारतीय भाषाओं की राष्ट्रीय अकादमी की यदि स्थापना की जाए तो अति हितकर होगा।

20. भारत के भाषागत एवं सांस्कृतिक ढाँचे में गहरी समानता लाने तथा भारत की विभिन्न भाषाओं के बीच की दूरी को कम करने के लिए बहुभाषिकता के सिद्धान्त को प्रोत्साहित किया जाए तथा इस उद्देश्य की पूर्ति के लिए माध्यमिक एवं विश्वविद्यालयीन शिक्षा-पद्धति में समुचित व्यवस्था की जाए।

संसदीय राजभाषा समिति (सन् 1957)

भारतीय संविधान के अनुच्छेद 344 के खंड (4) और (5) में की गई व्यवस्था के अनुसार राजभाषा आयोग के प्रतिवेदन पर विचार-विमर्श करने के लिए एक संसदीय समिति का गठन किया गया। इसमें लोकसभा के बीस और राज्यसभा के दस सदस्य थे। समिति की पहली बैठक समिति के अध्यक्ष तत्कालीन केन्द्रीय गृह मंत्री श्री गोविन्द वल्लभ पंत की अध्यक्षता में 16 नवम्बर 1957 का 521 समिति की कुल छब्बीस बैठकें हुईं। समिति ने 8 फरवरी 1959 को अपना प्रतिवेदन राष्ट्रपति को प्रस्तुत किया। अप्रैल 1959 में संसद में चर्चा के लिए इस प्रतिवेदन को प्रस्तुत किया गया। समिति के सुझावों का सारांश इस प्रकार है—

1. सरकारी पदों और नौकरियों के लिए इस समय जो अंग्रेजी की शिक्षा का स्तर निर्धारित है, संक्रमण की अवस्थाओं में हिन्दी ज्ञान का स्तर

यदि कुछ कम भी हो तो चल सकता है।

2. निर्धारित समय में कर्मचारियों द्वारा निर्धारित हिन्दी को ज्ञान प्राप्त न करने पर उनको दंडित किया जाना असंगत होगा।

3. संघ सरकार के प्रशासन में जहाँ भारतीय पारिभाषिक शब्दावली के विकास की आवश्यकता न हो तथा विदेशों से सम्बन्ध बनाए रखने के लिए अनिश्चित काल तक अंग्रेजी का प्रयोग होना चाहिए।

4. 45 वर्ष के ऊपर की आयु वाले सरकारी कर्मचारियों को हिन्दी के प्रशिक्षण से छूट दी जानी चाहिए।

5. संघ सरकार द्वारा ऐसी योजना बनाई जाए, जिससे हिन्दी का राजभाषा के रूप में अधिकाधिक प्रयोग एवं विकास किया जा सके।

6. सरकार एवं मंत्रालयों के प्रकाशनों में रोमन अंकों के साथ-साथ देवनागरी अंकों को प्रयुक्त करने के बारे में संघ सरकार की मूलभूत समान नीति होनी चाहिए।

7. संसद तथा राज्यों के विधानमंडलों में पारित होने वाले विधेयकों की भाषा तथा जब तक अंग्रेजी का स्थान हिन्दी न ले ले तब तक संसद में विधि—निर्माण का कार्य अंग्रेजी में होता रहे। कानूनों के हिन्दी में प्राधिकृत अनुवाद दिए जाएँ तथा सम्भव हो तो विभिन्न राज्यों की राजभाषाओं में भी उनके अनुवाद की व्यवस्था की जाए।

8. राज्यों की विधानसभाएँ अपने राज्यों की राजभाषाओं में विधि-निर्माण कार्य कर सकती हैं, परन्तु संविधान के 348 अनुच्छेद के अनुसार कानूनों को प्राधिकृत पाठ अंग्रेजी में प्रकाशित करना आवश्यक है। यदि कानून का मूल पाठ अन्य भाषा में है तो साथ में हिन्दी अनुवाद भी प्रस्तुत किया जा सकता है।

9. राष्ट्रपति को पूर्व सहमति से उच्च न्यायालयों में राज्य की राजभाषा अथवा हिन्दी का प्रयोग किया जा सकता है परन्तु उनके द्वारा किए जाने वाले निर्णयों, अभिलेखों और आदेशों को अंग्रेजी में ही होना चाहिए तथा दूसरी भाषाओं में दिए जाने वाले निर्णयों डिक्रियों, एवं आदेशों का अंग्रेजी अनुवाद साथ में रहना चाहिए।

10. हिन्दी तथा क्षेत्रीय भाषाओं का ज्ञान न्यायाधीशों के लिए उपयुक्त हो सकता है, परन्तु उनके लिए भाषा-सम्बन्धी परीक्षाएँ निर्धारित करना उचित नहीं है।

11. सांविधानिक ग्रन्थों के अनुवाद तथा कानूनी पारिभाषिक शब्दावली आदि के निर्माण की उचित योजना बनाने तथा सम्पूर्ण कार्य की व्यवस्था करने के लिए भारत के विभिन्न भाषा-भाषी विधि-विशारदों के स्थायी आयोग या उच्च स्तरीय समिति का निर्माण किया जाना चाहिए।

12. अखिल भारतीय तथा उच्च स्तरीय केन्द्रीय सेवाओं की परीक्षाओं के माध्यम के रूप में अंग्रेजी को चलने दिया जाए तथा कुछ समय बाद हिन्दी को वैकल्पिक माध्यम के रूप में स्वीकार किया जाए। तदनंतर, हिन्दी और अंग्रेजी दोनों को वैकल्पिक माध्यम के रूप में चलने दिया जाए। इन परीक्षाओं में दो भाषा प्रश्न पत्र (एक हिन्दी का और दूसरा हिन्दी के अतिरिक्त अन्य आधुनिक भारतीय भाषा का परीक्षार्थी की इच्छा पर) अनिवार्य रूप से रहें। इसके अतिरिक्त अंग्रेजी के प्रशासन की भाषा रहने तक अंग्रेजी का एक प्रश्नपत्र भी अनिवार्य होना चाहिए। क्षेत्रीय भाषाओं को माध्यम के रूप में स्वीकृत करने के पक्ष में भी विचार किया जाना चाहिए।

13. सन् 1965 तक भारत सरकार के राजकाज की प्रधान भाषा अंग्रेजी रहे और इस अवधि में हिन्दी गौण राजभाषा रहे। सन् 1965 के बाद हिन्दी प्रधान राजभाषा रहे तथा अंग्रेजी को सह-राजभाषा का स्थान दिया जाए। संसद अपने अधिनियम द्वारा अंग्रेजी के प्रयोग के लिए जो सीमा एवं क्षेत्र निर्धारित करेगी, तब तक आवश्यकतानुसार उसका प्रयोग जारी रहे।

संसदीय राजभाषा समिति के उपर्युक्त मुख्य सुझावों से असहमति प्रकट करते हुए राजर्षि पुरुषोत्तमदास टंडन तथा सेठ गोविन्ददास का मत था कि सरकार ने हिन्दी को राजभाषा के रूप में प्रस्थापित करने के लिए कोई कदम नहीं उठाए हैं। समिति द्वारा अंग्रेजी को राजभाषा बनाए रखने का भी दोनों नेताओं ने घोर विरोध किया। इसी प्रकार समिति के एक अन्य सदस्य श्री फ्रैंक ऐन्थोनी ने हिन्दी के विरुद्ध अंग्रेजी का प्रबल समर्थन किया था। उन्होंने संविधान की अष्टम अनुसूची में अंग्रेजी को भी सम्मिलित कराने के लिए संसद में एक प्रस्ताव रखने का भी प्रयास किया।

इस संसदीय समिति ने राजभाषा आयोग की अधिकांश सिफारिशों को स्वीकार करने की राय राष्ट्रपति को दी। तद्नुसार राष्ट्रपति ने 27 अप्रैल 1960 को संघ राजभाषा के सम्बन्ध में एक आदेश जारी किया।

संघ राजभाषा के सम्बन्ध में राष्ट्रपति का 1960 का आदेश

संसदीय राजभाषा समिति की रिपोर्ट पर भारतीय संविधान के अनुच्छेद 344 के खण्ड (6) द्वारा दी गई शक्तियों का प्रयोग करते हुए तथा राजभाषा आयोग की सिफारिशों पर समिति द्वारा अभिव्यक्त राय को ध्यान में रख कर राष्ट्रपति ने संघ की राजभाषा के सम्बन्ध में 27 अप्रैल, 1960 का एक आदेश जारी किया। इसमें निम्नलिखित प्रमुख निदेश विहित हैं—

1. निर्धारित सिद्धान्तों के अनुसार हिन्दी तथा अन्य भारतीय भाषाओं में

वैज्ञानिक तथा तकनीकी शब्दावली के निर्माण एवं समन्वय का प्रयत्न किया जाए तथा इसके लिए शिक्षा मंत्रालय आवश्यक व्यवस्था करते हुए एक आयोग का निर्माण करे।

2. सभी प्रशासनिक साहित्य का अनुवाद किया जाए तथा उसमें एकरूपता हो। असांविधिक अनुवाद शिक्षामंत्रालय द्वारा किया जाए और सांविधिक अनुवाद विधि मंत्रालय करे।

3. शिक्षा मंत्रालय हिन्दी-प्रचार की व्यवस्था करे और इस कार्य में लगी गैर सरकारी संस्थाओं की भी सहायता करे।

4. केन्द्रीय सरकारी विभागों के स्थानीय कार्यालय अपने आन्तरिक कार्यों के लिए हिन्दी का प्रयोग करें और जनता के व्यवहार में प्रादेशिक भाषा का प्रयोग किया जाए। कर्मचारियों की भरती तथा विकेन्द्रीकरण आदि में इस आवश्यकता को ध्यान में रखा जाए।

5. प्रशिक्षण-संस्थाओं में प्रवेश के लिए अंग्रेजी और हिन्दी दोनों ही परीक्षा के माध्यम रहें।

6. अखिल भारतीय सेवाओं और उच्चतर केन्द्रीय सेवाओं में भरती के लिए परीक्षा का माध्यम अभी अंग्रेजी बनी रहे और कुछ समय बाद हिन्दी वैकल्पिक माध्यम के रूप में अपना ली जाए। बाद में किसी प्रकार की नियत कोटा प्रणाली अपनाए बिना परीक्षा के माध्यम के रूप में विभिन्न प्रादेशिक भाषाओं का प्रयोग शुरू करने की व्यवहार्यता की जाए।

7. संसदीय अधिनियम एवं विधेयक अंग्रेजी में बनते रहें किन्तु उनका प्राधिकृत हिन्दी-अनुवाद उपलब्ध कराया जाए। यह विधि मंत्रालय का उत्तरदायित्व है।

8. उच्चतम न्यायालय की भाषा अंततः हिन्दी होनी चाहिए। उच्च न्यायालयों के नियमों, आज्ञप्तियों और आदेशों के प्रयोजनों के लिए हिन्दी और राज्यों की राजभाषाओं का प्रयोग विकल्पतः किया जा सकेगा। इस सम्बन्ध में विधि मंत्रालय को आवश्यक कार्रवाई करनी चाहिए।

9. एक मानक विधि शब्दकोश बनाने, हिन्दी में कानून बनाने और कानूनी शब्दावली के निर्माण के लिए विभिन्न राष्ट्रीय भाषाओं का प्रतिनिधित्व करने वाले कानून के विशेषज्ञों का एक स्थायी आयोग स्थापित किया जाए।

10. तृतीय श्रेणी से नीचे के कर्मचारियों, औद्योगिक संस्थानों के कर्मचारियों और कार्य-प्रभारित कर्मचारियों को छोड़कर उन सभी केन्द्रीय सरकारी कर्मचारियों के लिए हिन्दी का सेवाकाली प्रशिक्षण अनिवार्य बना दिया जाए, जिनकी आयु 1. 1. 61 को 45 वर्ष से कम हो। गृह मंत्रालय टंककों को, आशुलिपिकों को हिन्दी टंकण तथा आशु-लेखन में प्रशिक्षण देने के लिए भी प्रबन्ध करे।

27 अप्रैल, 1960 को राष्ट्रपति के उपर्युक्त आदेश के पैरा 14 में यह व्यवस्था की गई है कि गृह मंत्रालय एक ऐसी योजना तैयार करने और उसे कार्यान्वित करने के लिए आवश्यक कार्यवाही करे, जो संघ के प्रशासन में हिन्दी का प्रयोग सरल बनाने के प्रारम्भिक उपायों से सम्बन्धित हो, अतएव गृह मंत्रालय ने सम्बन्धित मंत्रालयों से विचार विमर्श करने के बाद एक कार्यक्रम तैयार किया। मंत्रिमंडल के अनुमोदन के पश्चात् यह कार्यक्रम 27 मार्च, 1961 को गृह मंत्रालय ने एक कार्यालय ज्ञापन के रूप में जारी किया। इस कार्यक्रम में वैज्ञानिक शब्दावली के निर्माण, अहिन्दी-भाषी कर्मचारियों को हिन्दी प्रशिक्षण देना, नियमों और मैनुअलों आदि के अनुवाद का काम, जिसे संघ के सरकारी काम-काज के लिए हिन्दी लागू करने के लिए पूर्व आवश्यक समझा जा सकता है, संघ के सरकारी प्रयोजनों के लिए हिन्दी के प्रगामी प्रयोग में सहायता करने के हेतु कुछ प्रारम्भिक उपायों को पूरा करने के लिए अन्तिम तारीखें आदि दी गई हैं। इसके अतिरिक्त सभी मंत्रालयों से निम्नलिखित प्रबन्ध करने का अनुरोध किया गया था—

1. सरकारी संकल्प हिन्दी में भी जारी करना,

2. हिन्दी के पत्रों का उत्तर हिन्दी में ही दिया जाना,

3. फार्मों और रजिस्टरों में अंग्रेजी के अतिरिक्त हिन्दी का भी प्रयोग करना,

4. जिन चुने हुए अनुभागों में अधिकतर कर्मचारी हिन्दी का कार्यसाधक ज्ञान रखते हैं, उनमें फाइलों पर टिप्पणी में हिन्दी के प्रयोग की अनुमति देना, तथा

5. भारत क राजपत्र के कुछ भागों को हिन्दी में भी प्रकाशित करना।

निम्नलिखित प्रयोजनों के लिए हिन्दी का प्रयोग करने के हेतु प्रशासनिक आदेश जारी किए गए—

1. सरकारी आयोजनों के लिए निमन्त्रण पत्र आदि हिन्दी में जारी करना,

2. हिन्दी-भाषी क्षेत्रों में स्थित कार्यालयों से सम्बन्धित परिपत्र, आदेश आदि और चतुर्थ श्रेणी कर्मचारियों के साथ पत्र-व्यवहार,

3. भारत सरकार और उन राज्यों के बीच पत्र-व्यवहार के लिए, जिन्होंने हिन्दी को राजभाषा के रूप में स्वीकार कर लिया है,

4. लैटर-हैड, लिफाफे, कार्यालय की मुद्राओं आदि के लिए,

5. हिन्दी-भाषी क्षेत्रों में चतुर्थ श्रेणी के कर्मचारियों को अभियोग-पत्र जारी करना,

6. भारत सरकार के विभिन्न मंत्रालयों और कार्यालयों के तार के पतों का पंजीयन,

7. नए सरकारी संगठनों के नाम रखना,

8. हिन्दी-भाषी क्षेत्रों में स्थित स्थानीय अथवा शाखा कार्यालयों द्वारा केन्द्रीय मंत्रालयों से प्राप्त पत्रों के उत्तर,

9. कर्मचारियों के कल्याण-सम्बन्धी कार्यक्रम के सामान्य आदेश तथा परिपत्र जारी करना,

10. हिन्दी में प्राप्त पत्रों को डायरी करना,

11. जो परिपत्र स्थायी आदेश के रूप में हों तथा प्रशासनिक अनुदेशों के सम्बन्ध में हों अथवा जो कार्यविधि साहित्य के रूप में हों, उनका हिन्दी अनुवाद साथ-साथ जारी करना,

12. स्थानीय कार्यालयों और व्यक्तियों को भेजे जाने वाले लिफाफों पर पते लिखना।

राजभाषा अधिनियम, 1963

भारतीय संविधान के 344 अनुच्छेद के अनुसार संविधान लागू होने के पाँच साल बाद राष्ट्रपति को एक राजभाषा आयोग नियुक्त करने का अधिकार दिया गया था। तदनुसार 7 जून, 1955 को राजभाषा आयोग की नियुक्ति की गई। इस आयोग ने जुलाई 1956 में राष्ट्रपति के समक्ष राजभाषा के प्रगामी प्रयोग को लेकर अपना प्रतिवेदन प्रस्तुत किया, परन्तु इस प्रतिवेदन के प्रकाशित होते ही दक्षिण भारत में हिन्दी के राजभाषा बनाए जाने का तीव्र विरोध प्रारम्भ हुआ। इस विरोध के सम्मुख भारत सरकार ने राजभाषा के सम्बन्ध में तुष्टिकरण की नीति का परिचय दिया। परिणामस्वरूप यह राजभाषा अधिनियम, 1963 अस्तित्व में आया। यह अधिनियम संविधान के अनुच्छेद 343 के खण्ड (3) में विहित उपबन्धों के आधार पर बनाया गया। एतद् सम्बन्धी विधेयक लोकसभाओं में 13 अप्रैल, 1963 को तथा राज्यसभा में 3 मई, 1963 को पेश किया गया और क्रमश: 25 अप्रैल तथा 7 मई को पारित हुआ। राष्ट्रपति की स्वीकृति मिलने पर वह राजभाषा अधिनियम, 1963 के रूप में लागू हुआ। अधिनियम का मूल पाठ इस प्रकार है—

उन भाषाओं का, जो संघ के राजकीय प्रयोजनों, संसद में कार्य के संव्यवहार, केन्द्रीय और राज्य अधिनियमों और उच्च न्यायालयों में कतिपय प्रयोजनों के लिए प्रयोग में लायी जा सकेगी, उपबन्ध करने के लिए अधिनियम।

भारत गणराज्य के चौदहवें वर्ष में संसद द्वारा निम्नलिखित रूप में यह अधिनियम हो—

1. संक्षिप्त नाम और प्रारम्भ—(1) यह अधिनियम, 1963 कहा जा

सकेगा। (2) धारा 3, जनवरी 1965 के 26वें दिन को प्रवृत्त होगी और इस अधिनियम के शेष उपबन्ध उस तारीख को प्रवृत्त होंगे जिसे केन्द्रीय सरकार, शासकीय राजपत्र में अधिसूचना द्वारा, नियम करें और इस अधिनियम के विभिन्न उपबन्धों में लिए विभिन्न तारीखें नियत की जा सकेंगी।

2. परिभाषाएँ—इस अधिनियम में, जब तक प्रसंग से अन्यथा अपेक्षित न हो—

(क) 'नियत दिन' से, धारा 3 के सम्बन्ध में, जनवरी 1965 का 26वाँ दिन अभिप्रेत है और इस अधिनियम के किसी अन्य उपबन्ध के सम्बन्ध में वह दिन अभिप्रेत है जिस दिन को वह उपबन्ध प्रवृत्त होता है,

(ख) 'हिन्दी' से वह हिन्दी अभिप्रेत है जिसकी लिपि देवनागरी है।

3. **संघ के राजकीय** प्रयोजनों के लिए और संसद में प्रयोग के लिए अंग्रेजी भाषा बना रहना—

(1) संविधान के प्रारम्भ से पन्द्रह वर्ष की कालावधि की समाप्ति हो जाने पर भी, हिन्दी के अतिरिक्त अंग्रेजी भाषा नियत दिन से ही —

(क) संघ के उन सब राजकीय प्रयोजनों के लिए जिनके लिए वह उस दिन से ठीक पहले प्रयोग में लायी जाती थी, तथा

(ख) संसद में कार्य के संव्यवहार के लिए, प्रयोग में लायी जाती रह सकेगी, परन्तु संघ और किसी ऐसे राज्य के बीच, जिसने हिन्दी को अपनी राजभाषा के रूप में नहीं अपनाया है, पत्रादि के प्रयोजनों के लिए अंग्रेजी भाषा प्रयोग में लायी जाएगी परन्तु यह और कि जहाँ किसी ऐसे राज्य के, जिसने हिन्दी को अपनी राजभाषा के रूप में अपनाया है और किसी अन्य राज्य के, जिसने हिन्दी को अपनी राजभाषा के रूप में नहीं अपनाया है, बीच पत्रादि के प्रयोजनों के लिए हिन्दी को प्रयोग में लाया जाता है, वहाँ हिन्दी में ऐसे पत्रादि के साथ-साथ उसका अनुवाद अंग्रेजी भाषा में भेजा जाएगा।

परन्तु यह और भी कि इस उपधारा की किसी भी बात का यह अर्थ नहीं लगाया जायेगा कि वह किसी ऐसे राज्य को, जिसने हिन्दी को अपनी राजभाषा के रूप में नहीं अपनाया है, संघ के साथ या किसी ऐसे राज्य के साथ जिसने हिन्दी को अपनी राजभाषा के रूप में अपनाया है, या किसी अन्य राज्य के साथ, उसकी सहमति से, पत्रादि के प्रयोजन के लिए हिन्दी को प्रयोग में लाने से निवारित करती है और ऐसे किसी मामले में उस राज्य के साथ पत्रादि के प्रयोजन के लिए अंग्रेजी भाषा का प्रयोग बाध्यकर न होगा।

(2) **उपधारा** (1) में अन्तर्विष्ट किसी बात के होते हुए भी, जहाँ पत्रादि के प्रयोजनों के लिए हिन्दी या अंग्रेजी भाषा—

1. केन्द्रीय सरकार के एक मंत्रालय या विभाग या कार्यालय के और दूसरे

मंत्रालय या विभाग या कार्यालय के बीच,

2. केन्द्रीय सरकार के एक मंत्रालय या विभाग का कार्यालय के और केन्द्रीय सरकार के स्वामित्व में के या नियन्त्रण में के किसी निगम या कम्पनी या उसके किसी कार्यालय के बीच,

3. केन्द्रीय सरकार के स्वामित्व में के या नियन्त्रण में के किसी निगम या कम्पनी या उसके किसी कार्यालय के और किसी अन्य ऐसे निगम या कम्पनी या कार्यालय के बीच,

प्रयोग में लायी जाती है वहाँ उस तारीख तक, जब तक पूर्वोक्त सम्बन्धित मंत्रालय, विभाग, कार्यालय या निगम या कम्पनी का कर्मचारीवृन्द हिन्दी का कार्यसाधक ज्ञान प्राप्त नहीं कर लेता, ऐसे पत्रादि का अनुवाद, यथास्थित अंग्रेजी भाषा या हिन्दी में भी दिया जायेगा।

(3) **उपधारा** (1) में अन्तर्विष्ट किसी बात के होते हुए भी, हिन्दी और अंग्रेजी भाषा दोनों ही---

1 संकल्पों, साधारण आदेशों नियमों, अधिसूचनाओं, प्रशासनिक या अन्य प्रतिवेदनों या प्रेस विज्ञप्तियों के लिए, जो केन्द्रीय सरकार द्वारा या उसके किसी मंत्रालय, विभाग या कार्यालय द्वारा या केन्द्रीय सरकार के स्वामित्व में के या नियंत्रण में के किसी निगम या कम्पनी द्वारा या ऐसे निगम या कम्पनी के किसी कार्यालय द्वारा निकाले जाते हैं या किये जाते हैं।

2. संसद के किसी सदन या सदनों के समक्ष रखे गये प्रशासनिक तथा अन्य प्रतिवेदनों और राजकीय कागज-पत्रों के लिए।

3. केन्द्रीय सरकार या उसके किसी मंत्रालय, विभाग या कार्यालय द्वारा या उसकी ओर से या केन्द्रीय सरकार के स्वामित्व में के या नियन्त्रण में के किसी निगम या कम्पनी द्वारा या ऐसे निगम या कम्पनी के किसी कार्यालय द्वारा निष्पादित संविदाओं और करारों के लिए तथा निकाली गयी अनुज्ञप्तियों, अनुज्ञापत्रों, सूचनाओं और निविदाप्रारूपों के लिए, प्रयोग में लायी जायेगी।

(4) **उपधारा** (1) या उपधारा (2) या उपधारा (3) के उपबन्धों पर प्रतिकूल प्रभाव डाले बिना यह है कि केन्द्रीय सरकार धारा 8 के अधीन बनाए गए नियमों द्वारा उपभाषा या उस भाषाओं का उपबन्ध कर सकेगी जिसे या जिन्हें संघ के राजकीय प्रयोजन के लिए, जिसके अन्तर्गत किसी मंत्रालय, विभाग अनुभाग या कार्यालय का कार्यकरण है, प्रयोग में लाया जाना है और ऐसे नियम बनाने में राजकीय कार्य के शीघ्रता और दक्षता के साथ निपटारे का तथा जन-साधारण के हितों का सम्यक ध्यान रखा जाएगा और इस प्रकार बनाये गए नियम विशिष्टतया यह सुनिश्चित करेंगे कि जो व्यक्ति संघ के कार्यकलाप के सम्बन्ध में सेवा कर रहे हैं और जो या तो हिन्दी में या अंग्रेजी भाषा में प्रवीण हैं

वे प्रभावी रूप से अपना काम कर सकें और यह भी कि केवल इस आधार पर कि वे दोनों ही भाषाओं में प्रवीण नहीं हैं, उनका कोई अहित नहीं होता है।

(5) **उपधारा** (1) के खंड (क) के उपबन्ध और उपधारा (2), उपधारा (3) और उपधारा (4) के उपबंध तब तक प्रवृत्त बने रहेंगे जब तक उनमें वर्णित प्रयोजनों के लिए अंग्रेजी भाषा का प्रयोग समाप्त कर देने के लिए ऐसे सभी राज्यों के विधान मंडलों द्वारा, जिन्होंने हिन्दी को अपनी राजभाषा के रूप में नहीं अपनाया है, संकल्प पारित नहीं कर दिये जाते और जब तक पूर्वोक्त संकल्पों पर विचार कर लेने के पश्चात ऐसी समाप्ति के लिए संसद के हर एक सदन द्वारा संकल्प पारित नहीं कर दिया जाता।

राजभाषा के सम्बन्ध में समिति

(1) जिस तारीख को धारा 3 प्रवृत्त होती है उससे दस वर्ष की समाप्ति के पश्चात राजभाषा के सम्बन्ध में एक समिति, इस विषय का संकल्प संसद के किसी भी सदन में राष्ट्रपति की पूर्व मंजूरी से प्रस्तावित और दोनों सदनों द्वारा पारित किये जाने पर, गठित की जायेगी।

(2) इस समिति में तीस सदस्य होंगे जिनमें से बीस लोकसभा के सदस्य होंगे तथा दस राज्यसभा के सदस्य होंगे जो क्रमश: लोकसभा के सदस्यों तथा राज्यसभा के सदस्यों द्वारा आनुपातिक प्रतिनिधित्व पद्धति के अनुसार एकल संक्रमणीय मत द्वारा निर्वाचित होंगे।

(3) इस समिति का कर्तव्य होगा कि वह संघ के राजकीय प्रयोजनों के लिए हिन्दी के प्रयोग में की गयी प्रगति का पुनर्विलोकन करे और उस पर सिफारिशें करते हुए राष्ट्रपति को प्रतिवेदन करे और राष्ट्रपति उस प्रतिवेदन को संसद के हर एक सदन के समक्ष रखवायेगा और सभी राज्य सरकारों को भिजवायेगा।

(4) राष्ट्रपति उपधारा (3) में निर्दिष्ट प्रतिवेदन पर और उस पर राज्य सरकारों ने यदि कोई मत अभिव्यक्त किये हों तो उन पर विचार करने के पश्चात् उस समस्त प्रतिवेदन के या उसके किसी भी भाग के अनुसार निदेश निकाल सकेगा। परन्तु इस प्रकार निकाले गये निदेश धारा 3 के उपबन्धों से असंगत नहीं होंगे।

(5) केन्द्रीय अधिनियमों, आदि का प्राधिकृत हिन्दी अनुवाद—(1) नियत दिन को और उसके पश्चात शासकीय राजपत्र में राष्ट्रपति के प्राधिकार से प्रकाशित।

(क) किसी केन्द्रीय अधिनियम का या राष्ट्रपति द्वारा प्रख्यापित किसी अध्यादेश का, अथवा

(ख) संविधान के अधीन या किसी केन्द्रीय अधिनियम के अधीन निकाले गठ किसी आदेश, नियम, विनियम या उपविधि का हिन्दी में अनुवाद —प्राधिकृत पाये समझा जाएगा।

(2) नियत दिन से ही उस सब विधेयकों के, जो संसद के किसी भी सदन में पुरःस्थापित किये जाने हों और उन सब संशोधनों के, जो उनके सम्बन्ध में संसद के किसी भी सदन में प्रस्तावित किये जाने हों, अंग्रेजी भाषा के प्राधिकृत पाठ के साथ-साथ उनका हिन्दी में अनुवाद भी होगा जो ऐसी रीति से प्राधिकृत किया जायेगा, जो इस अधिनियम के अधीन बनाये गये नियमों द्वारा विहित की जाए।

(6) कतिपय दशाओं में राज्य अधिनियमों का प्राधिकृत हिन्दी अनुवाद— जहाँ किसी राज्य के विधान मंडल ने उस राज्य के विधान मंडल द्वारा पारित अधिनियमों में अथवा उस राज्य के राज्यपाल द्वारा प्रख्यापित अध्यादेशों में प्रयोग के लिए हिन्दी से भिन्न कोई भाषा विहित की है वहाँ, संविधान के अनुच्छेद 348 के खंड (3) द्वारा अपेक्षित अंग्रेजी भाषा में उसके अनुवाद के अतिरिक्त उसका हिन्दी में अनुवाद उस राज्य के शासकीय राजपत्र में, उस राज्य के राज्यपाल के प्राधिकार से नियत दिन को या उसके पश्चात प्रकाशित किया जा सकेगा और ऐसी दशा में ऐसे किसी अधिनियम या अध्यादेश का हिन्दी में अनुवाद हिन्दी भाषा में उसका प्राधिकृत पाठ समझा जायेगा।

(7) उच्च न्यायालयों के निर्णयों, आदि में हिन्दी या अन्य राजभाषा का वैकल्पिक प्रयोग-नियत दिन से ही या तत्पश्चात किसी भी दिन से किसी राज्य का राज्यपाल, राष्ट्रपति की पूर्व सम्मति से अंग्रेजी भाषा के अतिरिक्त हिन्दी या उस राज्य की राजभाषा का प्रयोग उस राज्य के उच्च न्यायालय द्वारा पारित या दिये गए किसी निर्णय, डिक्री या आदेश के प्रयोजनों के लिए प्राधिकृत कर सकेगा और जहाँ कोई निर्णय, डिक्री या आदेश (अंग्रेजी भाषा से भिन्न) ऐसी किसी भाषा में पारित किया या दिया जाता है वहाँ उसके साथ-साथ उच्च न्यायालय के प्राधिकार से निकाला गया अंग्रेजी भाषा में उनका अनुवाद भी होगा।

(8) **नियम बनाने की शक्ति** : (1) केन्द्रीय सरकार इस अधिनियम के प्रयोजनों को कार्यान्वित करने के लिए नियम शासकीय राजपत्र में अधिसूचना द्वारा बना सकेगी।

(2) इस धारा के अधीन बनाया गया हर नियम बनाये जाने के पश्चात यथाशक्त शीघ्र, संसद के हर एक सदन के समक्ष, उस समय जब वह सत्र में हो, कुल मिलाकर तीस दिन की कालावधि के लिए, जो एकसत्र में या दो क्रमवर्ती सत्रों में समाविष्ट हो सकेगी, रखा जायेगा और यदि उस सत्र के, जिसमें वह ऐसे रखा गया हो या ठीक पश्चातवर्ती सत्र के अवसान के पूर्व दोनों सदन उस नियम

कोई उपान्तर करने के लिए सहमत हो जायें या दोनों सदन सहमत हो जायें कि वह नियम नहीं बनाया जाना चाहिए तो तत्पश्चात यथास्थिति वह नियम ऐसे उपान्तरित रूप में ही प्रभावशील होगा या उसका कोई भी प्रभाव न होगा, किन्तु इस प्रकार कि ऐसा कोई उपान्तर या बातिलकरण उस नियम के अधीन पहले की गयी किसी बात की विधिमान्यता पर प्रतिकूल प्रभाव डाले बिना होगा।

(9) कतिपय उपबन्धों का जन्मू और कश्मीर को लागू न होना—धारा 6 और धारा 7 के उपबन्ध जम्मू और कश्मीर राज्य को लागू न होंगे।

अधिनियम के प्रमुख उपबंध

1. संसद तथा राज्यों की विधान सभाओं की सभी कार्यवाहियों की भाषा क्रमशः हिन्दी और प्रादेशिक भाषाएँ होंगी, पर उनका प्राधिकृत अंग्रेजी अनुवाद देना होगा अर्थात् अंग्रेजी भी संघ के उन सभी सरकारी आयोजनों के लिए प्रयोग में लाई जाती रहेगी, जिनके लिए वह उस तिथि के तुरन्त पहले प्रयुक्त की जाती थी। इस प्रकार 26 जनवरी, 1965 से राजभाषा अधिनियम, 1963 के अनुसार सरकारी कार्यालयों, प्रतिष्ठानों तथा उपक्रमों आदि में द्विभाषिक स्थिति का प्रारम्भ हुआ।

2. इस अधिनियम की धारा 5, उपधारा 2 के अनुसार संसद में प्रस्तुत किए जाने वाले विधेयक अंग्रेजी और हिन्दी दोनों भाषाओं में एक साथ प्रस्तुत किए जाएँगे।

3. धारा 3 में प्रावधान है कि संविधान के प्रारम्भ होने से 15 वर्ष की अवधि की समाप्ति के पश्चात् निर्धारित तिथि अर्थात् 26 जनवरी, 1965 से हिन्दी के अतिरिक्त अंग्रेजी का सभी राज्यों में सभी प्रयोजनों के लिए प्रयोग जारी रहेगा।

4. धारा 4 में यह प्रावधान है कि इस धारा 3 के लागू होने की तारीख से 10 वर्ष की अवधि की समाप्ति के दस वर्ष पश्चात तीस संसद सदस्यों की एक समिति हिन्दी की प्रगति की पड़ताल करेगी। इस समिति की नियुक्ति संसद के प्रस्ताव द्वारा होगी। समिति के प्रतिवेदन पर राज्य सरकारों की राय ली जाएगी। प्रतिवेदन को विचारार्थ संसद में भी पेश किया जाएगा। तदनुसार राष्ट्रपति अपना आदेश जारी करेंगे।

5. सन् 1965 के पश्चात किसी राज्य का राज्यपाल राष्ट्रपति की अनुमति से अंग्रेजी के साथ हिन्दी अथवा राज्य की अन्य किसी भाषा को राजभाषा मान्य कर सकता है।

6. निष्कर्ष रूप में कहा जाए तो इस अधिनियम से अंग्रेजी को अबाधित कालातीत अधिकार मिल गया।

राजभाषा (संशोधन) अधिनियम, 1967

राजभाषा (संशोधन) विधेयक, 1967 लोकसभा में 27 नवम्बर, 1967 को पेश किया गया और 16 दिसम्बर, 1967 को लोकसभा ने उसे पारित कर दिया। लोकसभा द्वारा संशोधनों सहित पारित इस विधेयक को राज्यसभा ने 22 दिसम्बर, 1967 को पारित कर दिया। इसे 8 जनवरी, 1968 को राष्ट्रपति की अनुमति प्राप्त हुई। लोकसभा में पारित अधिनियम इस प्रकार हैं—

राजभाषा अधिनियम, 1963 के संशोधन के लिए अधिनियम भारत गणराज्य के अठारहवें वर्ष में संसद द्वारा निम्नलिखित रूप में यह अधिनियम हो :

1. **संक्षिप्त नाम** : यह अधिनियम राजभाषा (संशोधन) अधिनिमय, 1967 कहा जा सकेगा।

2. धारा 3 के स्थान पर नई धारा का प्रतिस्थान-राजभाषा अधिनियम, 1963 (जिसे इसमें आगे मूल अधिनियम प्रधान कहा गया है) की धारा 3 के स्थान पर निम्नलिखित धारा प्रतिस्थापित की जायेगी। अर्थात् :

3. संघ के राजकीय प्रयोजनों के लिए और संसद में प्रयोग के लिए अंग्रेजी भाषा का बना रहना (1) संविधान के प्रारम्भ से पन्द्रह वर्ष की कालावधि की समाप्ति भी, हिन्दी के अतिरित अंग्रेजी भाषा, नियत दिन से ही

(क) संघ के उन सब राजकीय प्रयोजनों के लिए जिनके लिए वह उस दिन से ठीक पहले प्रयोग में लाई जाती थी, तथा

(ख) संसद में कार्य के संव्यवहार के लिए, प्रयोग में लाई जाती रह सकेगी;

परन्तु संघ और किसी ऐसे राज्य के बीच, जिसने हिन्दी को अपनी राजभाषा के रूप में नहीं अपनाया है, पत्रादि के प्रयोजनों के लिए अंग्रेजी भाषा प्रयोग में लाई जाएगी;

परन्तु यह और कि जहाँ किसी ऐसे राज्य के, जिसने हिन्दी को अपनी राजभाषा के रूप में अपनाया है और किसी अन्य राज्य के, जिसने हिन्दी को अपनी राजभाषा के रूप में नहीं अपनाया है, बीच पत्रादि के प्रयोजनों के लिए हिन्दी को प्रयोग में लाया जाता है, वहाँ हिन्दी में ऐसे पत्रादि के साथ-साथ उसका अनुवाद अंग्रेजी भाषा में भेजा जाएगा;

परन्तु यह और भी कि इस उपधारा की किसी भी बात का यह अर्थ नहीं लगाया जाएगा कि वह किसी ऐसे राज्य को, जिसने हिन्दी को अपनी राजभाषा के रूप में नहीं अपनाया है, संघ के साथ या किसी ऐसे राज्य के साथ, जिसने हिन्दी को अपनी राजभाषा के रूप में अपनाया है, या किसी अन्य के साथ उसकी सहमति से पत्रादि के प्रयोजनों के लिए हिन्दी को प्रयोग में लाने से निवारित करती है, और ऐसे किसी मामले में उस राज्य के साथ पत्रादि के प्रयोजनों के लिए अंग्रेजी

भाषा का प्रयोग बाध्यकर न होगा।

2. उपधारा (1) में अन्तर्विष्ट किसी बात के होते हुए भी, जहाँ पत्रादि के प्रयोजनों के लिए हिन्दी या अंग्रेजी भाषा—

(1) केन्द्रीय सरकार के एक मंत्रालय या विभाग या कार्यालय के और दूसरे मंत्रालय या विभाग या कार्यालय के बीच,

(2) केन्द्रीय सरकार के एक मंत्रालय या विभाग या कार्यालय के और केन्द्रीय सरकार के स्वामित्व में के या नियंत्रण में के किसी निगम या कम्पनी या उसके किसी कार्यालय के बीच,

(3) केन्द्रीय सरकार के स्वामित्व में के या नियन्त्रण में के किसी निगम या कम्पनी या उसके किसी कार्यालय के और किसी अन्य ऐसे निगम या कम्पनी या उसके किसी कार्यालय के बीच प्रयोग में लायी जाती है वहाँ इस तारीख तक जब तक पूर्वोक्त सम्बन्धित मंत्रालय विभाग कार्यालय या निगम या कम्पनी का कर्मचारी वृंद हिन्दी का कार्य साधक ज्ञान प्राप्त नहीं कर लेता, ऐसे पत्रादि का अनुवाद यथा-स्थिति अंग्रेजी भाषा या हिन्दी में भी दिया जाएगा।

3. उपधारा (2) में अन्तर्विष्ट किसी बात के होते हुए भी, हिन्दी और अंग्रेजी भाषा दोनों ही—

1. संकल्पों, साधारण आदेशों, नियमों, अधिसूचनाओं, प्रशासनिक या अन्य प्रतिवेदनों या प्रेस विज्ञप्तियों के लिए, जो केन्द्रीय सरकार द्वारा या उसके किसी मंत्रालय, विभाग या कार्यालय द्वारा या केन्द्रीय सरकार के स्वामित्व में के या नियन्त्रण में के किसी निगम या कंपनी द्वारा या ऐसे निगम या कंपनी के किसी कार्यालय द्वारा निकाले जाते हैं या किए जाते हैं,

2. संसद के किसी सदन या सदनों के समक्ष रखे गए प्रशासनिक तथा अन्य प्रतिवेदनों और राजकीय कागज-पत्रों के लिए,

3. केन्द्रीय सरकार या उसके किसी मंत्रालय, विभाग या कार्यालय द्वारा या उसकी ओर से या केन्द्रीय सरकार के स्वामित्व में के या नियन्त्रण में किसी निगम या कंपनी द्वारा या ऐसे निगम या कंपनी के किसी कार्यालय द्वारा निष्पा-दित संविदाओं और करारों के लिए तथा निकाली गई अनुज्ञप्तियों, अनुज्ञापत्रों, सूचनाओं निविदा-प्ररूपों के लिए, प्रयोग में लाई जाएगी।

4. उपधारा (1) या उपधारा (2) या उपधारा (3) के उपबंधों पर प्रभाव डाले बिना यह है कि केन्द्रीय सरकार धारा 8 के अधीन बनाए गए नियमों द्वारा उस भाषा या उन भाषाओं का उपबन्ध कर सकेगी जिसके या जिन्हें संघ के राजकीय प्रयोजन के लिए, जिसके अन्तर्गत किसी मंत्रालय, विभाग, अनुभाग या कार्यालय का कार्यकरण है, प्रयोग में लाया जाना है और ऐसे नियम बनाने में राजकीय कार्य के शीघ्रता और दक्षता के साथ निपटारे का तथा जन साधारण के

हितों का सम्यक ध्यान रखा जाएगा और इस प्रकार बनाए गए नियम विशिष्टतया यह सुनिश्चित करेंगे कि जो व्यक्ति संघ में कार्यकलाप के सम्बन्ध में सेवा कर रहे हैं और जो या तो हिन्दी में या अंग्रेजी भाषा में प्रवीण हैं वे प्रभावी रूप से अपना काम कर सकें और यह भी कि केवल इस आधार पर कि वे दोनों ही भाषाओं में प्रवीण नहीं हैं, उनका कोई अहित नहीं होता है।

5. उपधारा (1) के खंड (क) के उपबन्ध और उपधारा (2), उपधारा (3) और उपधारा (4) के उपबन्ध तब तक प्रवृत्त बने रहेंगे जब तक उनमें वर्णित प्रयोजनों के लिए अंग्रेजी भाषा का प्रयोग समाप्त कर देने के लिए ऐसे सभी राज्यों के विधानमंडलों द्वारा, जिन्होंने हिन्दी को अपनी राजभाषा के रूप में नहीं अपनाया है, संकल्प पारित नहीं कर दिए जाते और जब तक पूर्वोक्त संकल्पों पर विचार कर लेने के पश्चात् ऐसी समाप्ति के लिए संसद हर एक सदन द्वारा संकल्प पारित नहीं कर दिया जाता।

3. धारा 4 का संशोधन-प्रधान अधिनियम की धारा 4 की उपधारा (4) में संशोधन के लिए निम्नलिखित परंतुक जोड़ा जायेगा, अर्थात्

"बशर्ते इस प्रकार जारी किए गए निदेश धारा 3 के उपबन्धों के प्रतिकूल न हों।"

राजभाषा (संशोधन) अधिनियम, 1967 केन्द्रीय सरकार की भाषानीति के एक प्रस्ताव पर आधारित है। इसकी मुख्य बातें इस प्रकार हैं—

(क) हिन्दी के विकास व प्रसार तथा केन्द्र के विभिन्न कामकाज में उसके उत्तरोत्तर बढ़ते हुए प्रयोग में तेजी लाने के लिए केन्द्रीय सरकार अधिक गहन और व्यापक कार्यक्रम तैयार करे और उसे लागू करे।

(ख) संसद के दोनों सदनों में उपर्यक्त किए गए उपायों और उनके परिणामस्वरूप प्राप्त प्रगति से सम्बन्धित लेखे-जोखे की रिपोर्ट सरकार हर वर्ष प्रस्तुत करे।

(ग) राज्य सरकारों के सहयोग से भारत की प्रमुख 15 भाषाओं के समन्वित विकास के लिए सरकार एक कार्यक्रम बनाए और उसे लागू करे ताकि उन भाषाओं का तेजी से विकास हो सके और वे आधुनिक शिक्षा प्राप्त करने का प्रभावशाली माध्यम बन सकें।

(घ) राज्य सरकारों के परामर्श से भारत सरकार त्रिभाषा फार्मूले को लागू करने के लिए समुचित व्यवस्था करे।

(ङ) केन्द्रीय सेवाओं में ऐसी सेवाओं तथा ऐसे पदों को छोड़कर, जिनके लिए केवल हिन्दी अथवा अंग्रेजी या दोनों का ही उच्च स्तरीय ज्ञान अनिवार्य है अन्य ऐसी नियुक्तियों या पदों के लिए ऐसे उम्मीदवारों का चुनाव करें, जिन्हें हिन्दी या अंग्रेजी का अनिवार्य ज्ञान हो।

(च) केन्द्रीय लोकसेवा आयोग से कार्यप्रणाली पर विचार-विमर्श करने के बाद सरकार आयोग की परीक्षाओं तथा उच्च केन्द्रीय सेवाओं के लिए अखिल भारतीय स्तर पर परीक्षाएँ अंग्रेजी तथा संविधान के आठवें अनुच्छेद में उल्लिखित सभी भारतीय भाषाओं में आयोजित करने की व्यवस्था करें।

राजभाषा (संशोधन) अधिनियम, 1967 के विभिन्न उपबंधों के कार्यान्वयन के लिए विस्तृत प्रशासनिक अनुदेश 6 जुलाई, 1968 को गृह मंत्रालय द्वारा जारी किए गए थे। इन अनुदेशों में निम्नलिखित व्यवस्थाएँ की गई हैं—

1. जिन राज्यों ने केन्द्रीय सरकार के साथ पत्रव्यवहार के लिए हिन्दी को अपना लिया है, उनके साथ सभी प्रकार के पत्रव्यवहार के लिए यथासंभव हिन्दी का अधिकतम प्रयोग करने के लिए प्रयत्न किए जायें, और

2. कर्मचारियों को टिप्पण और आलेखन के लिए हिन्दी अथवा अंग्रेजी के प्रयोग करने की स्वतंत्रता है और दूसरी भाषा में उसका अनुवाद उस कर्मचारी को नहीं करना होता है।

सभी मंत्रालयों एवं विभागों ने इस बात की पुष्टि की है कि उपर्युक्त अनुदेश उनके मुख्यालय और संबद्ध तथा अधीनस्थ कार्यालयों के कर्मचारियों के ध्यान में लाए जा चुके हैं।

इसके अतिरिक्त ये अनुदेश भी जारी किए जा चुके हैं—

1. हिन्दी-भाषी क्षेत्रों में स्थित केन्द्रीय सरकारी कार्यालयों में काम करने वाले चतुर्थ श्रेणी के कर्मचारियों की सेवापंजियों में सभी प्रविष्टियाँ हिन्दी में हों।

2. जनता के प्रयोग में आने वाले फार्म हिन्दी, अंग्रेजी और क्षेत्रीय भाषा में छपवाए जाएँ।

प्रत्येक मंत्रालय/विभाग में संयुक्त सचिव के स्तर के एक अधिकारी को, विशेषतः प्रशासन से सम्बन्धित अधिकारी को, संघ के सरकारी प्रयोजनों के लिए हिन्दी के प्रयोग सम्बन्ध में समय-समय पर जारी किए गए आदेशों के कार्यान्वयन के सुनिश्चित करने की जिम्मेदारी सौंपी गई है। सम्बन्धित मंत्रालयों/विभागों में हिन्दी के प्रयोग के सम्बन्ध में हुई प्रगति का पुनरीक्षण करने के लिए भारत सरकार के हिन्दी सलाहकार की अध्यक्षता में एक समिति गठित की गई है और शिक्षा, विधि, सूचना और प्रसारण गृह, विदेश तथा रेल के संयुक्त सचिव और डाक व तार बोर्ड के सदस्य इसके सदस्य हैं। एक तिमाही प्रगति की रिपोर्ट निर्धारित की गई है, जिससे कि गृह मंत्रालय राजभाषा (संशोधन) अधिनियम के उपबंधों के कार्यान्वयन में हुई प्रगति की देखभाल कर सके।

राजभाषा (संशोधन) अधिनियम, 1967 : एक सर्वेक्षण

संविधान के अनुच्छेद 343 के अनुसार 15 वर्ष के बाद अर्थात् 26 जनवरी, 1965 से हिन्दी को पूर्णतया राजभाषा के रूप में स्थापित किया जाना चाहिए था किन्तु इस सांविधानिक स्थिति तथा व्यावहारिक स्थिति में बहुत अन्तर है।

1. राजभाषा अधिनियम, 1963 वास्तव में संविधान के अनुच्छेद 343 के खंड (3) के अधीन बनाया गया था किन्तु इसने एक प्रकार से इसका उल्लंघन किया है क्योंकि खंड (3) में अंग्रेजी के प्रयोग को सिर्फ कुछ विशेष प्रयोजनों के लिए ही जारी रखने के लिए संसद द्वारा कानून बनाए जाने की बात थी परन्तु राजभाषा अधिनियम, 1963 में सभी राजकीय प्रयोजनों के लिए अंग्रेजी के इस्तेमाल की व्यवस्था की गई है।

2. इसी तरह राजभाषा अधिनियम की धारा 4 भी संविधान के अनुच्छेद 344 का उल्लंघन करती है। वस्तुतः संविधान की वास्तविक स्थिति से कुछ हटकर राजभाषा अधिनियम, 1963 में यह व्यवस्था की गई थी कि 26 जनवरी 1965 से समस्त राजकीय प्रयोजनों के लिए हिन्दी का प्रयोग किया जाएगा किन्तु साथ-ही-साथ अंग्रेजी भी सह-राजभाषा के रूप में प्रयुक्त की जाती रहेगी।

3. सबसे खटकने वाली बात यह है कि इस विधेयक में मुख्य रूप से यह प्रावधान किया गया है कि अंग्रेजी सरकारी कामकाज में सहभाषा के रूप में तब तक चलती रहेगी जब तक अहिन्दी भाषी राज्य हिन्दी को एकमात्र राजभाषा बनाने के लिए सहमत न हो जाएँ।

4. इस अधिनियमानुसार जिस राज्य ने हिन्दी को सरकारी कामकाज के लिए नहीं अपनाया है उस राज्य के साथ केन्द्रीय सरकार अंग्रेजी में पत्र-व्यवहार करेगी। हिन्दी को अपनाने वाले राज्यों के साथ केन्द्र हिन्दी में पत्राचार करेगा।

5. सरकारी संकल्पों, सरकारी आदेशों, नियमों, सूचनाओं, प्रसाशनिक रिपोर्ट्स, प्रेस विज्ञाप्तियों आदि में हिन्दी के साथ अंग्रेजी का भी प्रयोग किया जाएगा। सरकार की ओर से किए गए संविदाओं, करारों आदि में तथा लाइसेंसों, परमिटों, टेंडर फार्मों आदि में भी दोनों भाषाओं का इस्तेमाल किया जाएगा।

6. इस तरह आज एक लम्बी द्विभाषिक स्थिति है। आज सरकारी कर्मचारी सरकारी कामकाज में हिन्दी या अंग्रेजी में से किसी एक भाषा का उपयोग करने के लिए स्वतंत्र है। उसे अपने हिन्दी या अंग्रेजी ड्राफ्ट के साथ दूसरी भाषा का अनुवाद नहीं देना होता है। साथ ही कुछ अभिप्रायों के लिए हिन्दी और अंग्रेजी दोनों ही भाषाओं का प्रयोग अनिवार्य है। निष्कर्षतः कहा जा सकता है कि आज

की स्थिति में तथा 26 जनवरी, 1965 के पूर्व की स्थिति में व्यावहारिक रूप में कहीं कोई विशेष अन्तर नहीं हुआ है।

राजभाषा अधिनियम, 1976

राजभाषा अधिनियन, 1963 में किए गए प्रावधान के अनुसार नियम बनाए गए। उन नियमों को राजभाषा नियम, 1976 नाम देकर 28 जून, 1976 को जारी किया गया। इन नियमों में किए गए प्रमुख प्रावधान इस प्रकार हैं :

1. ये नियम केन्द्रीय सरकार के सभी कार्यालयों पर लागू होते हैं। केन्द्रीय सरकार द्वारा नियुक्त आयोग, समितियों, अभिकरण तथा केन्द्रीय सरकार के स्वामित्व वाले या नियंत्रणाधीन निगम या कम्पनी के कार्यालय आदि भी केन्द्रीय सरकार के कार्यालय की परिभाषा में आते हैं।

2. केन्द्रीय सरकार के कार्यालयों से पत्र आदि हिन्दी भाषी राज्यों को (जिन्हें 'क' क्षेत्र के राज्य/संघ राज्य कहा गया है) उत्तर प्रदेश, मध्य प्रदेश, राजस्थान, हरियाणा, हिमाचल प्रदेश राज्य और संघराज्य दिल्ली है या ऐसे राज्यों में किसी अन्य कार्यालय या व्यक्ति को हिन्दी में भेजे जाएँगे। यदि किन्हीं असाधारण दशाओं में कोई पत्रादि इन्हें अंग्रेजी में भेजे जाते हैं, तो उनका हिन्दी अनुवाद भी साथ में भेजा जाएगा।

3. केन्द्रीय सरकार के कार्यालयों से पत्रादि पंजाब, गुजरात और महाराष्ट्र के राज्यों तथा चंडीगढ़ और अंडमान एवं निकोबार द्वीपसमूह के संघशासित क्षेत्रों के प्रशासनों का (जिन्हें 'ख' में शामिल किया गया है) सामान्यत: हिन्दी में भेजे जाते हैं यदि ऐसा कोई पत्र अंग्रेजी में भेजा जाता है तो उसका हिन्दी अनुवाद भी साथ में भेजा जाएगा। लेकिन इन राज्यों में किसी व्यक्ति को भेजे जाने वाले पत्रादि हिन्दी या अंग्रेजी दोनों में ऐसी किसी भाषा में भेजे जा सकते हैं।

4. अन्य अहिंदी भाषी राज्यों (जिन्हें 'ग' क्षेत्र कहा गया है) के किसी कार्यालय या व्यक्ति को पत्रादि सामान्यतया अंग्रेजी में भेजा जाएँगे।

5. केन्द्रीय सरकार के 'ख' तथा 'ग' क्षेत्रों में स्थित कार्यालयों के बीच पत्रादि हिन्दी अथवा अंग्रेजी में हो सकते हैं।

6. हिन्दी में प्राप्त पत्रादि के उत्तर हिन्दी में ही दिए जाएँगे। जब कभी कोई आवेदन, अपील या अभिवेदन हिन्दी में किया जाए या उस पर हिन्दी में हस्ताक्षर किए जाएँ तो उसका उत्तर हिन्दी में दिया जाए।

7. केन्द्रीय सरकार का कोई कर्मचारी जिसे हिन्दी का कार्य साधक ज्ञान प्राप्त है, तकनीकी और विविध दस्तावेजों को छोड़कर किसी हिन्दी दस्तावेज के

अंग्रेजी अनुवाद की माँग नहीं कर सकता।

8. केन्द्रीय सरकार के कार्यालयों से सम्बन्धित सभी मैनुअल, संहिताएँ और अन्य प्रक्रिया सम्बन्धी साहित्य हिन्दी और अंग्रेजी दोनों में द्विभाषिक रूप में तैयार किये जाएँगे। सभी फार्मों और रजिस्टरों में शीर्ष, नामपट्ट, सूचनापट्ट, तथा स्टेशनरी आदि की अन्य मदें हिन्दी और अंग्रेजी में होंगी।

9. प्रत्येक कार्यालय के प्रशासनिक प्रधान का यह उत्तरदायित्व होगा कि वह यह सुनिश्चित करे कि राजभाषा अधिनियम और इन नियमों का समुचित रूप से अनुपालन किया जाता है।

सभी कार्यालयों और विभागों में निम्नलिखित कार्यालयों के लिए भी अनुरोध किया गया है :

1. प्रदर्शनियों में जनता की सुविधा के लिए प्रचार-माध्यम के रूप में हिन्दी का पर्याप्त उपयोग किया जाए।

2. जब राज्य सरकारों से हिन्दी में पत्र प्राप्त हो तो वे उनसे ऐसे पत्रों का अंग्रेजी अनुवाद न माँगे। यदि आवश्यकता महसूस हो तो ऐसे पत्रों के अंग्रेजी अनुवाद की व्यवस्था मंत्रालय अथवा विभाग स्वयं करें।

3. ऐसे अधिकारी और कर्मचारी जो जनता के संपर्क में आते हैं और जिनको बिल्ला लगाना पड़ता है, यदि वे हिन्दी भाषी क्षेत्रों, महाराष्ट्र, गुजरात, पंजाब और चंडीगढ़ में काम कर रहे हों तो बिल्ले हिन्दी में भी लगाएँ।

4. केन्द्रीय सरकार के वे सभी मंत्रालयों/विभागों और हिन्दी भाषी क्षेत्रों में स्थित उनके संबद्ध तथा अधीनस्थ कार्यालय, कम्पनियों और निगम, जिनका जनता से सीधा सम्बन्ध होता है, अपने यहाँ किसी प्रमुख स्थान पर इस आशय का सूचनापट्ट लगाएँ कि वे हिन्दी में भरे गए फार्म आदि सहर्ष स्वीकार करते हैं।

5. राजस्थान में स्थित कार्यालयों को चाहिए कि वे राजस्थान सरकार के निर्णयानुसार अपने सभी वेतन-बिल आदि हिन्दी में ही तैयार करें। किन्हीं खास मामलों में बिल अंग्रेजी में तैयार किए जा सकते हैं, पर इसके लिए कार्यालय के अध्यक्ष की अनुमति आवश्यक है और इन बिलों को स्वीकार करने के लिए सम्बन्धित जिलाधीश से लिखित अनुरोध करना होगा।

राजभाषा अधिनियम में संसद के किसी सदन में प्रस्तुत किए जाने वाले सभी विधेयकों अथवा उनके संशोधनों के अंग्रेजी के प्राधिकृत पाठ के साथ-साथ उनके प्राधिकृत हिन्दी अनुवाद देने का उपबंध है। यह 1970 के बजट सत्र से अनौपचारिक रूप से लागू किया गया था। अब इसको 1अक्तूबर, 1976 से औपचारिक रूप से लागू कर दिया गया है।

पंजाब, गुजरात और महाराष्ट्र राज्यों तथा चंडीगढ़ और अंडमान एवं

निकोबार संघशासित क्षेत्रों में स्थित अधीनस्थ कार्यालयों और निगमों, कम्पनी तथा उद्यमों से हिन्दी के उपयोग सम्बन्धो तिमाही प्रगति रिपोर्ट मँगाने का निर्णय किया गया है।

दिल्ली से बाहर आयोजित की जाने वाली राजभाषा कार्यान्वयन समितियों की बैठकों में वहाँ के हिन्दी शिक्षण योजना के वरिष्ठ अधिकारियों को भी आमंत्रित करने के अनुदेश जारी किए गए हैं, क्योंकि वे राजभाषा नीति के कार्यान्वयन से सम्बन्धित हैं और इन बैठकों में लिए गए निर्णय उनके लिए भी उपयोगी होते हैं। साथ ही, ये अधिकारी राजभाषा नीति के कार्यान्वयन के बारे में इन बैठकों में उपयोगी सलाह दे सकते हैं।

केन्द्रीय हिन्दी समिति के अनुमोदन से ऐसे आदेश जारी किए गए हैं कि केन्द्रीय सरकार के स्वामित्व वाले या नियंत्रणाधीन निगमों, कम्पनियों उद्यमों आदि द्वारा जो माल तैयार किया जाता है उस पर विवरण अंग्रेजी के साथ-साथ हिन्दी में भी दिया जाए। केन्द्रीय हिन्दी समिति के अनुमोदन से यह निर्णय किया गया है कि अहिन्दी भाषा क्षेत्रों में स्टेशनों आदि के नामपट्टों और जनता की सूचना के लिए लगाए जाने वाले सूचना बोर्डों में सबसे ऊपर क्षेत्रीय भाषा की लिपि, उसके बाद देवनागरी लिपि और सबसे नीचे रोमन लिपि का प्रयोग किया जाए।

केन्द्रीय पुलिस दलों और रक्षा-सेवाओं के कर्मचारियों की नामपट्टियों में देवनागरी और रोमन लिपियों का प्रयोग करना होगा, लेकिन टोपियों और कंधों पर जो बिल्ले लगाए जाते हैं, उनमें केवल देवनागरी लिपि का प्रयोग किया जा सकता है।

स्पष्ट है कि केन्द्रीय सरकार की बराबर ही यह नीति रही है कि हिन्दी को संघ की राजभाषा के रूप में प्रतिष्ठित करने के लिए समुचित कार्यवाही की जाए, किन्तु ऐसा करते समय इस बात का बराबर ध्यान रखा जाए कि संघ सरकार की द्विभाषिक नीति ध्यान में रहे और जो भी कदम उठाए जाएँ, उनसे किसी का अहित न हो और साथ ही अंग्रेजी के प्रयोग के बारे में जो कानूनी व्यवस्थाएँ हैं, उनका पूरा-पूरा अनुपालन हो ताकि अहिन्दी भाषी राज्यों को और हिन्दी न जानने वाले कर्मचारियों को किसी प्रकार की असुविधा न होने पाए।

हिन्दी के विकास की विविध दिशाएँ

स्वतंत्रता के बाद हिन्दी की संवैधानिक स्थिति के अनुसार हिन्दी की अभिवृद्धि, विकास, प्रचार, प्रसार और प्रगामी प्रयोग का दायित्व विशेष रूप से भारत सरकार के शिक्षा, विधि, गृह और सूचना एवं प्रसारण मंत्रालयों को सौंपा

गया है।

केन्द्रीय शिक्षा मंत्रालय ने स्वैच्छिक हिन्दी संस्थाओं को आर्थिक सहायता, हिन्दी अध्यापकों के लिए अनुसंधान और प्रशिक्षण संस्थाओं का खर्च, विश्वविद्यालयों के स्तर की मानक पुस्तकों का हिन्दी तथा अन्य भारतीय भाषाओं में अनुवाद और प्रकाशन, सरकारी कार्यालयों में प्रयुक्त होने वाले साहित्य का अनुवाद, विश्वकोश, शब्दकोष, प्राइमर और रीडर आदि का निर्माण और प्रकाशन तथा वैज्ञानिक एवं तकनीकी शब्दावली का हिन्दी में विकास तथा अहिन्दी भाषी क्षेत्रों में हिन्दी के प्रचार-प्रसार की योजनाएँ आदि कार्यक्रम प्रस्तुत किए हैं। अहिन्दी भाषी राज्यों में हिन्दी शिक्षण, टंकण-आशुलिपि की कक्षाएँ चलाना, पुस्तकालयों की स्थापना, हिन्दी माध्यम के स्कूलों, अध्यापकों के प्रशिक्षण के लिए आर्थिक सहायता भी शिक्षा मंत्रालय द्वारा दी जाती है। इसी कार्य के लिए केन्द्रीय हिन्दी शिक्षण मंडल नामक एक स्वायत्त निकाय की स्थापना भी की गई है जो आगरा में हिन्दी अध्यापक प्रशिक्षण और अनुसंधान संस्था का संचालन कर रहा है।

1951 में शिक्षा मंत्रालय में एक हिन्दी एकक की स्थापना हुई जो बाद में प्रभाग में परिवर्तित हुआ। राजभाषा आयोग तथा संसदीय राजभाषा समिति की सिफारिशों के फलस्वरूप मार्च 1960 को शिक्षा मंत्रालय के अधीनस्थ कार्यालय के रूप में 'केन्द्रीय हिन्दी निदेशालय' की स्थापना हुई। 27 अप्रैल, 1960 के आदेशानुसार निदेशालय को केन्द्रीय सरकार के सभी असांविधिक मैनुअलों, फार्मों, नियमों का अनुवाद सौंपा गया। निदेशालय ने कई शब्दकोशों, द्विभाषिक शब्दकोशों और हिन्दी विश्वकोशों का संकलन, अहिन्दी भाषियों और विदेशियों के लिए कुछ हिन्दी पाठ्य मालाएँ तैयार की हैं। अहिन्दी प्रदेश के विद्यार्थियों को पुरस्कार तथा हिन्दी प्रदेश की यात्रा के लिए आर्थिक सहायता प्रदान करके प्रोत्साहन देता है···नवलेखक शिविरों का आयोजन भी अहिन्दी प्रदेशों को करता है।

देवनागरी लिपि को मानक रूप देने की दृष्टि से हिन्दी टाइपराइट और टेलिप्रिंटर के कुंजीपटल को अन्तिम रूप दिया। सरकारी और गैर-सरकारी हिन्दी प्रचार-प्रसार की गतिविधियों का मूल्यांकन तथा अन्य भारतीय भाषाओं के विकास की सूचना देने के लिए दिसम्बर 1966 से 'हिन्दी समाचार जगत' नामक समाचार पत्रक और अगस्त 1961 से 'भाषा' नामक त्रैमासिक पत्रिका का प्रकाशन किया।

निदेशालय ने राष्ट्रपति के तारीख 27 अप्रैल, 1960 के आदेशानुसार वैज्ञानिक तथा तकनीकी शब्दावली आयोग की स्थापना अक्तूबर 1961 में की। इस सन्दर्भ में कृषि, चिकित्सा, मानविकी, इन्जीनियरी, समाज विज्ञान के विषयों पर

डिग्री स्तर की शब्दावली तथा रेल, सूचना तथा प्रसारण, परिवहन, नौवहन, पर्यटन तथा रक्षा और डाक व तार आदि से सम्बन्धित शब्दावली, भौतिकी, रसायन, गणित, वनस्पति विज्ञान तथा कृषि आदि विषयों पर प्रारम्भिक पारि-भाषिक शब्दावलियाँ तैयार की जा चुकी हैं।

केन्द्रीय सरकार के गृह मंत्रालय ने कर्मचारियों को हिन्दी सिखाने के लिए पूरे देश में 175 केन्द्रों में हिन्दी प्रशिक्षण की कक्षाएँ चलाईं। प्रबोध, प्रवीण और प्राज्ञ नाम के पाठ्यक्रम निर्धारित किए।

1973 में सभी मंत्रालयों और विभागों को हिन्दी कार्यशालाएँ चलाने के अनुदेश दिए गए। सरकारी कामकाज में हिन्दी का प्रयोग बढ़ाने के लिए कलकत्ता, बम्बई, मद्रास, दिल्ली, जबलपुर और कानपुर में हिन्दी टाइपिंग और हिन्दी आशुलिपि सिखाने के केन्द्र हैं।

1 मार्च, 1971 से केन्द्रीय अनुवाद ब्यूरो की स्थापना की गई। ब्यूरो सरकारी कार्यालयों के मैनुअलों आदि का अनुवाद करने के अलावा सरकारी उपक्रमों, प्रतिष्ठानों, कम्पनियों और राष्ट्रीयकृत बैंकों की असांविधिक सामग्री का भी अनुवाद करता है। इसके अतिरिक्त रक्षा मंत्रालय, रेल मंत्रालय और डाक-तार के अनुवादित मैनुअलों आदि के पुर्नानिरीक्षण का काम और अनुवादकों को 1 अगस्त, 1973 से प्रशिक्षण भी दिया जाता है।

26 जून, 1975 को भारत सरकार ने स्वतंत्र राजभाषा विभाग की स्थापना की। इसके द्वारा संविधान के राजभाषा से सम्बन्धित उपबन्धों का कार्यान्वयन, केन्द्रीय हिन्दी समिति तथा संघ के विभिन्न शासकीय प्रयोजनों के लिए हिन्दी के प्रगामी प्रयोग से सम्बन्धित कार्य, संविधान राष्ट्रपति के 27 अप्रैल, 1960 के आदेश, राजभाषा अधिनियम, 1963 और भाषा के बारे में सरकार के 18 जनवरी, 1968 के संकल्प के उपबन्धों से सम्बन्धित कार्यों का समन्वय, केन्द्रीय सरकार के कर्मचारियों के लिए हिन्दी शिक्षण योजना, विभिन्न मंत्रालयों, विभागों द्वारा स्थापित हिन्दी सलाहकार समितियों से सम्बन्धित कार्य का समन्वय करता है।

विधि मंत्रालय के अधीन 27 अप्रैल, 1960 को जारी किए गए राष्ट्रपति के आदेश के अनुसार स्थापित राजभाषा आयोग ने प्रमुख कानूनों का हिन्दी पाठ तैयार किया है। साथ ही भारत सरकार की अधिसूचनाएँ साधारण आदेश और नियम तथा संसद के सदन में पुनः स्थापित विधेयक और संशोधन, भारत सरकार द्वारा किए गए करार, बन्धपत्र, संविदा का अनुवाद भी यह आयोग करता है।

हिन्दी की अभिवृद्धि और प्रसार में सूचना एवं प्रसारण मंत्रालय का भी महत्त्वपूर्ण कार्य रहा है। इस मंत्रालय की प्रथम हिन्दी सलाहकार समिति का

गठन 1950-51 में हुआ था। हिन्दी में समाचार-पत्रों को सूचनाएँ देना, महत्त्वपूर्ण राष्ट्रीय गतिविधियों पर समाचार चित्र तथा वृत्त चित्र तैयार करना, संगीत नाटक प्रभाग द्वारा विभिन्न भागों में जाकर नाटक प्रस्तुत करना, 'आजकल' और 'बालभारती' प्रत्रिकाओं का प्रकाशन, आकाशवाणी से हिन्दी प्रशिक्षण तथा हिन्दी का व्यावहारिक ज्ञान कराने के लिए हिन्दी के पाठों का प्रसारण आदि के द्वारा हिन्दी के सर्वप्रचलित भाषा बनाने का प्रयास हो रहा है।

6. रेल मंत्रालय ने बोर्ड-कार्यालय में हिन्दी का प्रयोग-प्रसार करना और क्षेत्रीय और अधीनस्थ कार्यालयों में राजभाषा का प्रयोग बढ़ाना और रेल कर्मचारियों का संवैधानिक अपेक्षाओं से अवगत कराना तथा हिन्दी के प्रयोग प्रसार के लिए प्रोत्साहित करना आदि के माध्यम से हिन्दी का प्रचार-प्रसार किया। रेलवे की तकनीकी संहिताओं, नियमावलियों का हिन्दीकरण भी किया गया है। रेलवे बोर्ड का राजभाषा निदेशालय तथा हिन्दी सलाहकार समिति हिन्दी के व्यापक प्रयोग की ओर प्रयत्नशील हैं।

कंप्यूटर में देवनागरी लिपि तथा भारतीय भाषाओं के प्रयोग की सुविधाओं के विकास के सम्बन्ध में इलेक्ट्रानिकी विभाग तथा इलेक्ट्रानिकी आयोग द्वारा विशेष कदम उठाए गए हैं। कुछ वर्ष पहले ई० सी० आई० एल० हैदराबाद ने कंप्यूटर में हिन्दी तथा अन्य भारतीय भाषाओं के सम्बन्ध में एक प्रोटोटाइप बनाया था। हाल ही में बिरला इंस्टीट्यूट आफ टेक्नालॉजी एण्ड साईंस, पिलानी ने भी ऐसे ही एक कम्प्यूटर प्रोटोटाइप बनाया है। इसके अलावा टाटा ब्रदर्स, बम्बई की एक फर्म ने भी इस प्रकार के कम्प्यूटर का प्रोटोटाइप बनाया है। इसके लिए कोड निर्धारित भी किए जा रहे हैं।

संचार मंत्रालय के अधीन एक सरकारी उपक्रम हिन्दुस्तान टेलीप्रिंटर्स लिमिटेड द्वारा इक्लेट्रानिक टेलीप्रिंटर्स बनाए जा रहे हैं।

इनके अलावा राजभाषा हिन्दी के प्रगामी प्रयोग के लिए समय-समय पर अनेक आदेश-अनुदेश-निर्देश दिए हैं। जैसे सरकारी नौकरी में लगे अधिकारियों एवं कर्मचारियों को जिन्हें हिन्दी का कार्यसाधक ज्ञान नहीं है, उन्हें प्रशिक्षित किया जाए। सभी टाइपिस्टों तथा आशुलिपिकों को सेवाकालीन हिन्दी टाइपिंग का प्रशिक्षण देने की व्यवस्था की जाए। सरकारी विज्ञापनों, संविदाओं को हिन्दी-अंग्रेजी दोनों भाषाओं में प्रकाशित कराया जाए। इसी प्रकार करारनामे उपर्युक्त दोनों भाषाओं में हों। महाराष्ट्र, गुजरात तथा पंजाब आदि प्रदेशों में जहाँ केन्द्रीय सरकार के कम से कम दस कार्यालय हों, वहाँ राजभाषा कार्यान्वयन समितियों का गठन किया जाना चाहिए। यह भी निर्देश दिया गया है कि हिन्दी पत्रों के उत्तर हिन्दी में दिए जाएँ। सरकार के हिन्दी नीति सम्बन्धी परिपत्रों को सभी कर्मचारियों को दिखाया जाए। हिन्दी में कुशलता प्राप्त कर्मचारियों,

अधिकारियों को प्रोत्साहन पुरस्कार दिया जाए। इसी प्रकार चतुर्थ श्रेणी कर्मचारियों की सेवा-पुस्तिका हिन्दी में लिखी जाए। राजभाषा विभाग, गृह मंत्रालय ने यह भी निर्देश दिया है कि केन्द्रीय कार्यालयों में राजभाषा विभाग में हिन्दी अधिकारी हिन्दी अनुवादक तथा अन्य स्टाफ की भर्ती की जाए। वैज्ञानिक एवं तकनीकी विषयों पर मूल रूप से हिन्दी में पुस्तकें लिखने वालों को नकद पुरस्कार दिए जाएँ।

इनके अलावा गृह मंत्रालय के राजभाषा विभाग ने कार्यालयों के लिए कुछ अन्य आदेश भी दिए हैं जैसे प्रतिवर्ष अंग्रेजी टाइपराइटर की तुलना में हिन्दी के 25% टाइपराइटर खरीदे जाएँ और जिस कार्यालय में एक भी हिन्दी के टाइपराइटर नहीं हैं, वहाँ कम से कम एक हिन्दी टाइपराइटर अवश्य होना चाहिए। सभी कार्यालयों में हिन्दी पुस्तकालय होना चाहिए। समारोहों के निमंत्रण द्विभाषिक अर्थात् हिन्दी तथा अंग्रेजी में होने चाहिए। कार्यालय के तार का पता हिन्दी तथा अंग्रेजी में पंजीकृत किए जाएँ तथा कार्यालयीन कार्यों के लिए हिन्दी तार/टेलीफोन डायरेक्टरी का प्रयोग करें। इसी तरह यह भी निर्देश कार्यालयों को दिया गया है कि केन्द्रीय कार्यालयों में काम आने वाली फाइलें, विजिटिंग कार्ड, रबर की मुहरें, समय-सूचक बोर्ड, नामपट्ट, पत्रशीर्ष आदि भी अंग्रेजी तथा हिन्दी दोनों भाषाओं में हों। 14 सितम्बर को 'हिन्दी दिवस' मनाने का अनुदेश भी राजभाषा विभाग ने सभी केन्द्रीय कार्यालयों के राजभाषा विभाग को दिया है।

गृह मंत्रालय के राजभाषा विभाग का काफी महत्त्वपूर्ण निर्देश यह भी है कि सन् 1976 के अधिनियम के अन्तर्गत राजभाषा के व्यवहार एवं प्रयोग की दृष्टि से समस्त देश को तीनों वर्गों 'क', 'ख' तथा 'ग' वर्गों में विभाजित किया गया है। इसमें 'क' क्षेत्र में 70%, 'ख' क्षेत्र में 40% तथा 'ग' क्षेत्र में 10% कार्य राजभाषा हिन्दी में सम्पन्न किया जाना चाहिए।

इस प्रकार हम देखते हैं कि राजभाषा हिन्दी को विभिन्न क्षेत्रों एवं सन्दर्भों में आवश्यकताओं के अनुरूप और अनुकूल विकसित किया जा रहा है तथा इस कार्य में नवीन तकनीकी एवं वैज्ञानिक उपकरणों की सहायता भी ली जा रही है।

राजभाषा हिन्दी के लिए संघ शासन की ओर से निम्नलिखित आयोग एवं ट्रस्ट गठित किए गए हैं —

(1) शिक्षा मंत्रालय के अन्तर्गत हिन्दी आयोग— यह आयोग पारिभाषिक शब्दावली के निर्माण का कार्य करता है।

(2) हिन्दी विधि आयोग—विधि सम्बन्धी शब्दों का निर्माण।

(3) साहित्य अकादमी और राष्ट्रीय बुक ट्रस्ट—उच्चकोटि के विदेशी साहित्य को सभी भारतीय भाषाओं में अनुवाद कराना तथा विभिन्न

भारतीय भाषाओं की श्रेष्ठ रचनाओं को पुरस्कृत और सम्मानित करना।

(4) चिल्ड्रेन बुक ट्रस्ट—बाल साहित्य का प्रकाशन।

(1) राजभाषा आयोग (1955)।

(2) संसदीय राजभाषा समिति (1959)।

4
अनुवाद : सामान्य सिद्धांत और समस्या

अनुवाद शब्द संस्कृत की वद् धातु में घञ् प्रत्यय तथा 'अनु' उपसर्ग लगाने से संपन्न होता है। वद् धातु का अर्थ है—बोलना अथवा कहना। अनु का अर्थ है—पश्चात् का, अतः अनुवाद का अर्थ हुआ —कही हुई बात को फिर से कहना। 'शब्दार्थ चिंतामणि कोष'[1] में भी अनुवाद का अर्थ दिया गया है—'प्राप्तस्य पुनः कथते' अथवा 'ज्ञातार्थस्य प्रतिपादने' अर्थात् पहले कहे गए अर्थ को पुनः कहना।

अंग्रेजी में अनुवाद के लिए ट्रांसलेशन शब्द का प्रयोग होता है। यह शब्द अपनी संज्ञा के लिए लैटिन शब्द ट्रांसलेटम का आभारी है। ट्रांसलेटम (Translatum) शब्द ट्रांस (पार अथवा दूसरी ओर) तथा लाक्टम (ले जाना) इन दो घटकों से संपन्न हुआ है और इसका अर्थ है—एक भाषा के पार दूसरी भाषा में ले जाना। अंग्रेजी शब्दकोष में भी ट्रांसलेशन शब्द का यही अर्थ मिलता है। 'वेब्स्टर्स डिक्शनरी'[2] में ट्रांसलेट तथा ट्रांसलेशन शब्द का क्रमशः अर्थ दिया गया है—ट्रांसलेट अर्थात् एक भाषा से दूसरी भाषा में बदलना। और ट्रांसलेशन का अर्थ है—विशेष रूप से किसी साहित्यिक रचना का दूसरी भाषा में बदलने का परिणाम।

ए० एच० स्मिथ ने अनुवाद की परिभाषा देते हुए लिखा है—"अर्थ को बनाये रखते हुए अन्य भाषा में अंतरण करना"[3]। डी० स्टर्ट महोदय ने अनुवाद

---

1. शब्दार्थ चिंतामणि कोष।
   (क) Translate : To change from one language to another.
   (ख) Translation : The result of translatives especially a translated version of a literary work.
2. वेब्स्टर्स डिक्शनरी, पृ० 1939, द्वितीय संस्करण पृ० 1939
3. स्मिथ ए० एच० : अस्पेक्टस ऑफ ट्रांसलेशन्स प्रिफेस 7

को भाषा वैज्ञानिक प्रक्रिया से सयुक्त करते हुए लिखा है—"अनुवाद प्रायोगिक भाषा विज्ञान की वह शाखा है जिसका सम्बन्ध प्रतीकों के एक सुनिश्चित समुच्चय से दूसरे समुच्चय के अर्थ के अन्तरण से है।"[1] डॉ० जी० गोपीनाथन ने शॉपन हॉवर (दृष्टव्य जार्ज स्टेनर आफ्टर बावेल, लंदन 1975, पृ० 267) से संकेत लेकर 'अनुवाद की प्रक्रिया की तुलना आत्मा के परकाय प्रवेश की प्रक्रिया' से की है।[2] नायडा और टेलर की मान्यता है—"मूल भाषा के संदेश के समतुल्य संदेश को लक्ष्य भाषा में प्रस्तुत करने की क्रिया को अनुवाद कहते हैं। संदेशों की समतुल्यता पहले अर्थ और फिर शैली की दृष्टि से निकटतम एवं स्वाभाविक होती है।"[3]

अनुवाद की उपर्युक्त विभिन्न तथाकथित परिभाषाओं के अध्ययन से यह स्पष्ट हो जाता है कि वास्तव में अनुवाद की कोई सर्वसम्मत निश्चित परिभाषा नहीं दी जा सकी है। विभिन्न विद्वानों ने 'अनुवाद' को परिभाषित करने के बजाय अपने-अपने ढंग और अपनी-अपनी सुविधा से उसकी व्याख्या भर की है। इसका मुख्य कारण यह है कि अनुवाद के संदर्भ में शब्द की स्वतन्त्र सत्ता प्रायः समाप्त हो जाती है। वह एक संदर्भ विशेष का साधक बन जाता है और अपने इस अभिनव दाय को वह स्रोत भाषा के कथ्य को लक्ष्य भाषा में स्रोत भाषा की ही भाव एवं भंगिमा में पुनर्प्रस्तुत और संप्रेषित कर पूर्ण करता है।

वास्तव में अनुवाद स्रोत भाषा (मूल भाषा) में अभिव्यक्त विचार अथवा वक्तव्य अथवा रचना अथवा सूचना साहित्य को यथासंभव मूल भावना के समानांतर बोध एवं संप्रेषण के धरातल पर लक्ष्य भाषा (जिसमें अनुवाद किया जाये) में अभिव्यक्त करने की प्रक्रिया है। वस्तुतः स्रोत भाषा की संकलपना अभिव्यक्ति का लक्ष्य भाषा में निकटतम व्यक्तिकरण अनुवाद की यात्रा का शिखर है। आज भाषांतर, तर्जुमा एवं रूपांतर आदि शब्दों का प्रयोग भी अनुवाद के पर्याय के अर्थ में होता है।

अनुवाद की प्रक्रिया

अनुवादक स्रोत भाषा के कथ्य एवं कथन भंगिमा को लक्ष्य भाषा में समतुल्य एवं निकटतम रूप में अभिव्यक्त करने के लिए जिस क्रियाविधि से गुजरता है, उसे अनुवाद की प्रक्रिया कहते हैं। एक सहज और सफल अनुवाद की सामान्य

1. कैटफोर्ड जे० सी० से उद्धृत : ए लिंग्विस्टिक थ्योरी ऑफ ट्रांसलेशन, पृ० 35
2. डॉ० जी० गोपीनाथन : अनुवाद : सोच और संस्कार, पृ० 9
3. नायडा एवं टेलर : दि थ्योरी एण्ड प्रैक्टिकल ऑफ ट्रांसलेशन, पृ० 13

विशेषताएँ हैं—उसकी अर्थगत एकांत एकता अथवा एकार्थता, अर्थगत असंदिग्धता (एक ही अर्थ का निश्चयात्मक संकेतक विशुद्धता), मूल भाषा के कथ्य एवं कथन का लक्ष्य भाषा में अधिकतम निर्वाह एवं स्रोत भाषा की छाया से विमुक्ति तथा सरलता है। शब्द एवं अभिव्यक्तिगत कृत्रिम जटिलता एवं दुरूहता का अभाव एवं व्याकरणिक शुद्धता, इन विशेषताओं से सम्पन्न अनुवादक को सुशिक्षित अध्ययनशील तथा स्रोत भाषा एवं लक्ष्य भाषा के विभिन्न बोध स्तरों एवं संप्रेषण-कला दोनों से अच्छी तरह परिचित होना चाहिए क्योंकि अनुवाद की प्रक्रिया का वही नायक होता है। वस्तुतः अनुवाद एक द्विभाषिक प्रक्रिया है। विभिन्न भाषाओं की प्रकृति और प्रवृत्ति एक दूसरे से भिन्न होती है; अतएव अनुवाद की सफलता एवं सार्थकता के लिए उन दोनों भाषाओं के बीच विभिन्न स्तर पर समतुल्यता आवश्यक है। इसी कारण दोनों भाषाओं स्रोत भाषा (Source Language) तथा लक्ष्य भाषा (Target Language) का तुलनात्मक अध्ययन ज़रूरी होता है। इसी अर्थ में अनुवाद की गणना अनप्रयुक्त भाषाविज्ञान के अन्तर्गत की जाती है। भाषाविज्ञान के दो पक्ष हैं। भाषा के विभिन्न अंगों पर सैद्धांतिक विवेचन पहला पक्ष है। दूसरा पक्ष अनप्रयुक्त भाषाविज्ञान (Applied Linguistics) कहलाता है। ऐसे अनेक क्षेत्र आधुनिक युग में हैं जिनमें भाषाविज्ञान के तत्त्व सहायक होते हैं। समाजविज्ञान के अध्ययन में भाषा का योग है। उस क्षेत्र को सामाजिक भाषाविज्ञान (Socio-Linguistics) पुकारते हैं।...अनुवाद भाषा का एक व्यापार है। अनेक क्षेत्रों में यह व्यापार अनिवार्य हो गया है। जहाँ भाषा है वहाँ अनुवाद भी आता है इसलिए अनुवाद अनप्रयुक्त भाषाविज्ञान का एक अंग है।

भाषा का सम्बन्ध इतिहास, समाज और संस्कृति की परम्पराओं, मनुष्य की मानसिकता, संस्कार, रुचि, योग्यता, उसकी पृष्ठभूमि तथा परिवेश से होता है। इन सभी तथ्यों के आधार पर कहा जा सकता है कि भाषा का शाब्दिक आधार ही अनुवाद का नियामक नहीं है; परन्तु अनुवाद भाव, भाषाओं, मानसिकता के विभिन्न पहलुओं से जुड़कर सिर्फ भाषा का अनुवाद न रहकर मनुष्य की मानसिकता के साक्षात्कार का साधन बन जाता है। अनुवाद प्रक्रिया के निम्नलिखित सोपान होते हैं—

(1) **विषय ज्ञान** : अनुवादक को अनुवाद्य सामग्री के विषय का पूर्ण ज्ञान होना चाहिए। अगर उसे विषय का अच्छी तरह ज्ञान नहीं होगा तो वह मूल रचना के साथ न्याय नहीं कर पायेगा।

(2) **भाषा ज्ञान** : अनुवादक को मूल एवं लक्ष्य दोनों भाषाओं का पंडित होना चाहिए ताकि वह मूल भाषा की प्रकृति की ठीक-ठाक परख कर उसकी सामग्री को लक्ष्य भाषा की प्रकृति में ढालकर अनुवाद को मूल के अधिका-

धिक समानांतर प्रस्तुत कर सके। यहाँ यह बात ध्यातव्य है कि प्रशासनिक अनुवाद की भाषा में औपचारिकता, स्पष्टता, संक्षिप्तता, प्रवाहमयता तथा विषय के अनुरूप आशय को व्यक्त करने की क्षमता होनी चाहिए।

(3) **अभिव्यक्तिगत स्पष्टता अथवा तटस्थता** : इस सोपान में प्रबुद्ध प्रवीण अनुवादक स्रोत भाषा की भाषिक संरचना तथा शैली का सूक्ष्मता से अध्ययन करता है और फिर लक्ष्य भाषा में स्रोत भाषा की भाषिक बुनावट तथा शैली को यथासंभव उतारने का प्रयत्न करता है। वह 'कथ्य की अर्थच्छवियों' एव कथन के तनाव के सभी पहलुओं का ध्यान रखता है। वह शब्द का शब्द से, पदबंध का पदबंध से तथा उपवाक्य का उपवाक्य से अनुवाद करने का प्रयास करता है। अनुवादक को स्रोत भाषा एवं लक्ष्य भाषा की वाक्य संरचनाओं के अन्तर को स्पष्टतः समझना चाहिए। अगर अनुवादक दोनों भाषाओं की वाक्य संरचना को समझे बिना स्रोत भाषा की वाक्य संरचना के आधार पर अनुवाद करता है तो वह कृत्रिम, बेजान बनकर रह जायेगा।

यदि अर्थ को ध्यान में रखकर अनुवाद के बारे में विचार करें तो अनेक उलझनों का सामना करना पड़ता है। प्रत्येक भाषा की सूचक सामर्थ्य विभिन्न होती है—

उदाहरण : He has gone to his school. का हिन्दी अनुवाद दो तरह से होगा—

(1) वह अपनी पाठशाला गया है।

(2) वह उसकी पाठशाला गया है।

जब तक हिन्दी की वाक्य संरचना को अंग्रेजी वाक्य संरचना तथा अर्थ संदर्भ का ज्ञान नहीं होगा उसका अनुवाद गलतफहमी का शिकार होगा क्योंकि अंग्रेजी में His का प्रयोग सर्वनाम तथा तृतीय पुरुष दोनों में होता है, ठीक उसके विपरीत हिन्दी की वाक्य संरचना में इस प्रकार की भ्रामक स्थिति उत्पन्न नहीं होती।

उदाहरण : He has gone to his school. का एकमात्र हिन्दी अनुवाद होगा 'वह अपनी पाठशाला गया है।' न कि 'वह उसकी पाठशाला गया है।'

अत्यधिक आवश्यक होने पर ही वह मूल भाषा के लम्बे सम्मिश्र अथवा जटिल वाक्यों को छोटे-छोटे वाक्यों में बदल लेता है. अन्यथा सामान्य रूप से वह मूल भाषा के कायिक रचाव को स्रोत भाषा में बनाये रखने का प्रयत्न करता है। जहाँ तक सूचना साहित्य के पारिभाषिक अथवा तकनीकी शब्दों के पर्याय अथवा समतुल्य अभिव्यक्ति के निर्धारण का प्रश्न है—अनुवादक शब्दकोशों, सहयोगी अनुवादकों तथा अनुवाद अधिकारियों से भी सहायता लेता है; ताकि

अनुवाद मूल भाषा की यांत्रिक अभिव्यक्ति न होकर लक्ष्य भाषा की सहज प्रकृति के अनुकूल हो। अनुवाद की भाषा में इसे समायोजन करना कहा जाता है।

(4) **लिप्यंतरण :** कभी-कभी स्रोत भाषा की तुलना में लक्ष्य भाषा में कोई शब्द इतना प्रसिद्ध और प्रचलित नहीं होता कि स्रोत भाषा के शब्दों अथवा अभिव्यक्तियों को समतुल्यता के धरातल पर व्यक्त कर सके। ऐसी स्थिति में कुशल अनुवादक लिप्यंतरण का आश्रय लेता है अर्थात् हिन्दी अनुवाद के साथ कोष्ठक में स्रोत भाषा के शब्द को (देवनागरी लिपि) भी रख देता है ताकि अप्रचलित शब्दों को समझने में पाठक को सुविधा हो।

उदाहरण . प्रयुक्ति (रजिस्टर) अथवा मूल भाषा के व्यक्तिवाचक शब्द को ही देवनागरी लिपि में लिख देता है—अरिस्टॉटल (अरस्तु)।

(5) **शैली की अनुवादकीय परिणति :** निष्णात अनुवादक इस बात से अच्छी तरह परिचित होता है कि सफल अनुवाद के लिए मूल भाव के साथ रचना की मूल शैली का निर्वाह किया जाए। अतः अनुवादक स्रोत भाषा की शैली का लक्ष्य भाषा में यथासंभव प्रयोग करता है। किन्तु शैली के सम्बन्ध में वह उपर्युक्त अनिवार्यता के अलावा दो अन्य विचारणीय तत्त्वों के प्रति भी सतर्क रहता है। पहला यह कि वह अनुवाद करते समय रचना के आस्वादक अथवा पाठक के स्तर की जानकारी प्राप्त कर लेता है और फिर तदनुकूल अनुवाद का अभियान करता है। अगर कृति नवसाक्षरों के लिए है तो निश्चित रूप से उसकी भाषा-शैली प्रौढ़ अथवा इतर वर्ग के पाठक से भिन्न होगी। इतना अवश्य है कि वह शैली को विषयानुकूल बनाने का भरसक यत्न कर दूसरे विचारणीय तत्त्व के प्रति भी अपनी सावधानता तथा सतर्कता का परिचय देता है।

(6) **पुर्नानिरीक्षण :** अनुवाद प्रक्रिया के अंतिम सोपान में अनुवाद मूल रचना के कथ्य एवं कथन से स्रोत भाषा में किए गए अनुवाद की तुलना कर इस बात का आश्वासन कर लेना चाहता है कि उसने मूल रचना के किसी अंश को न तो छोड़ा है न उस रचना में अनुवाद की सुविधा के लिए कुछ अतिरिक्त जोड़ा है और न ही अनुवाद में मूल रचना के अलावा कोई इधर-उधर की बात का समावेश किया है तथा मूल रचना के कथ्य को यथातथ्य स्पष्ट रखा है।

अनुवाद के प्रकार

"डॉ० जी० गोपीनाथन[1] ने विषयवस्तु एवं प्रकृति के आधार पर अनुवाद का वर्गीकरण किया है।"

---

1. डॉ० जी० गोपीनाथन : अनुवाद : सिद्धांत और प्रयोग, पृ० 26-27

(क) **साहित्यिक अनुवाद** : उसके अंतर्गत जीवनी, निबंध, आलोचना आदि के अनुवाद का समावेश होता है।

(ख) **साहित्येत्तर अनुवाद** : इसके अंतर्गत भाषा वैज्ञानिक, तकनीकी, वाणिज्यिकी, समाजशास्त्री, संचार माध्यमों, कानूनी तथा प्रशासनिक अनुवाद आते हैं।

अनुवाद की प्रकृति के आधार पर अनुवादों को दो वर्गों में बाँटा जा सकता है— पहला बाह्याधार और दूसरा आंतरिक आधार। बाह्याधार के अन्तर्गत के अनुवादों को तीन उपवर्गों में विभक्त किया जा सकता है—

(1) गद्यत्व-पद्यत्व, (2) साहित्य विधा अथवा शैली प्रधान साहित्य एवं (3) साहित्येत्तर विषय जिसे सूचनाप्रधान अथवा कार्यालयी साहित्य भी कहा जा सकता है। इसी प्रकार अनुवाद की प्रकृति के आंतरिक आधार पर अनुवाद को हम मुख्य दो उपवर्गों में बाँट सकते हैं—(1) मूलनिष्ठ जिसमें (क) शब्दानुवाद एवं (ख) सहजानुवाद आते हैं एवं दूसरा (2) मूलाश्रित अथवा मूलोन्मुख। इसके अन्तर्गत (अ) भावानुवाद, (आ) छायानुवाद, (इ) सारानुवाद, (ई) व्याख्या-नुवाद, (3) रूपांतर तथा (अ) वार्तानुवाद सम्मिलित हैं।

1. बाह्याधार

(क) **गद्यत्व-पद्यत्व** : सामान्य रूप से गद्य रचना का अनुवाद गद्य में होता है तथा पद्य रचना का अनुवाद पद्य में होता है; परन्तु यह कोई चरम एवं अंतिम नियम नहीं है क्योंकि गद्य रचना का अनुवाद भी पद्य में हो सकता है और पद्य रचना भी गद्य में अनुदित की जा सकती है। ऐसे पद्यानुवाद को छन्दबद्ध अथवा छन्दानुवाद भी कहते हैं। कभी-कभी अनुवादक छन्द के अनुशासन को अस्वीकार कर रचना का मुक्त छन्द में अनुवाद कर देता है। मुक्त छन्द का अर्थ है तुक, भाव एवं काव्यशास्त्रीय आग्रहों एवं आवश्यकताओं से मुक्त छन्द। परन्तु वास्तव में मुक्त छन्द की कविताएँ भी कविताएँ ही होती हैं, और मुक्त छन्द भी अब छन्द के एक विशेष प्रकार के रूप में स्थापित हो चुका है। अतः मुक्त छन्दानुकरण को अनुवाद का कोई अलग स्वतन्त्र प्रकार मानना उचित नहीं लगता है।

(ख) **साहित्य विधा अथवा शैलीप्रधान साहित्य** : साहित्य की कविता, कहानी, उपन्यास, नाटक, निबन्ध, संस्मरण तथा आलोचना आदि विविध विधाएँ हैं और उनके भी एक भाषा से दूसरी भाषाओं में अनुवाद होते रहते हैं। सूचना-प्रधान साहित्य की तुलना में सृजनात्मक साहित्य का अनुवाद कार्य बड़ा कठिन होता है; क्योंकि सूचना साहित्य के सपाट अथवा सूक्ष्म एवं तकनीकी पक्ष को पारिभाषिक कोशों, शब्दकोशों एव नेमी कार्यानुभव से निपटाया जा सकता है

परन्तु ललित साहित्य में अनुवादक को भाव-क्षितिज की अंतरंग सिहरन, रचनागत तनाव, विभिन्न अर्थच्छायाओं, भाषा-शैली की नाना भंगिमाओं को आत्मसात कर मूल भाषा से स्रोत भाषा में उसे साकार ही नहीं सजीव करना पड़ता है। यह कार्य शब्दकोशों एवं तकनीकी कोशों के बजाय मानसिक एवं आन्तरिक प्रभाव ग्रहणशीलता तथा अभिव्यक्ति कौशल पर अधिक निर्भर करता है। जहाँ तक साहित्य की विविध विधाओं के अनुवाद का प्रश्न है उनमें निबन्ध, संस्मरण, कहानी, उपन्यास तथा आलोचना का अनुवाद उतना कठिन एवं श्रम-सेवी नहीं होता जितना कि नाटक और कविता का अनुवाद। इनमें भी अगर नाटक का अनुवाद कठिनतर होता है तो काव्यानुवाद कठिनतम। नाटक एवं काव्य को छोड़कर अन्य विधाएँ अनुवाद से कोई विशेष अथवा अतिरिक्त प्रतिभा, दक्षता एवं प्रसंग तत्परता की अपेक्षा नहीं रखती। जहाँ तक नाटक का प्रश्न है। नाटक का सम्बन्ध चूँकि दृश्य तथा श्रव्य दोनों माध्यमों से है; अतएव अनुवादक को दृश्य एवं श्रव्य माध्यमों की तकनीक का जानकार होना आवश्यक है। रंग-कर्म के विविध पक्षों के ज्ञान के बिना नाटक का मंचन निष्प्रभ हो सकता है। इसी प्रकार संवाद की आरोह-अवरोहमयी भाषा, ध्वनि-प्रभाव तथा प्रकाश-योजना के भीतर से ही अनुवादक को मूल नाटक के निकट तक पहुँचना पड़ता है। मगर जहाँ तक काव्यानुवाद का प्रश्न है। कदाचित अनुवाद की आज की सबसे बड़ी चुनौती यही है।

अन्य विषयों की तुलना में सृजनात्मक साहित्य को अनुवाद और उसमें भी विशेष रूप से कविता का अनुवाद अत्यधिक कठिन कर्म है। ऐसा भी कहा जाता है कि कविता का अनुवाद नहीं हो सकता है। कहीं-कहीं तो यह अनुवाद कार्य मूल रचनाकार की रचना प्रक्रिया से भी कठिनतर सिद्ध होता है क्योंकि रचनाकार अपनी रचना का बादशाह होता है। अपनी भाव-संपदा और शब्द-संपदा का स्वामी होता है। अतः वह अपने किसी भाव, विचार अथवा कल्पना को शब्दाचित करते समय शब्द-संयोजन की अबाधित छूट लेता है। वह अपनी रचना में किसी भी शब्द का इस्तेमाल कर सकता है। उसे जहाँ चाहे वहाँ बुन सकता है, उनमें बेलबूटे टाँक सकता है परन्तु अनुवादक के लिए स्वच्छन्दता और स्वतन्त्रता का यह पथ निषिद्ध मार्ग है। उसके लिए तो अपनी लक्ष्य भाषा की ही शब्दावली में स्रोत भाषा के शब्द-विशेष के लिए उसके जोड़ के शब्द की तलाश करना आवश्यक है। मूल की शब्द-संरचना के साथ लक्ष्य भाषा के शब्द-संयोजन का अर्थ, आशय और प्रभाव की दृष्टि से निकटतम होना ही अनुवाद कार्य की सफलता का निकष होता है। ऐसे समय अनुवादक को अर्थ की सभी पर्तों और व्याप्ति के समांतर लक्ष्य भाषा में भी अर्थ के अन्तर्प्रवाह एवं उसकी व्यापकता की सभी संभावनाओं को उजागर करना होता है पर इस कठिन कर्म में न

तो उसे अपनी भाषा के किसी बेहतर शब्द के इस्तेमाल की छूट होती है और न मूल से हटकर अर्थ के भीतरी सरोकारों को नजरअंदाज करने की उसके पास गुंजाइश ही होती है। साथ ही साथ उसका दोनों भाषाओं पर प्रभुत्व होना, उनके शब्दों के लचीलेपन, अर्थ की विभिन्न भंगिमाओं मुहावरे-कहावतों के साथ शिल्प की कारीगरी तथा व्याकरण की पूरी समझ होना आवश्यक है। हर भाषा की अपनी प्रकृति होती है उसकी पहचान भी अनुवादक के लिए जरूरी है। हर भाषा का अपना विशेष शब्द-प्रयोग, वाक्य-प्रयोग तथा एक विशेष लहजा होता है जिस पर रचना के अर्थ और आशय के सूक्ष्मतर स्तर निर्भर करते हैं। उनकी परख होना अनुवाद कार्य की मूल शर्तों में से है। ऐसा न होने पर अनुवाद कभी-कभी साहित्य के अर्थ का साधक होने के बजाय अनर्थ का वाहक हो जाता है। अनुवाद के चरित्र की इतनी प्रतिज्ञाओं को स्वीकार करने वाला अनुवादक ही अनुवाद कार्य की कठिन प्रक्रिया से सफलता से गुजर पाता है। इनके अलावा जहाँ तक सृजनात्मक साहित्य के अनुवाद का प्रश्न है इसमें मेरी दृष्टि से सर्वाधिक अनिवार्य और मौलिक अपेक्षा अनुवादक के स्वयं सृजनशील रचनाकार होने की है। कारण कि जब तक अनुवादक रचना के सृजन की मूल भूमि और मूल मूड में नहीं जी लेगा तब तक वह अनुवाद को प्रामाणिकता, सजीवता तथा मौलिकता का आभास नहीं दे पाएगा। वह उस प्रभावान्विति की सृष्टि भी करने में सफल नहीं हो पाएगा जिस प्रेरणा एवं प्रभाव के तहत कविता का सृजन हुआ होगा। मूल कविता के शब्द-शब्द को निरन्तर जीने की प्रक्रिया, अर्थ के साथ लगातार साक्षात्कार करते चलने की अपनी क्षमता तभी आ सकती है जब स्वयं कोई प्रांतीय रचनाकार किसी अन्य भाषा की किसी कृति का अनुवाद करने के लिए प्रस्तुत होता है। पेशेवर अथवा लिक्खाड़ अनुवादक, साहित्य का अनुवाद तो कर देता है परन्तु स्वयं उसके संवेदनाशून्य होने, रचना के प्रति अपनाव के बजाय साहित्येत्तर लगाव के कारण और निरे शब्दकोश के शस्त्र से सज्जित ऐसा योद्धा, कविता के मर्म का उद्‌घाटक न होकर, अंततः ऐसे तरकश का मालिक सिद्ध होता है जिसमें तीर ही नहीं है। अगर अनुवादक पूर्णतया शब्दकोषों की दुनिया की जड़ता में विहार करता है तो अनुवाद प्रायः अस्पष्ट भावांकन, बिखरे अर्थोद्रेक, भाषा के अटपटेपन तथा स्रोत भाषा के साहित्य के सृजन शिखरों को रेखांकित करने के बजाय कदाचित उसकी श्रेष्ठता को ही प्रश्न चिह्नित करने लगता है। "काव्य में शब्दों के केवल अभिधार्य से काम नहीं चलता। उसमें लक्षण और व्यंजन का प्रयोग किया जाता है। इनके ही विकसित रूप प्रतीक एवं मिथक में दिए जाते हैं।"[1]

---

1. डॉ० एन० ई० विश्वनाथ अय्यर : अनुवाद-कला, पृ० 113

(ग) **साहित्येत्तर विषय : सूचनाप्रधान अथवा कार्यालयी साहित्य**—इस वर्ग के अनुवाद में शैली तत्त्व का प्रायः अभाव रहता है। इसमें सिर्फ कथ्य के अनुवाद का प्रश्न ही सर्वाधिक महत्त्व का प्रश्न होता है। भौतिकी, रसायन-शास्त्र, जीवविज्ञान, गणित तथा विधि साहित्य का समावेश इस वर्ग में होता है। इसके अन्तर्गत सरकारी कार्यालयी साहित्य, प्रशासनिक पत्राचार आदि भी आते हैं। कुछ अन्य विषय जैसे सामाजिक विज्ञान, इतिहास, राजनीति शास्त्र आदि में सूचना का प्राधान्य होने पर भी उनमें शैली तत्त्व की ओर से पूर्णतया उदासीनता नहीं बरती जाती है। फिर भी सुविधा की दृष्टि से इनकी गणना भी इसी वर्ग में की जाती है।

2. आंतरिक आधार

अनुवाद की प्रकृति के आंतरिक आधार पर अनुवाद दो वर्गों में बाँटा जा सकता है—(क) मूलनिष्ठ और (ख) मूलाश्रित अथवा मूलोन्मुख।

(क) मूल निष्ठ

मूलनिष्ठ अनुवाद उस अनुवाद को कहते हैं—जिसमें अनुवादक स्रोत भाषा के कथ्य एवं कथन पद्धति दोनों का निर्वाह अपने अनुवाद में करता है। अभिव्यक्त एवं अभिव्यक्ति की दृष्टि से यथासम्भव अनुवादक अपने अनुवाद को मूल रचना के समक्ष रखने का प्रयत्न करता है। इसके दो भेद होते हैं—1. शब्दानुवाद तथा 2. सहजानुवाद।

(1) **शब्दानुवाद** (Literal translation) : शब्दानुवाद में अनुवादक का ध्यान मूल रचना के प्रत्येक शब्द के अनुवाद पर केन्द्रित होता है। इसे पंक्ति दर पंक्ति, वाक्य दर वाक्य अनुवाद भी कहते हैं। इसके तीन उपभेद होते हैं—

(अ) **शब्दक्रमाग्रही** : इस प्रकार के अनुवाद में अनुवादक मूल सामग्री की हर शब्दाभिव्यक्ति का सामान्य रूप से उसी क्रम से अनुवाद करता है जिस क्रम में सामग्री दी जाती है यथा—

"I am going temple. मैं हूँ जा रहा मंदिर।"

अनुवाद का यह प्रकार हास्योत्पादक लगता है।

(आ) **शब्दाग्रही** : अनुवाद के इस प्रकार में अनुवादक मूल के शब्दक्रम के प्रति आग्रह नहीं रखता; परन्तु मूल रचना के प्रत्येक शब्द का अनुवाद करने के लिए तत्पर रहता है। इस अनुवाद में मूल के प्रत्येक शब्द के अनुवाद के प्रति आग्रह होने के कारण स्रोत भाषा की अदृश्य छाया लक्ष्य भाषा की अभिव्यक्ति को काफी प्रभावित करती है।

उदाहरण : Thanks for the pain, you have taken.

"कष्ट उठाने के लिए आपको धन्यवाद।"

उठाना शब्द taken का अनुवाद है। जबकि वस्तुतः हिन्दी में इसका अनुवाद इस प्रकार किया जाना चाहिए था—

कष्ट करने के लिए आपको धन्यवाद अथवा कष्ट के लिए आपको धन्यवाद।

(इ) **सम्यकाग्रही** : शब्दानुवाद के तीसरे प्रकार में अनुवादक मूल रचना का कथ्य एवं कथन दोनों दृष्टियों से सम्यक अनुवाद करने का प्रयत्न करता है। इस प्रकार के अनुवाद में वह न तो अपनी ओर से अभिव्यक्त इकाई में कुछ जोड़ता है न मूल अभिव्यक्त इकाई में से कुछ घटाता ही है। इस प्रकार का अनुवाद सूक्ष्म रागात्मक भावाभिव्यंजना में कदाचित सफल न हो परन्तु सूचना प्रधान साहित्य के अनुबाद में इसकी उपयोगिता असंदिग्ध है। इस शब्दानुवाद की भी कुछ सीमाएँ हैं—

(1) शब्दानुवाद की सफलता स्रोत एवं लक्ष्य भाषा के अभिव्यक्ति-सामर्थ्य की समानांतरता पर निर्भर करती है। अगर दोनों भाषाओं में समान अभिव्यक्तियाँ उपलब्ध हों तभी शब्दानुवाद सफल हो पाता है अन्यथा स्रोत भाषा की अभिव्यक्ति क्षमता की तुलना में लक्ष्य भाषा के अभिव्यक्ति सामर्थ्य की दुर्बलता अनुवाद को कमजोर और प्रभावहीन कर देता है।

(2) शब्दानुवाद में अनुवादक मूल भाषा के प्रभाव से अपने आपको मुक्त नहीं कर पाता है। स्रोत भाषा की अदृश्य छाया लक्ष्य भाषा में प्रायः उपस्थित रहती है; अतः लक्ष्य भाषा में अभिव्यक्ति का सौंदर्य सहज नहीं रह पाता।

(3) कभी-कभी अनुवादक शब्दानुवाद के उत्साह में स्रोत भाषा की प्रकृति, उसकी कलात्मक भंगिमाओं को, मिजाजों को आत्मसात किए बिना शब्दकोश के हथियारों से लैस होकर इस प्रकार अनुवाद प्रस्तुत कर देता है जो जटिल, दुरूह संदर्भच्युत और किसी सीमा तक हास्यास्पद भी हो जाता है; उदाहरणार्थ—

Cheque has been passed. चेक उत्तीर्ण हो गया।

'पास' का अनुवाद 'उत्तीर्ण' कर दिया गया है।

(2) **सहजानुवाद** : इसे आदर्श अनुवाद कहा जा सकता है। इसमें अनुवादक स्रोत भाषा से लक्ष्य भाषा में अर्थतः एवं शब्दतः निकटतम सहज अनुवाद करता है। इसमें अनुवादक किसी आग्रह-दुराग्रह, आरोपण-प्रत्यारोपण से मुक्त होकर सिर्फ यह प्रयत्न करता है कि लक्ष्य भाषा में अनुवाद को पढ़कर पाठक-श्रोता को स्रोत भाषा की समृद्धि का ज्ञान तो हो ही; परन्तु अनूदित रचना को पढ़ते-पढ़ते पाठक या श्रोता को स्रोत भाषा का स्मरण न हो; बल्कि वह उस रचना के आनन्द को मूल भाषा के पाठकों के समान ही उसी गहराई, उसी संवेदन तथा संप्रेषण की तीव्रता से ग्रहण करें। उसकी भूमिका मात्र उस पारदर्शी शीशे के

समान हो जिसके आर-पार कोई वस्तु एक ही रूप में दिखाई देती है। सफल और आदर्श अनुवादक कार के विंडोमिरर की भाँति होता है जो कार के भीतर एवं बाहर के दृश्य को साफ-साफ प्रस्तुत करता है। डॉ० भोलानाथ तिवारी के शब्दों में—"आदर्श अनुवादक सिरिंज की वह सुई है, जो सिरिंज की दवा को ज्यों की त्यों मरीज के शरीर में पहुँचा देती है।"[1]

(ख) मूलाश्रित अथवा मूलोन्मुख

मूलाश्रित अथवा मूलोन्मुख अनुवाद में अनुवादक अनुवाद की भाषा में मूल-भाषा के सम्पूर्ण भाव एवं उसके सम्पूर्ण कलात्मक सौंदर्य दोनों को अभिव्यक्त करने के लिए संकल्पबद्ध नहीं होता। मूलाश्रित अनुवाद के कई उपभेद हैं जैसे—भावानुवाद, छायानुवाद, सारानुवाद, व्याख्यानुवाद, रूपांतर तथा वार्तानुवाद।

डॉ० भोलानाथ तिवारी[2] आदि विद्वानों ने अनुवाद के इस प्रकार को 'मूल-मुक्त अनुवाद' कहा है मगर यह शब्द भ्रामक है। इससे यह ध्वनि निकलती है कि इस अनुवाद में 'मूल' को ही छोड़ दिया जाता है। परन्तु वस्तुस्थिति यह है कि इसमें मूल भाव की रक्षा की जाती है; किन्तु स्रोत भाषा की भाषा-शैली अनुवादक के लिए बंधनकारी नहीं होती है। अतः इसे मूलाश्रित अथवा मूलोन्मुख कहना ज्यादा उचित होगा।

(1) **भावानुवाद** (Faithful translation) : जैसा कि नाम से ही स्पष्ट है इसमें भावानुवादक मूल रचना की आत्मा को लक्ष्य भाषा में संपूर्णतया अभिव्यक्त करने के लिए प्रयत्नशील होता है और इस प्रक्रिया में वह स्रोत भाषा के कलात्मक आचरण एवं कलात्मक सौंदर्य की उपेक्षा भी कर सकता है। उसकी संपूर्ण चेतना, संपूर्ण ज्ञान मूल भाषा के साहित्य की आत्मा में लगा रहता है; ताकि उसे जस का तस लक्ष्य भाषा में अवतरित कर सके। इस कार्य के लिए वह भाषा के अर्थ संकेत, कला-सौंदर्य की बारीकियों में न उलझकर सिर्फ मूल सामग्री के कथ्य के अनुवाद की संपूर्णता एवं सहजता के लिए गतिशील होता है। इसे अर्थ के लिए अर्थ (Sense for sense) अनुवाद भी कहा जाता है। इस प्रकार भावानुवाद अनुवाद की व्यावहारिक कठिनाइयों से एक ओर अनुवादक को मुक्ति दिलाता है वहीं दूसरी ओर इसमें स्रोत भाषा की घनीभूत या हलकी छाया भी लक्ष्य भाषा में नहीं आती और अनुवादक मूल रचना का आस्वादन कराने में सफल हो जाता है; परन्तु इस अनुवाद की भी एक सीमा है। भावानुवाद होने के कारण अनुवाद में मूल रचना की शैली के खण्डित अथवा विकृत हो जाने

---

1. भोलानाथ तिवारी : अनुवाद की व्यावहारिक समस्याएँ, पृ० 20
2. वही, पृ० 14

की पूरी-पूरी संभावना रहती है; अतः मात्र शैली-पक्ष का अध्ययन-विश्लेषण तथा मूल्यांकन करने वाले अध्येताओं को अनुवाद का यह प्रकार कोई सहयोग नहीं देता है।

(2) **छायानुवाद** : जब किसी रचना का शब्दानुवाद अथवा भावानुवाद न कर रचना में मात्र कुछ परिवर्तन कर अन्य भाषा में प्रस्तुत किया जाता है तब ऐसे अनुवाद को छायानुवाद कहते हैं। इसमें लेखक मूल रचना की छाया ग्रहण कर स्वतंत्र भाव से उसी रचना को पुनः लिखता है। कभी-कभार छाया लेखक मूल रचना के पात्र, स्थान, वातावरण को विश्वसनीय एवं संप्रेषणीय बनाने के लिए उनका भारतीयकरण अथवा देशीकरण भी कर देता है।

वस्तुतः छायानुवाद को सहज अनुवाद कहना कहाँ तक उचित है ? यह एक प्रश्न है। मेरी दृष्टि में छायानुवाद सृजनात्मक साहित्य एवं अनुवाद के बीच की वस्तु है। यह न तो पूर्णतया अनुवाद है और न पूर्णतया मौलिक साहित्य। अतः इसे मात्र अनुवाद का ही एक प्रकार मानना समुचित नहीं लगता।

(3) **सारानुवाद** : जब किसी लम्बे वक्तव्य अथवा रचना को उसके सार-तत्त्व को पूर्णतया सुरक्षित रखते हुए एक या दूसरे कारण से संक्षिप्त किया जाता है तब ऐसा अनुवाद सारानुवाद कहलाता है। सारानुवाद अर्थात् संपूर्ण रचना का नहीं उसके सारतत्त्व का अनुवाद ताकि पूरी रचना के कथ्य की आवश्यक जानकारी के साथ पाठक श्रोता एवं अनुवादक के श्रम एवं समय की बचत हो सके।

(4) **व्याख्यानुवाद** : जहाँ सारानुवाद किसी वक्तव्य अथवा रचना की संक्षिप्ति की ओर संकेत करता है वहाँ व्याख्यानुवाद में किसी कृति का मात्र अनुवाद न कर उसको भी उसी में प्रस्तुत करना होता है। कुछ अनुवादक मूल बात का अनुवाद करते समय उसके प्रत्येक शब्द तथा पद की अतिरिक्त व्याख्या भी कर देते हैं। अतः इसे व्याख्यानुवाद भी कहा जाता है। श्री लोकमान्य तिलक का 'गीता रहस्य' इसी प्रकार के अनुवाद का उदाहरण है। वास्तव में यह अनुवाद भी अनुवादक के अध्ययन-चिंतन-मनन से संपन्न होता है। इस कारण अनुवाद रचना में मौलिकता का समावेश हो जाता है और वह कृति मात्र अनुवाद घेरे से मुक्त हो जाती है। इस अनुवाद को भी मात्र अनुवाद कहना एक प्रश्न है।

(5) **वार्तानुवाद अथवा आशु अनुवाद** : कभी-कभी दो विभिन्न भाषा-भाषियों के बीच कोई व्यक्ति भाषा माध्यम बनता है और उनकी आपसी बातचीत को अपने दो अथवा अधिक भाषाओं के ज्ञान के कारण तुरन्त ही एक दूसरे के सम्मुख ही उनकी वार्ता के सहमति अथवा असहमति के मुद्दों से उन्हीं की भाषा में अनुवाद कर प्रस्तुत कर देता है अतः इस तरह के अनुवाद के लिए आशु अथवा वार्तानुवाद अभिधान स्वीकार किया गया है। चूँकि यह अनुवाद

तुरन्त किया जाता है; अतः अनुवादक को मूल वक्ता उसकी भाषा, भाषा का तेवर एवं नीति तथा विचारों से पूर्णतया वाकिफ होना होता है अन्यथा अनुवाद की एक हलकी-सी गलती दो व्यक्तियों अथवा दो राष्ट्रों इत्यादि के बीच मन-मुटाव, संघर्ष तथा युद्ध तक का कारण हो सकती है।

(6) **रूपांतरण** (Adaptation) : मूलाश्रित अनुवाद के इस प्रकार में वास्तव में विधान्तर होता है। अर्थात् एक विधा की रचना को कुछ मामूली परिवर्तनों के साथ दूसरी विधा में परिवर्तित किया जाता है; जैसे मन्नू भंडारी ने अपने उपन्यास 'महाभोज' का स्वयं ही नाट्य-रूपांतर किया है अथवा भारतेन्दु ने मर्चेन्ट ऑफ वेनिस का अनुवाद 'दुर्लभ बंधु' के शीर्षक से किया। इस तरह एक विधा से दूसरी विधा में उस विधा के चरित्र के अनुकूल परिवर्तन रूपांतर कहलाता है। प्रश्न यह है कि इस विधान्तर को अनुवाद क्यों माना जाए। क्योंकि जब एक स्रोत भाषा का किसी एक विधागत रचना का किसी अन्य भाषा में अन्य विधा में अनुवाद या रूपांतर किया जाता है तभी वह अनुवाद कहलाता है।

(7) मगर जब मूल भाषा से मूल भाषा में ही रूपांतरण किया तो इसे अनुवाद कहने के बजाय विधान्तर कहा जाना चाहिए। हाँ, अगर एक भाषा की एक विधा की रचना को दूसरी भाषा एवं विधा में रूपांतरित किया जाय तब उसे 'रूपांतर' कहा जा सकेगा।

(8) **प्रति अनुवाद** : लक्ष्य भाषा में अनूदित सामग्री को किसी अन्य व्यक्ति द्वारा पुनः स्रोत भाषा में अनूदित करना। इससे अनुवाद की प्रामाणिकता मालूम हो जाय।[1]

(9) **अनुसृजन** (Transcreative) : मूल कविता के आधार पर स्वयं की भाषा में काव्य-सृजन। इन दो भेदों को भी अनुवाद के भेदों के रूप में वर्णित किया गया है।

अनुवाद : समस्याएँ एवं समाधान

एक भाषा में अभिव्यक्त विषयों, भावनाओं तथा संवेदनाओं को जहाँ तक संभव हो उसी की प्रयुक्त भाषा-शैली में दूसरी भाषा में रूपांतरित करना अनुवाद कहलाता है। सफल अनुवादक कथ्य एवं कथन शैली दोनों दृष्टियों से स्रोत भाषा की सामग्री को लक्ष्य भाषा में प्रस्तुत करता है। मगर यह कार्य जितना सरल दिखाई देता है उतना होता नहीं है; क्योंकि दो अलग-अलग भाषाओं की अपनी-अपनी प्रकृति होती है। अपनी शब्द-संपदा होती है। अपनी विशिष्ट

1. डॉ० विश्वनाथ अय्यर : अनुवाद-कला, पृ० 30-32

भाषिक संरचना और प्रयोग होते हैं। अपनी विशेष शैली-भंगिमा होती है। तात्पर्य यह कि दो भाषाओं के अपने वैशिष्ट्य अपनी भंगिमाओं के बीच तालमेल बैठाकर ही अनुवादक अनुवाद का मार्ग प्रशस्त कर पाता है। अर्थात् स्रोत भाषा के आशय, अर्थ एवं अभिप्रेत को स्रोत भाषिक शैली के अनुकरण पर उतनी ही समकक्षता, समांतरता, समभाव एवं समरूपता से लक्ष्य भाषिक शैली में अभिव्यक्त होना प्रायः कठिन हो जाता है; क्योंकि या तो कभी मूल भाषा का आशय लक्ष्य भाषा में आकर अर्थ की दृष्टि से विस्तार पा जाता है या फिर संकुचित हो जाता है। अथवा कभी-कभी तो वह अर्थान्तर अथवा अर्थ भेद तक अनुवाद को कृत्रिम और हास्यास्पद बनाता है। वस्तुतः अनुवाद का कार्य स्लेट पर सीधी लकीर खींचने के बजाय पानी पर लकीर खींचने जैसा कठिन है। यह कोई राजमार्ग नहीं है जिस पर स्रोत भाषा की रचना लक्ष्य भाषा तथा अपने सम्पूर्ण कलात्मक सौंदर्य एवं संवेदन के साथ सहजता और सरलता से मदिर पदन्यास करे; परन्तु इसमें अनुवादक को अनुवादीय मर्यादाओं में रहकर मूल भाषा की सामग्री को लक्ष्य भाषा में इस प्रकार उतरना पड़ता है कि मूल की लक्ष्मण रेखा का उल्लंघन न हो।

इसके अलावा शैली प्रधान साहित्य एवं सूचना प्रधान साहित्य में अनुवाद की दृष्टि से अन्तर होता है। सृजनात्मक अथवा शैली प्रधान साहित्य अनुभूति, कल्पना तथा विभिन्न शैलियों के आकर्षक रचाव की वेगवती नदी की तरह होता है जबकि सूचना प्रधान साहित्य की प्रकृति नियमों-उपनियमों, पारिभाषिक शब्दावली औपचारिकता से घिरे प्रायः संवेदनशून्य तालाब की भाँति होती है अतः शैली प्रधान साहित्य के अनुवाद की समस्याएँ एवं सूचना प्रधान साहित्य के अनुवाद की समस्याएँ एक दूसरे से भिन्न प्रकृति और सरोकार की होती हैं अतः उनका अलग-अलग अध्ययन किया जा रहा है।

(अ) **शैली प्रधान साहित्य** : दो भाषाओं के बीच शैली प्रधान साहित्य के अनुवाद की प्रक्रिया के मार्ग में निम्नलिखित समस्याएँ उठ खड़ी होती हैं—

I. **शब्द प्रयोग** : (1) कभी-कभी एक ही शब्द विभिन्न भाषाओं में मिल जाता है; परन्तु उसका अर्थ दोनों भाषाओं में अलग-अलग होता है जैसे मराठी 'नवरा' का अर्थ पति है जबकि गुजराती में निठल्ले को 'नवरा' कहते हैं। अतः अगर अनुवादक दोनों भाषाओं में प्रयुक्त ऐसे उभयनिष्ठ शब्दों की सूक्ष्म अर्थ छवियों से ठीक-ठीक परिचित न हो तो अनुवाद के गड़बड़ा जाने की संभावना होती है।

(2) इसी प्रकार कभी-कभी एक भाषा में एक शब्द के लिए अनेक पर्यायवाची अथवा समशील शब्द होते हैं; किन्तु उनमें से किसी एक शब्द का प्रयोग रचनाकार अपने भीतर के बिम्ब के अनुकूल सही परिप्रेक्ष्य में करता है। उसका

वह शब्द प्रयोग इतना सटीक और अपरिवर्तनीय होता है कि उस शब्द को सहसा हटाना या बदलना संभव नहीं होता। अगर ऐसा प्रयत्न किया जाता है तो रचना के अर्थ एवं कलात्मक सौंदर्य के नष्ट हो जाने का खतरा खड़ा हो जाता है। हिन्दी में देशज, तद्भव, तत्सम तथा विदेशी शब्दों का अनन्त भण्डार है और एक शब्द के अनेक पर्याय मिल जाते हैं जैसे आकाश के लिए नभ, गगन, अम्बर, आकाश आदि। ये शब्द पर्यायवाची दिखाई देने पर भी प्रयोग एवं अर्थ की दृष्टि से एक दूसरे से अलग पहचान रखते हैं। अगर लक्ष्य भाषा में भी स्रोत भाषा की ही भाँति शब्दावली की व्यापकता नहीं हुई तो अनुवादक को अनुवाद करते समय उलझन का सामना करना पड़ता है।

(3) समस्या का एक रूप शब्दों के नाद-सौंदर्य को लेकर भी है। एक भाषा के ध्वन्यात्मक शब्दों का अनुवाद दूसरी भाषा में उतनी ही संगीतात्मकता एवं ध्वन्यात्मकता के साथ हो पाना प्रायः सम्भव नहीं होता क्योंकि हर भाषा की अपनी प्रकृति, अपने शब्द और उनका अपना संगीत होता है। उदाहरण के लिए—

झर झर झर निर्झर गिरि सर में घर मरु तरु मर्मर सागर में
सरित तड़ित गति, चकित पवन में मन में विजन गहन कानन में

—निराला।

इसका अनुवाद अन्य किसी भाषा में करना लोहे के चने चबाने जैसा सिद्ध हो सकता है।

(4) अनुवादक को रूप-चयन की कठिनाई से भी गुजरना पड़ता है। किसी भाषा की अपनी समनीयता एवं व्यापकता के कारण उसमें एक ही क्रिया के लिए अनेक शब्दों का प्रयोग होता है और उनका अपने संदर्भ विशेष में, प्रसंग विशेष में अपना अर्थ घटित होता है परन्तु अगर दूसरी भाषा में शब्द के रूप-चयन की यह पूरी-पूरी सुविधा न मिले तो अनुवाद की साधना बाधित हो सकती है। उदाहरण के लिए—लाओ, ले आओ, लाइए, ले आइए। इन चार रूपों के चार भिन्न अनुवाद अन्य किसी भाषा में मिलना सरल नहीं है।

II. **मुहावरे-कहावतें** : यद्यपि मुहावरे और कहावतें मनुष्य जीवन के अनुभवों एवं संघर्षों की शाब्दिक संक्षिप्ति पर पैनी और चुभती प्रभावशाली अभिव्यक्ति है जो अपनी संक्षिप्ति में मानवीय जीवन के विराट्-विशद अनुभवों को उद्घाटित कर देती है। परन्तु अनुवाद के मार्ग की कदाचित सबसे बड़ी कठिनाई एक भाषा के मुहावरों और कहावतों का अन्य भाषा में उसी मिजाज और तेवर तथा आशय के मुहावरे और कहावतों में अनुवाद करना है। उदाहरण—मराठी के मुहावरे 'भटाला दिली ओसरी, भट पाय पसरी' का समतुल्य हिन्दी मुहावरा होगा—'उंगली पकड़कर पहुँचा पकड़ना।' परन्तु एक-सा हर मुहावरे

या कहावत के साथ नहीं हो सकता। 'न नौ मन तेल होगा न राधा नाचेगी' अथवा 'हर्रा लगे न फिटकरी रंग चोखा' के समानान्तर अन्य भाषाओं में कहावतें-मुहावरे मिल जाना, शायद इतना सरल नहीं होगा।

III. **अलंकार** : अलंकारों की दुनिया भी अनुवादकों के लिए कम पेचीली नहीं है। एक भाषा के अलंकार उस भाषा को शब्द एवं अर्थगत सौंदर्य प्रदान करते हैं। किन्तु स्रोत भाषा में प्रयुक्त अलंकार का लक्ष्य भाषा में भी मिल पाना कठिन काम है। उदाहरण—'कनक कनक तें सौ गुनी मादकता अधिकाय।' इसमें यमक अलंकार है और कनक शब्द का प्रयोग धतुरा एवं स्वर्ण के दो भिन्न अर्थों में क्रमशः हुआ है। इस दोहे का सारा सौंदर्य कनक शब्द के दुहरे अर्थ पर निर्भर है। दूसरी भाषा में कनक शब्द का ऐसा द्विअर्थी प्रयोग बहुत अधिक संभव नहीं दिखता। अतएव अलंकारों का अनुवाद भी अनुवाद की एक गंभीर समस्या है।

IV. **शैली की समस्या** : हर भाषा की अपनी शैली होती है। एक सफल समझदार अनुवादक स्रोत भाषा (Original language) की शैली का ही प्रयोग यथासंभव लक्ष्य भाषा (Language of translation) में करता है; परन्तु अगर एक भाषा में उपलब्ध शैली की विविधताएँ और विशेषताएं दूसरी भाषा में न मिलें तो अनुवादक की परेशानी का अनुमान लगाया जा सकता है। उदाहरण के लिए खड़ी बोली हिन्दी में तीन शैलियाँ प्रचलित हैं—1. संस्कृत-निष्ठ हिन्दी, उदाहरण प्रसादजी, 2. हिन्दुस्तानी, उदाहरण गांधीजी तथा 3. बात-चीत की भाषा, उदाहरण प्रेमचन्दजी। यदि प्रसादजी की कहानी 'पुरस्कार' का अनुवाद उर्दू में किया जाए तो उस कहानी में संस्कृतनिष्ठ भाषा से जो ऐतिहासिक सांस्कृतिक प्रभाव बनता है; कदाचित वैसा प्रभाव उर्दू शैली की अपनी सीमाओं के कारण अनुवाद में न आ पाए। अतः शैलीगत वैविध्य भी अनुवादक के लिए चुनौती है।

सफल अनुवाद : कुछ सूत्र : कुछ संकेत

अनुवाद संबंधी उपर्युक्त समस्याओं के समाधान के लिए कुछ सुझाव नीचे दिए जा रहे हैं—

1. **विषयविद् एवं भाषाविद्** : अनुवादक के लिए पहली और सर्वाधिक महत्त्वपूर्ण शर्त विषयविद् एवं भाषाविद् होना है। अनुवादक को अनुवाद्य विषय का पूरा-पूरा ज्ञान होना चाहिए ताकि वह शब्दों का, तकनीकी शब्दों का सही अर्थ में सही संदर्भ और सही परिप्रेक्ष्य में अनुवाद कर सके। इसी प्रकार उसे स्रोत एवं लक्ष्य दोनों भाषाओं का पण्डित होना चाहिए ताकि वह दोनों भाषाओं की अभिव्यक्तिगत इकाइयों की समानताएँ एवं विषमताओं के बीच

अनुवाद की सप्राणता और विश्वसनीयता बनाए रखने में सफल हो सके।

2. **प्रयुक्ति स्तर (Language register) :** हर भाषा की एक 'प्रयुक्ति' होती है। अर्थात् किसी विशेष लक्ष्य के लिए किसी विशेष विषय-व्यवसाय के लिए एक विशेष भाषा होती है। अलग-अलग विषयों के अनुसार भाषा के बदलते रूप को 'प्रयुक्ति' कहते हैं। खेलकूद की हिन्दी, विज्ञान की हिन्दी से अलग होगी और विज्ञान की हिन्दी बाजार-भाषा की हिन्दी से अलग होगी और काव्य-भाषा बाजार भाव वाली हिन्दी से अलग होगी। मान लीजिए अगर Bill शब्द अर्थशास्त्र में आता है तो उसका अर्थ वस्तु की कीमत का परिचायक है और यदि यही शब्द विधि में आता है तो उसका अर्थ वसीयतनामा में परिवर्तित हो जाता है। अनुवादक को इस लैंग्वेज रजिस्टर से पूर्ण परिचित होना चाहिए।

3. **अपरिवर्तनशील व्यक्तिवाचक संज्ञाएँ :** अनुवादक को व्यक्तिवाचक संज्ञाओं के अनुवाद के समय इस बात का ध्यान रखना चाहिए कि तथाकथित संज्ञाओं का अनुवाद नहीं होता। उसका लिप्यंतरण कर काम चलाया जाता है। इतना अवश्य है कि स्रोत भाषा की किसी व्यक्तिवाचक संज्ञा के लिए लक्ष्य भाषा में स्रोत भाषा से हटकर कोई अन्य नाम प्रचलित हो तो अनुवादक को बिना किसी प्रकार की हिचकिचाहट के प्रचलित नाम का ही प्रयोग करना चाहिए। ग्रीक शब्द 'प्लातोन' के लिए हिन्दी में 'प्लेटो' शब्द सर्वमान्य सर्वस्वीकृत है अत: अनुवाद के समय प्लातोन के स्थान पर प्लेटो का उपयोग करना चाहिए। अगर स्रोत भाषा के किसी शब्द के लिए लक्ष्य भाषा में एक से अधिक शब्द प्रचलित हों तो संदर्भ को दृष्टिगत रखकर संदर्भानुकूल समुचित शब्द को चुनना चाहिए। जैसे हिन्दी में अमेरिका और अमरीका में अमरीका शब्द अधिक प्रचलित है अतः अमरीका का प्रयोग किया जाना चाहिए।

4. **उच्चरित ध्वनि का हिन्दीकरण :** कभी-कभी ज्ञान-विज्ञान औद्योगिकता आदि के कारण एक भाषा का शब्द भंडार दूसरी भाषा से विभिन्न ज्ञान शाखाओं में व्यापकतर हो जाता है और अनुवादक के सारे प्रयत्नों के बावजूद स्रोत भाषा की अभिव्यक्ति इकाई के समानांतर अभिव्यक्ति इकाई लक्ष्य भाषा में संभव नहीं दिखाई देती। ऐसे समय उच्चारण को दृष्टिगत रख स्रोत भाषा की शब्द-ध्वनियों को लक्ष्य भाषा की निकटतम ध्वनियों में सहजीकृत कर लेना चाहिए। उदाहरण—एकेडमी (स्रोत भाषा), अकादमी (लक्ष्य भाषा)।

इसी प्रकार कभी-कभी स्रोत भाषा एवं लक्ष्य भाषा की अपनी-अपनी प्रकृति के कारण कुछ ऐसे शब्द भी अनुवादक से टकराते हैं जिनका उच्चारण वर्तनी से अलग होता है परन्तु लिखा वह जाता है वर्तनी के अनुसार। उदाहरण के लिए अंग्रेजी का Father शब्द है। इसका उच्चारण फादअ है परन्तु लिखते फादर हैं।

अतः अनुवादक को 'फादर' शब्द ग्रहण करना चाहिए न कि फादअ।

इसी तरह कभी-कभी स्रोत भाषा के शब्द का समशील शब्द लक्ष्य भाषा में न मिलने पर अनुवादक को यह छूट होती है कि वह स्रोत भाषा के शब्द का विश्लेषण कर उपसर्ग, प्रत्यय अथवा समास आदि का ध्यान रखकर स्रोत भाषा की शब्दाभिव्यक्ति के समानांतर लक्ष्य भाषा में भी शब्दाभिव्यक्ति प्रस्तुत करे। जैसे—'Registration के tion' के लिए हिन्दी में 'करण' का प्रयोग किया जाने लगा है। उदाहरणार्थ—पंजीकरण।

5. **क्रिया रूपों की समस्या** : सामान्य रूप से रूपों के अनुवाद उन्हीं रूपों में किए जाते हैं जैसे एकवचन का एकवचन में, बहुवचन का बहुवचन में। परन्तु विभिन्न भाषाओं में अपनी सांस्कृतिक एवं सामाजिक मर्यादाओं एवं आचरण के कारण अथवा भाषा की अपनी प्रकृति के कारण रूपों का अनुवाद गणितीय ढंग से नहीं चल पाता। अनुवादक को कभी एकवचन के लिए बहुवचन का प्रयोग करना आवश्यक लगता है—जैसे, पिताजी दिल्ली गए हैं। इसमें संज्ञा एकवचन है पर क्रिया बहुवचन की प्रयुक्त की गई है। इसी प्रकार People say जनता कहती है, के साथ क्रिया का रूप एकवचन का है। अतः अनुवादक को इस छूट का यथास्थान उपयोग करना चाहिए।

6. **लिंग की समस्या** : अनुवादक को कभी-कभी लिंग समस्या से भी जूझना पड़ता है। एक शब्द एक भाषा में पुल्लिंग होता है तो वही शब्द दूसरी भाषा में स्त्रीलिंग हो जाता है जैसे व्यक्ति शब्द गुजराती में स्त्रीलिंग है परन्तु हिन्दी में पुल्लिंग है। इसी प्रकार हिन्दी की चाय (स्त्रीलिंग) मराठी चा (पुल्लिंग) हो जाता है। अनुवादक को इस बारे में सावधान रहना चाहिए।

7. **परिवेश एवं प्रसंग** : अनुवाद करते समय स्रोत भाषा की रचना के परिवेश एवं प्रसंग को समझकर ही अनुवादक को लक्ष्य भाषा में अनुवाद करना चाहिए। इंग्लैण्ड एक ठंडा देश है, वहाँ सूरज का दिखना-निकलना बड़ा अच्छा व प्रसन्नतादायक माना जाता है पर भारत में सूरज का निकलना साधारण बात है। अतः अपने किसी आत्मीय को बहुत दिनों बाद देखकर अगर अंग्रेज कहे 'You come as sunlight' तो इसमें उसका अह्लाद और पुलक भाव ही प्रकट होता है; किन्तु हिन्दी में 'तुम सूर्य प्रकाश की तरह आए' के स्थान पर 'तुम्हारे आने से बड़ी खुशी हुई' यह अनुवाद सही एवं स्वस्थ कहलाएगा।

अंग्रेजी भाषा से अनुवाद करते समय अनुवादक को कुछ और तथ्यों का ध्यान रखना चाहिए—

(1) अंग्रेजी भाषा में कर्ता के अनुरूप क्रिया होती है परन्तु हिन्दी में कभी कर्ता के अनुसार (सोहन घर गया/शीला घर गई), कभी-कभी किसी के अनुसार नहीं होती। उदाहरण—लड़के ने लड़के को मारा।

(2) यह भी ध्यातव्य है कि हिन्दी भाषा की प्रकृति कर्तृवाच्य प्रधान है तो अंग्रेजी की कर्मवाच्य प्रधान। अत: It is requested का सही अनुवाद होगा 'प्रार्थना है' न कि प्रार्थना की जाती है।

(3) अंग्रज़ी में 'when और if' वाक्य के उत्तरार्ध में भी प्रयुक्त होते हैं जबकि 'जब' तथा 'यदि' समुच्चयबोधक शब्द हिन्दी में वाक्य के पूर्वार्ध में आते हैं।

(4) अंग्रेजी आर्टिकल a, an, the आदि का अनुवाद हिन्दी में नहीं होता। उदाहरणार्थ—He is a good boy वह अच्छा लड़का है। 'a' का अनुवाद 'एक' नहीं होगा।

(5) कभी-कभी अनुवाद में आगम-लोप सिद्धांत का प्रयोग करना पड़ता है। कभी-कभी किसी शब्द को लाना (आगम) पड़ता है तो कभी-कभी किसी शब्द को छोड़ना (लोप) पड़ता है। उदाहरण – Shri Manjul Jain is hereby informed श्री मंजुल जैन को सूचित किया जाता है। Hereby का यहाँ लोप हो गया। इसी प्रकार कभी-कभी कोई शब्द अनुवाद को पुख्ता और स्पष्ट करने के लिए जोड़ना पड़ता है। 'उसके पास हजारों जानवर हैं' का अनुवाद He has thousands of animals न होकर 'He has several thousand heads of cattle' होगा।

(6) अंग्रेजी में प्राय: विशेषण का लिंग तथा वचन भेद नहीं होता परन्तु हिन्दी में होता है। उदाहरण से बात स्पष्ट हो जाएगी—

अंग्रेजी	हिन्दी
Good boy	अच्छा लड़का (एकवचन)
Good boys	अच्छे लड़के (बहुवचन)

इसी प्रकार अंग्रेजी में कुछ विशेषण कुछ विशेष संज्ञाओं के साथ आते हैं। परन्तु उनके हिन्दी अनुवाद के समय, संदर्भ के अनुसार उनका प्रयोग व अभिव्यक्ति इकाई बदल जाती है। Honarary विशेषण Secretary और Degree दोनों के साथ आता है परन्तु प्रयोग में Honarary Secretary का अनुवाद अवैतनिक सचिव होगा जबकि Honarary Degree का मानद् उपाधि।

(7) **पुनरुक्ति परित्याग** : अनुवादक को जहाँ तक हो सके पुनरुक्ति से बचना चाहिए। कभी-कभी स्रोत भाषा में प्रभावाभिव्यंजना की दृष्टि से रचनाकार एक ही शब्द का अथवा उसके अनेक पर्यायों का प्रयोग रचना में कर देता है इससे अनुवादक को पर्यायों की तलाश करनी पड़ती है। परन्तु इसके साथ ही साथ यह भी कठिनाई है कि पुनरुक्ति

शब्द मूल भाषा की रचना के भाव-सौंदर्य एवं कला-सौंदर्य में तो अभिवृद्धि करते हैं किन्तु लक्ष्य भाषा में पुनरुक्ति के अनुवाद के असंतुलन के कारण रचना लड़खड़ाने लगती है, उदाहरण के लिए—दिल धड़क-धड़क कर कह रहा है। कदाचित अन्य भाषा में धड़क-धड़क में ध्वनित रोमेंटिक अंदाज को धड़क शब्द के दुहराए जाने पर अभिव्यक्त न कर पाए।

(8) **भाषा-शैली** : अगर अनुवादक कथ्य एवं कथन की दृष्टि से मूल की निकटतम अनुकृति है तो उसकी भाषा-शैली पर चर्चा न करना असंगत होगा। प्रवाहमयी भाषा जो लक्ष्य भाषा में रचना को सजीव, सप्राण, विश्वसनीय, आकर्षक तथा सहज बनाती है वहीं अप्रत्यक्ष रूप से वह स्रोत भाषा की समृद्धि का संकेत भी करती है; अतः यह आवश्यक है कि अनुवाद करते समय भाषा-शैली के प्रयोग के सम्बन्ध में अनुवादक सचेत और सतर्क रहे। अनुवाद में शब्दों में समस्तरता का ध्यान रखा जाना चाहिए। समस्तरता से तात्पर्य है—एक ही प्रकार की भाषा-शैली का प्रयोग अनुवाद में किया जाना चाहिए। उदाहरणार्थ अगर हम उर्दू की शब्दावली का प्रयोग करना चाहते हों तो 'आँखें खूबसूरत' हो जाएँगी और अगर इसी बात को तत्सम प्रधान संस्कृतनिष्ठ शैली में कहना हो तो 'नेत्र सुंदर' हो जाएँगे। हिन्दी में संस्कृतनिष्ठ हिन्दी, उर्दू एव हिन्दुस्तानी तीन शैलियों का चलन है। किसी भी अनुवाद में विशेष रूप से इनमें से किसी एक शैली का प्रयोग होता है और अत्यधिक प्रसंगवशात जरूरत पड़ने पर एकाधिक शैलियों का प्रयोग स्रोत भाषा के समानांतर किया जा सकता है। भाषा-प्रयोग में प्रवाह के लिए जहाँ शब्दों की समानांतरता का महत्त्व है, वहाँ उनकी समरूपता भी आवश्यक है। समरूपता से तात्पर्य है कि प्रयुक्त शब्द एक-दूसरे की ध्वनि को ग्रहण करें जैसे अपना-सपना में शब्दों की समरूपता है परन्तु मेरा सपना में तुकाश्रित शब्द की ध्वनि नहीं है। शब्दों की समस्तरता एवं समरूपता के साथ-साथ हमें वाक्यांशों की एकरूपता का भी खयाल रखना चाहिए। उदाहरण से बात साफ हो जाएगी। दो वाक्य प्रस्तुत हैं—

(1) वह शक्तिशाली है तो तुम भी कमजोर नहीं हो और अगर उसके पास दल है तो तुम भी अकेले नहीं हो।

(2) वह शक्तिशाली है तो तुम भी कमजोर नहीं हो और तुम भी अकेले नहीं हो, अगर उसके पास दल है।

निश्चित रूप से पहले वाक्य में दूसरे वाक्य की तुलना में काफी

प्रवाहमयता है क्योंकि उसमें वाक्यांशों में एकरूपता लाने का प्रयत्न किया गया है।

सूचनाप्रधान साहित्य अथवा कार्यालयी साहित्य

भारत के संविधान के अनुच्छेद 343 (1) के अन्तर्गत हिन्दी को देवनागरी लिपि में राजभाषा के रूप में स्वीकार किए जाने के पश्चात् से इसे राजकाज में सक्षम बनाने तथा निवर्तमान प्रशासनिक अंग्रेजी भाषा का स्थान दिलाने के लिए यह आवश्यक था कि तेजी से हिन्दी को प्रशासनिक कार्य के विविध स्तरों रूपों पर तैयार किया जाए ताकि सभी संवैधानिक तथा असंवैधानिक साहित्य को हिन्दी में प्रस्तुत किया जा सके। इस प्रक्रिया को तीव्रतर करने के लिए राष्ट्रपति के विभिन्न आदेश (1955, 1960) तथा राजभाषा आयोग (1955) तथा संसदीय समिति तथा विविध राजभाषा अधिनियम 1963 तथा 1967 तथा 1976 के लागू होने के कारण सरकारी प्रशासनिक कामकाज द्विभाषिक रूप में होने लगे। अतः कार्यालयी साहित्य का हिन्दी में अनुवाद द्रुतगति से आरंभ हुआ।

कार्यालयी अनुवाद से तात्पर्य है—कार्यालय से सम्बद्ध साहित्य का अनुवाद। मोटे रूप से इसके अन्तर्गत प्रशासनिक कार्यालय, सैनिक-अर्धसैनिक कार्यालय, डाक-तार कार्यालय, रेल कार्यालय, आकाशवाणी एवं दूरदर्शन कार्यालय तथा संसदीय कार्यालय आदि आते हैं। कार्यालयी साहित्य मुख्यतः दो प्रकार का होता है। एक नेमी पत्राचार साहित्य जिसमें मसौदा-टिप्पणी आते हैं एवं दूसरा संसद के प्रश्नों के जवाब, नियतकालिक प्रशासनिक प्रतिवेदन अधिसूचनाएँ तथा संकल्प, सार्वजनिक सूचनाएँ, समाचार-पत्रों में प्रकाशित की जाने वाली प्रेस विज्ञप्ति अथवा टिप्पणी। वस्तुतः कार्यालयी अनुवाद को दो वर्गों में विभाजित किया जा सकता है—

1. सांविधिक अनुवाद।
2. असांविधिक अनुवाद।

1. **सांविधिक अनुवाद** : इसके अन्तर्गत संविधान, अधिनियम, अध्यादेश, विधेयक, सांविधिक नियमावलियों एवं उनके अन्तर्गत बनाए गए प्रपत्रों, करारों का हिन्दी और अन्य भारतीय भाषाओं में अनुवाद होता है। इस वर्ग की अनुवाद्य सामग्री की प्रकृति स्थायी होती है।

2. **असांविधिक अनुवाद** : इसके अन्तर्गत विधीतर स्थायी सामग्री, संहिताएँ, मैनुअल, अथवा नियम पुस्तकों का समावेश होता है, इस असांविधिक सामग्री को तीन वर्गों में विभाजित किया जा सकता है—

(क) **गैर तकनीकी सामग्री** : इसके अंतर्गत सामान्य नियमावलियाँ, फार्म प्रपत्रों, रजिस्टर तथा मसौदा-टिप्पणी का समावेश होता है।

(ख) **तकनीकी सामग्री** : मैनुअल, नियम-पुस्तिकाएँ, रक्षा पेट्रोलियम, रसायन, कृषि, विधि, ऊर्जा, वाणिज्य, रेल मंत्रालय आदि सभी मंत्रालयों, विभागों की अपनी-अपनी पारिभाषिक शब्दावली आती है।

(ग) **अस्थायी महत्त्व की सामग्री** : स्थायी प्रकृति की सामग्री (विधिक साहित्य आदि के सिवाय) संकल्पों, सामान्य आदेश, अधिसूचनाएँ, प्रेस विज्ञप्तियाँ, प्रशासनिक रिपोर्ट, संसद के एक या दोनों सदनों के समक्ष पेश की जाने वाली सभी सामग्री का इसमें समावेश होता है। सरकार की प्रचार-प्रसार सामग्री, प्रेस टिप्पणी तथा प्रेस विज्ञप्ति के रूप में समाचार पत्रों, आकाशवाणी तथा दूरदर्शन को भेजा जाता है।

सूचना प्रधान साहित्य अथवा कार्यालयी अनुवाद : समस्याएँ एवं समाधान

प्रशासनिक सेवा, बैंक, डाक-तार, रेल, विधि इत्यादि सभी कार्यालयों की अपनी-अपनी पारिभाषिक शब्दावली होती है। यह शब्दावली प्रायः अंग्रेजी में है क्योंकि स्वतंत्रता के पूर्व अंग्रेज यहाँ के शासक थे अतः स्वाभाविक है कि सत्ताधीश सत्ता के सूत्र अपनी ही भाषा में सँभालते, मगर 15 अगस्त 1947 को भारत स्वतंत्र हो गया और 26 जनवरी 1950 को इस देश का अपना स्वतंत्र संविधान बन गया। इस संविधान के अंतर्गत 14 सितम्बर 1949 को केन्द्रीय राजभाषा के रूप में देवनागरी लिपि में खड़ी बोली हिन्दी को स्वीकार किया गया और इसी अभिस्वीकृति के पश्चात केन्द्रीय प्रशासन विभिन्न मंत्रालयों, निगमों, विभागों, कार्यालयों में अंग्रेजी के स्थान पर अंग्रेजी के साथ-साथ हिन्दी को कामकाजी भाषा बनाने के प्रयत्न राष्ट्रपति के आदेशों, राजभाषा आयोग की सिफारिशों एवं विभिन्न अधिनियमों के अंतर्गत किए जा रहे हैं। इसी प्रक्रिया की एक अत्यन्त महत्त्वपूर्ण कड़ी पारिभाषिक शब्दावली है। प्रायः प्रत्येक तकनीकी क्षेत्र, औद्योगिक इकाई तथा वैज्ञानिक शोध एवं अनुसंधान की अपनी-अपनी विशिष्ट पारिभाषिक शब्दावलियाँ होती हैं। ये सभी शब्दावलियाँ अंग्रेजी में हैं। इन विभिन्न क्षेत्रों की तकनीकी शब्दावलियों का हिन्दी अनुवाद किया जाता है। इन सभी क्षेत्रों के पारिभाषिक शब्दों का किसी एक विशिष्ट नियम या एक व्यावहारिक अभिगम के माध्यम से सीधा-साधा सर्वमान्य सर्वनिष्ठ अनुवाद नहीं किया जा सकता है क्योंकि विभिन्न क्षेत्रों की पारिभाषिक शब्दावलियाँ एक दूसरे से भिन्न एवं स्वतंत्र अनुवाद की अनिवार्य अपेक्षा रखती हैं। उदाहरण के के लिए विधि का Bill शब्द यदि वसीयत का तो वाणिज्य की दुनिया का Bill शब्द किसी खरीदी के कुल दाम का अर्थ रखता है तो संसद की भाषा में Bill विधेयक का वाचक बन जाता है। यद्यपि इन विभिन्न पारिभाषिक शब्दावलियों

के अनुवाद की अपनी-अपनी समस्याएँ हैं किन्तु फिर भी इसके बीच कुछ सामान्य समस्याएँ हैं। इन समस्याओं पर क्रमशः पारिभाषिक शब्द, अर्थगत अनेकता तथा शब्द प्रयोग की अनेकता एवं संक्षेपों की समस्या के उपशीर्षकों के अंतर्गत प्रकाश डाला जा रहा है। उनके समाधान का भी प्रयत्न किया गया है।

1. पारिभाषिक शब्द

(क) सरकारी एवं गैर-सरकारी प्रयत्नों के बावजूद अभी तक सभी अंग्रेजी शब्दों के लिए हिन्दी में समतुल्य अथवा सम शब्दों का निर्धारण एवं निर्माण नहीं हो पाया है; अतएव कभी-कभी अनुवादक को काफी दिक्कत उठानी पड़ती है। जैसे Performance आदि शब्दों का हिन्दी समानार्थी समतुल्य शब्द आज तक निर्धारित नहीं हो पाया है। ऐसे अवसरों पर अनुवादक को ऐसे शब्दों के लिए अंग्रेजी के उसी पारिभाषिक शब्द को देवनागरी लिपि में लिख देना चाहिए।

(ख) पारिभाषिक शब्दों के अनुवाद को लेकर एक कठिनाई यह भी है कि पारिभाषिक शब्दों के निर्धारकों एवं निर्माताओं ने अंग्रेजी एवं हिन्दी बोलियों के प्रचलित शब्दों को स्वीकार करने के बजाय नये शब्दों का निर्माण किया है। चूँकि नये शब्द अंततः कृत्रिम एवं आरोपित होते हैं अतः वे प्रायः दुरूह एवं कठिन हो जाते हैं जैसे Abolition के लिए गढ़ा गया शब्द—उत्सादन।

(ग) पारिभाषिक शब्दावली के अनुवाद के संकट को गहरा करने में केन्द्रीय सरकार का योगदान कम नहीं है। केन्द्रीय सरकार द्वारा 1962 में प्रकाशित 'पारिभाषिक शब्द-संग्रह' तथा 1974 में प्रकाशित 'वृहत पारिभाषिक शब्द-संग्रह' से प्रकाशित उसके द्वितीय एवं संशोधित संस्करण में संशोधन-परिवर्धन के नाम पर पहले संस्करण के अनेक शब्द छोड़ दिए गए हैं और उनके स्थान पर नए शब्दों का प्रयोग किया गया है। उदाहरण के लिए··· 1962 का Aggression (अग्रघर्षण) 1974 में 'आक्रमण' में बदल गया है। इससे 1962 के संग्रह के आधार पर किए गए अनुवादों की शब्दावलियों में अंतर आ गया है और उनकी प्रामाणिकता के सम्मुख प्रश्न चिह्न लग गया है। इसी प्रकार प्रथम संस्करण के आधार पर तैयार किए गए 'अंग्रेजी-हिन्दी कोश' संदर्भच्युत हो गए हैं।

(घ) इसी प्रकार कार्यालय अनुवाद की एक समस्या यह भी है कि केन्द्र तथा विभिन्न प्रदेशों ने एक ही शब्द का प्रयोग अपने-अपने यहाँ विभिन्न अर्थों में किया है। केन्द्र में सेक्शन के लिए 'खण्ड' शब्द का प्रयोग किया जाता है।

(च) कभी-कभी अंग्रेजी की शब्दावली में एकाधिक अर्थ के वाहक शब्द मिलते हैं। इनका अनुवाद करते समय अनुवादक को अपने विवेक, संदर्भ सापेक्षता एवं अनुभव का उपयोग कर इस कठिनाई को हल करना चाहिए। जैसे अंग्रेजी का डिसमिस और कहाँ खारिज। प्रायः नौकरी से आदमी को बर्खास्त

किया जाता है एवं कोई मामला खारिज किया जाता है। अतः संदर्भानुकूल अर्थ की पकड़ अनुवादक के लिए आवश्यक है। अर्थ की कठिनाइयों को दूर करने के लिए आवश्यक है कि एक ऐसा पारिभाषिक शब्द के लिए एक ही हिन्दी पर्याय दिया जाए एवं साथ ही शब्द का अर्थ, संदर्भ एवं प्रकृति को स्पष्टतः समझाया जाए ताकि अनुवादक विभाग (Department), अनुभाग (Section) तथा (Division) में सरलता से अर्थ भेद कर सके।

2. **विभिन्न शब्द : एक पर्याय** (अ) एकाधिक अंग्रेजी शब्दों के लिए हिन्दी में एक ही पर्याय स्वीकार किया गया है परन्तु इससे कभी-कभी संदर्भ भेद से अर्थभेद होने का खतरा पैदा हो जाता है। उदारण के लिए Conclusion एवं end के लिए अंत शब्द स्वीकृत है परन्तु लाइक का एण्ड करना लाइक का कन्क्लुजन तो नहीं है।

(आ) कहीं-कही जिस प्रकार विभिन्न अंग्रेजी शब्दों के लिए एक हिन्दी पर्याय स्वीकार किया गया है उसी प्रकार कहीं-कहीं एक अंग्रेजी शब्द के लिए संबंधित हिन्दी पर्याय को स्वीकृत किया गया है। इस कारण एक ही अनुवाद-खंड में एक अंग्रेजी पारिभाषिक शब्द के लिए कई हिन्दी पर्यायों का प्रयोग कर दिया जाता है और इससे अनेक समस्याएँ उत्पन्न हो जाती हैं जैसे 'रिपोर्ट' अंग्रेजी शब्द के लिए एक ही अनुवाद-खण्ड में प्रतिवेदन, आख्या तथा रिपोर्ट शब्दों का प्रयोग कर दिया जाता है। इसका कारण यह है कि अंग्रेजी के प्रत्येक पारिभाषिक शब्द के लिए सिर्फ एक ही हिन्दी समतुलक शब्द का निर्माण अथवा निर्धारण न होना। अतएव आवश्यक है कि अंग्रेजी के प्रत्येक पारिभाषिक शब्द के लिए हिन्दी में भी एक स्वतंत्र, अर्थसंकलक प्रतिशब्द हो।

3. **एक शब्द : विभिन्न अनुवाद :** एक ही शब्दार्थ के लिए विभिन्न प्रांतों एवं केन्द्र में अलग-अलग शब्द का प्रयोग अनुवादक के संकट को गहरा करता है। अंग्रेजी के Grievance शब्द के लिए केन्द्र ने 'शिकायत' शब्द पर्याय के रूप में ग्रहण किया है तो बिहार 'व्यथा' में खुश है। और मध्य प्रदेश को 'दु:ख' से शिकायत नहीं है और उत्तर प्रदेश को इस पर्याय के लिए कोई 'करार' नहीं है।

4. **संक्षेपों की समस्या** : अंग्रेजी में बहुप्रचलित संक्षेपों के कारण भी अनुवादक कठिनाई में पड़ जाता है क्योंकि अंग्रेजी में U.P.S.C. जैसे संक्षेप बहुतायत से प्रचलित एवं परिचित हैं। परन्तु अभी हिन्दी में इस तरह का कोई तरीका नहीं है। अतः अनुवादक को इन संक्षेपों का पर्यायी संक्षेप ढूँढ़ने में दिक्कत होती है क्योंकि अभी तक उनका ठीक-ठीक निश्चयन नहीं किया जा सका है। व्यक्ति नामों को लेकर इस तरह की समस्या है। अंग्रेजी में आर० गांधी जी में मात्र रोमन अक्षरों का लिप्यंतरण किया गया है किन्तु इससे हिन्दी में रा० गांधी के सही नाम का लेखन नहीं हो पाता। अतः अगर आर के बजाय रा० गांधी

लिखा जाए अथवा पूरा नाम राजीव गांधी लिखा जाय तभी ठीक होगा।

इस प्रकार हम देखते हैं कि अनुवाद-कार्य निरा कार्बन कॉपी करना जैसा सरल कार्य नहीं है बल्कि वह स्रोत भाषा के सृजनात्मक साहित्य की सृजनात्मकता को लक्ष्य भाषा में उसी क्षमता से उसकी समस्त सूक्ष्मताओं एवं भंगिमाओं के साथ रूपांकित करने का प्रयत्न है। दूसरी ओर वह कार्यालयी अनुवाद की रुक्ष आचारसंहिताओं एवं मर्यादाओं के बीच मूल की कार्यालयीनता को लक्ष्य भाषा में उसके सम्पूर्ण अभिप्रेत कर देता है। सर्जनात्मक साहित्य की सृजनात्मकता से उसका सक्रिय साक्षात्कार एवं कार्यालयी साहित्य के प्रति उसकी अनासक्त तटस्थता के कारण अनुवाद को आज कला के साथ-साथ विज्ञान भी माना जाने लगा है।

साहित्यिक तथा गैर-साहित्यिक अथवा सूचना प्रधान साहित्य का अनुवाद : तुलनात्मक अध्ययन

1. विपरीत धर्मिता—साहित्यिक अनुवाद और साहित्येतर अनुवाद यद्यपि दोनों अनुवाद हैं, परन्तु दोनों में मूलभूत अंतर है। साहित्यिक अनुवाद वैयक्तिक, कलापरक तथा शिल्प शैली से अलंकृत होता है। किन्तु साहित्येतर अनुवाद में वैयक्तिकता, अलंकारिकता अनुपस्थित रहती है। अनुवादक को मात्र वस्तुनिष्ठ शैली स्वीकार करनी पड़ती है।

2. वैयक्तिकता के आग्रह के कारण कभी-कभार मूल रचनाकार स्पष्ट अथवा अर्थ संकोच के बजाय अर्थ विस्तार में खो जाता है और इससे मूल रचना का सही और स्वस्थ आस्वादन श्रोता अथवा पाठक को नहीं मिल पाता है। इसकी तुलना में साहित्येतर अनुवाद तथ्यात्मक तथा सूचनापरक होने के कारण इस त्रुटि से बच जाता है।

3. कभी-कभी स्रोत भाषा की विषय सामग्री की जटिलता के कारण उसके अनुवाद को स्पष्ट, सुबोध और संप्रेषणीय बनाने के लिए साहित्यिक अनुवाद अर्थ संकोच अथवा अर्थ विस्तार की शरण लेता है, परन्तु गैर-साहित्यिक अनुवादक के लिए यह छूट अनुवाद की प्रकृति तथा प्रवृत्ति के कारण वर्जनीय है।

4. साहित्यिक अनुवाद में पारिभाषिक शब्दावली की प्राय: कोई अहम् भूमिका नहीं होती परन्तु गैर-साहित्यिक अथवा सूचनापरक अथवा साहित्य में पारिभाषिक शब्दावली अनिवार्य है।

5. साहित्यिक अनुवाद में अनुभूति की सघनता, संवेदन के विविध रूप तथा रागात्मकता होती है, परन्तु सूचनापरक साहित्य में इनका अभाव रहता है।

6. साहित्यिक अनुवाद में पुनर्सृजन की संभावना हो सकती है और भावानुवाद के लिए भी गुंजाइश हो सकती है, परन्तु गैर-साहित्यिक अनुवाद में न तो

पुनर्सृजन के लिए कोई अवकाश होता है और न भाषानुवाद के लिए कोई स्थान। केवल अपने आपको शब्दानुवाद तक ही सीमित रखना पड़ता है।

अनुवाद : विज्ञान अथवा कला

प्रायः यह प्रश्न उठाया जाता है कि अनुवाद विज्ञान है अथवा कला? वस्तुतः अनुवाद विज्ञान और कला दोनों है। श्री थियोडर सेवरी ने इसे बहुत अच्छे शब्दों में समझाया है—"इसकी (विज्ञान और कला) तुलना चित्र कला और फोटोग्राफी जैसी कलाओं से भी की जा सकती है क्योंकि इन दोनों कलाओं में मूल पदार्थ (Object) होता है और चित्रकार अथवा फोटोग्राफर अपनी कला से उसका चित्र अथवा फोटो खींचता है। कई बार यह चित्र मूल रूप से भी सुन्दर होता है। इस अर्थ में यदि ये दोनों कलाएँ कला के क्षेत्र में आती हैं तो अनुवाद भी कला है क्योंकि अनुवादक मूल कृति को अपनी कला के माध्यम से इसी भाषा में अभिव्यक्ति करता है। अनुवाद विज्ञान होने का भी दावा कर सकता है। विशेषकर उस स्थिति में जब विज्ञान अथवा गणित के सूत्रों का भी अनुवाद किया जाता है। इस स्थिति में अनुवाद यथातथ्य होता है और उसका वही स्वरूप होता है जो किसी वैज्ञानिक विषय-वस्तु का होता है।"

श्री थियोडर सेवरी अनुवाद को कला स्वीकार करते हुए लिखते हैं कि सहज सफलता की खोज में अनुवाद को अकसर पुनर्सृजन करना पड़ता है। अगर वह अनुवाद न लगे तो वहाँ मूल लेखक की हत्या होती है और यदि अनुवाद अनुवाद ही लगे तो भी मूल लेखक की हत्या होती है क्योंकि मक्खी की जगह मक्खी चाहिए जीवित उड़ान भरती हुई, भिनभिाती हुई। तात्पर्य यह है कि अनुवाद स्वतंत्र सरल भी है। अनुवाद को कला मानने का आधार यह भी है कि अनुवादक को मूल रचना की आत्मा को लक्ष्य भाषा में प्रतिबिंबित करना पड़ता है। आत्मा का यह प्रतिबिंब किसी यंत्र अथवा मशीन द्वारा संभव नहीं है।[1]

अनुवाद को विज्ञान मानने वाले विद्वानों का मत है कि अनुवाद एक वैज्ञानिक प्रक्रिया है, जिसमें आदि से अंत तक सुनिश्चित तथा सार्थक नियमों को सत्य-निष्ठा और तटस्थता के साथ अनुवादक को पालना पड़ता है। स्रोत भाषा के भावों का अनुवादक द्वारा ग्रहण, उसका मानसिक रूप से भाषांतरण, उसके बाद लक्ष्य भाषा से उसकी अभिव्यक्ति। अनुवाद की प्रक्रिया इस प्रकार वैज्ञानिक होती है।[2]

विद्वानों का एक वर्ग अनुवाद को शिल्प (Craft) मानता है। उनके

---

1. थियोडर सेवरी : The Arts of Translation, p. 13
2. डॉ० एन० ई० विश्वनाथ अय्यर : अनुवाद कला, पृ० 37

अनुसार पत्रकारिता, अर्थशास्त्र, राजनीतिशास्त्र ऐसे क्षेत्र हैं, जिनकी सामग्री तथ्यात्मक सूचनापरक होती है, जिसमें न तो संवेदना होती है और न रागात्मकता, उसमें प्रशिक्षण आवश्यक है, वह उपयोगी कला है।[1]

संक्षेप में कहा जा सकता है कि अनुवाद विज्ञानोन्मुख कला है। संक्षेप में कह सकते हैं कि पृष्ठभूमि का विज्ञानपक्ष एवं प्रयोग की कलाधर्मिता मिलकर अनुवाद को एक वैज्ञानिक कला बना देते हैं।[2]

अनुवाद और प्रतीक सिद्धांत

कहा जाता है कि अनुवाद केवल अर्थ का अंतरण है; परन्तु अर्थ अपनी अभिव्यक्ति के लिए शब्दाश्रित होता है। शब्द को सार्थकता संबंध एवं संदर्भ से प्राप्त होती है। अनुवादक को स्रोत भाषा के अर्थानुकूल प्रतिकार्थ का चुनाव करना पड़ता है ताकि मूल अर्थ संप्रेषित करने में किसी तरह की दुरूहता या कठिनाई का अनुभव न हो।

प्रतीक से तात्पर्य है—चिह्न, लक्षण, प्रतिरूप[3]। प्रतीक शब्द का प्रयोग उस दृश्य (अथवा गोचर) वस्तु के लिए किया जाता है जो किसी अदृश्य (अगोचर या अप्रस्तुत) विषय का प्रतिनिधित्व उसके साथ अपने साहचर्य के कारण करती है।[4]

अनुवाद एवं प्रतीक सिद्धांत पर चर्चा करते हुए डॉ० रवीन्द्रनाथ श्रीवास्तव लिखते हैं कि 'कथ्य का प्रतीकारंभ अनुवाद है। सीमित अर्थ यह है कथ्य का भाषांतरण अनुवाद है।'

प्रतीक की धारणा में तीन इकाइयाँ हैं —

(i) सांकेतिक अर्थ (Referent)

(ii) संकेतार्थ (Reference)

(iii) संकेतन प्रतीक (Sign)

संकेतित वस्तु बाह्य जगत में स्थित इकाई है—जैसे घोड़ा या किताब। संकेतार्थ वक्ता के मन में स्थित इस इकाई की संकल्पना है। प्रतीक इस संकेतार्थ को अभिव्यक्ति देने वाली इकाई है जो संकेतित वस्तु के स्थान पर कुछ विशिष्ट संदर्भों में प्रयुक्त होती है। प्रतीक की संकल्पना के संदर्भ में कहा जा सकता है कि कथ्य ही संकेतार्थ है और प्रतीक का नाम उसकी अभिव्यक्ति है। संकेतित

---

1. डॉ० एन०ई० विश्वनाथ अय्यर : अनुवाद कला, पृ० 38
2. जी० गोपीनाथन : अनुवाद सिद्धांत और प्रयोग, पृ० 25
3. भार्गव स्टैंडर्ड इलेस्ट्रेटिव डिक्शनरी (Symbol), पृष्ठ 914
4. हिन्दी साहित्य कोश : संपादक डॉ० नगेन्द्र, पृष्ठ 471

वस्तु और प्रतीक के सम्बन्ध आरोपित हैं। ये अनेक प्रकार के हो सकते हैं इसलिए एक कथ्य के लिए एक ही भाषा में अनेक पर्यायवाची शब्द तक हो सकते हैं।

यों प्रतीक व्यवस्था में एक भाषा में एक प्रतीक एक अर्थ की अभिव्यक्ति करता है। इस भाषा के अनुवाद में प्रतीक व्यवस्था द्वारा अभिव्यक्ति अर्थ को दूसरी प्रतीक व्यवस्था द्वारा अभिव्यक्त किया जाता है।

उदाहरण—Cows eat grass गायें घास खाती हैं। मूल में काऊ गाय की संकल्पना का प्रतीक है और ग्रास तृण का। इनकी जगह हिन्दी अनुवाद में 'गाय' तथा 'घास' का प्रयोग होता है।[1]

अनुवाद के आधार, प्रक्रिया तथा स्वरूप आदि की दृष्टि से विविध प्रकार हाते हैं। रोमन याकोब्सन[2] प्रतीक के आधार पर अनुवाद का वर्गीकरण निम्न प्रकार करता है—अंतःभाषिक, अंतर-भाषिक और अंतर प्रतीकात्मक।

(1) **अंतःभाषिक अनुवाद (समभाषिक अथवा अन्वयांतर)**(Intralingual): किसी एक भाषा की प्रतीक व्यवस्था द्वारा व्यक्त अर्थ का उसी भाषा की अन्य प्रतीक व्यवस्था द्वारा अंतरण अंतःभाषिक अनुवाद है। (इसे ही अन्वयांतर कहते हैं) उदाहरण प्रेमचन्द ने अपने प्रारंभिक उपन्यासों का लेखन उर्दू शैली में किया और बाद में उसका अन्वयांतर हिन्दी शैली में किया।

(2) **अंतर-भाषिक अनुवाद(अथवा अन्य भाषिक अनुवाद भाषांतर)**(Inter-lingual) : एक भाषा की प्रतीक व्यवस्था द्वारा व्यक्त अर्थ का दूसरी भाषा की प्रतीक व्यवस्था द्वारा अतरण अंतर-भाषिक अनुवाद है। इस अनुवाद में अनुवादक का द्विभाषी होना आवश्यक होता है। अनूदित कृति में दो भाषाओं की संरचना और संस्कार एक दूसरे में अंतर्मुक्त होकर संश्लिष्ट रूप में स्थित मिलते हैं।

(3) **अंतर प्रतीकात्मक अनुवाद (प्रतीकांतर)**—इसमें प्रतीक एक की व्यवस्था का आधार भाषा होता है लेकिन प्रतीक दो भाषेतर व्यवस्था की अपेक्षा रखता है। इसके अनुसार किसी कहानी या उपन्यास का, फिल्म के दृश्य-बिम्बों द्वारा प्रतीकांतर किया जा सकता है। 'लेम्नीन' उपन्यास का फिल्मांकन इसका उदाहरण है। 'कामायनी' को नृत्य नाटिका का रूप दिया जाए तो वह भी इसी कोटि में आएगा।

---

1. डॉ० रवीन्द्र श्रीवास्तव : डॉ० एन ई० विश्वनाथ अय्यर के 'अनुवाद कला' में उद्धृत, पृष्ठ 17
2. रोमन याकोब्सन : डॉ० एन ई० विश्वनाथ अय्यर के 'अनुवाद कला' में उद्धृत, पृष्ठ 17-18

कम्प्यूटर एवं राजभाषा हिन्दी

कम्प्यूटर आधुनिक गणितीय कौशल का विकसित रूप है। वैसे कम्प्यूटर का आदि रूप आज से पाँच हजार वर्ष पहले बेब्रोलोन में मिलता है। जहाँ लोग 'तख्ती पर धूल' बिछाकर अंक और संकेत लिखकर शीघ्रता से गणना किया करते थे। भारतीय गणितज्ञ भाष्कराचार्य ने अंकगणित को 'पाटीगणित' तथा 'धूलिकर्म' कहा है। इन्हीं के मूलाधार को लेकर आज इलेक्ट्रानिक कम्प्यूटर का आविष्कार तथा विकास हुआ।

कम्प्यूटर के पाँच प्रमुख भाग होते हैं —(1) मेमोरी अर्थात् स्मरण यंत्र— इसमें सभी आवश्यक सूचनाएं भरी जाती हैं। इन्हीं के आधार पर कम्प्यूटर गणना करता है। (2) कंट्रोल (नियंत्रक) यूनिट—इसका कार्य कम्प्यूटर द्वारा की गई गणना पर देखरेख रखना है। (3) अंकगणित—इस हिस्से में गणना सम्बन्धी प्रक्रिया होती है। (4) इनपुट यंत्र (आगत)—इस भाग में उन सभी जानकारियों व सूचनाओं से सम्बन्धित निर्देशों का संग्रह होता है, जिन माध्यमों से तथ्य और संख्याएँ कम्प्यूटर के स्मृति कक्ष में भरी जाती हैं। इन इनपुट उपकरणों में 'की बोर्ड' उपकरण महत्त्वपूर्ण है। एक प्रकार से यह कम्प्यूटर की ज्ञानेन्द्रिय है और कम्प्यूटर को बाहरी जगत से संबद्ध करती है। (5) आउटपुट यंत्र (निर्गत)—यह भाग प्राप्त सूचनाओं के आधार पर संभावित परिणामों को प्रकट करता है। गणित प्रक्रिया में 'सेन्ट्रल प्रोसेसिंग यूनिट' (केन्द्रीय संसाधक इकाई) की अहम भूमिका होती है। इसे एक तरह से कम्प्यूटर का मस्तिष्क कहा जा सकता है। यह इलेक्ट्रोनिक सर्किट (विद्युत परिपथ) पर अपने कार्य का आधार रखती है। इस इकाई के मुख्य भाग में अर्थात् मेमोरी या स्मृतियंत्र में शब्द व संख्याओं का चयन होता है। इसमें प्रिंटर उपस्कर लगा रहता है। अंकगणितीय तार्किक इकाई में अंकों की गणना या शब्दों तथा संख्याओं की तार्किक क्रियाएँ पूर्ण होती हैं। नियंत्रण इकाई यह सुनिश्चित करती है कि स्मृति भंडार से क्या ग्राह्य है और किस वस्तु के साथ कौन-सी क्रिया किस क्रम से अपेक्षित है। इसमें कम्प्यूटर द्वारा प्राप्त इच्छित परिणाम प्रिंट होते हैं अथवा विडियो स्क्रीन पर दिखाई देते हैं। इस प्रकार कहा जा सकता है कि कम्प्यूटर आंकड़ों और संप्रतीकों को किसी निश्चित प्रोग्राम के अनुसार द्रुतगति से प्रोसेस करने वाला यंत्र है। कम्प्यूटर अनुदेशों का क्रमबद्ध संग्रह 'प्रोग्राम' कहा जाता है। क्या करें, कैसे करें ? को प्रोग्राम द्वारा दिखाया जाता है।

कम्प्यूटर के सिलसिले में दो शब्दों का काफी महत्व है—हार्डवेयर और साफ्टवेयर। जिन इलेक्ट्रानिक उपकरणों और धातु के कलपुर्जों का प्रयोग कम्प्यूटर में किया जाता है उन्हें हार्डवेयर कहते हैं। द्विआधारी अंकपद्धति, गणितीय तर्कशास्त्र, प्रोग्रामों की भाषाएँ साफ्टवेयर कहलाती हैं। कम्प्यूटर के

हार्डवेयर की बुनियादी चीज इलेक्ट्रानिकी है तथा साफ्टवेयर का सम्बन्ध गणित और गणितीय तर्कशास्त्र से रहता है।

कम्प्यूटर भाषा : कम्प्यूटर में किसी भी भाषा के वर्णमाला के अक्षरों का उपयोग नहीं होता है। उसकी अपनी एक स्वतंत्र भाषा होती है जिसे हम मशीन भाषा कह सकते हैं। सातवें दशक में कम्प्यूटर में एक अन्य शोध को जोड़ा गया जिसे कम्पाइलर (संग्राहक) कहा गया। यह कम्प्यूटर के भीतर ही एक ऐसी व्यवस्था है जिससे भाषायी सूचनाओं को मशीनी भाषा में परिवर्तित करना संभव हुआ। सन् 1954 में अमेरिका की कम्पनी 'इंटरनेशनल बिजिनेस मशीन' ने फोरट्रोन नामक भाषा तैयार की। इस भाषा के जरिए गणितीय सूत्रों को मशीनी भाषा में बदलना संभव हो सका। 'अलगोल' भाषा भी इसी प्रयास की अगली कड़ी है। सन् 1959 में 'कोधोल' भाषा का निर्माण किया गया। इस भाषा में प्रयुक्त अधिकांश शब्दों का मनुष्य समाज की सामान्य भाषाओं में ठोस अर्थ होता है। सातवें दशक में अमेरिका में एक भाषा विशेष 'बेसिक' का निर्माण हुआ। बेसिक के अपने विशिष्ट अक्षर शब्द तथा संकेत हैं। यह भाषा बहुत उपयोगी है तथा इस भाषा ज्ञान के बाद अन्य भाषाएँ सीखने में काफी सरलता हो जाती है।

अब प्रश्न यह उठता है कि जब कम्प्यूटर की संपूर्ण कार्य पद्धति अंग्रेजी पर आधारित है तो उसके परिणाम भी अंग्रेजी में आयेंगे और यह सही भी है। कम्प्यूटर के प्रवेश से प्रारम्भ में राजभाषा हिन्दी की प्रगति किन्हीं क्षेत्रों में स्थगित होती चली गयी थी। टेलीफोन के बिल, बिजली के बिल जो हिंदी में बनने लगे थे वे फिर अंग्रेजी में बनने लगे।

यहाँ यह बताना आवश्यक है कि राजभाषा कार्यान्वियन की जिम्मेदारी के तहत गृह मंत्रालय भारत सरकार का राजभाषा विभाग, द्विभाषिक देवनागरी कम्प्यूटर उपलब्ध कराने के लिए प्रयत्नशील रहा है।

बिड़ला इंस्टीट्यूट ऑफ टेक्नोलॉजी एण्ड साइंस पिलानी (राजस्थान) तथा डी० सी० एस० डाटा प्रोडक्ट के संभावित पहला द्विभाषी (अंग्रेजी तथा हिन्दी) कम्प्यूटर सिद्धार्थ नाम से निर्मित किया गया। इसमें अंग्रेजी हिन्दी के साथ तमिल भाषाओं का भी उपयोग किया जा सकता है। इसी प्रकार कानपुर के आई० आई० टी० संस्थान ने हिन्दी कम्प्यूटर तैयार किया है। सी० एम० हैदराबाद ने 'लिपि' नामक त्रैभाषिक कम्प्यूटर का निर्माण किया है। इसमें अंग्रेजी, हिन्दी, तेलुगू, कन्नड़, मराठी, तथा मलयालम में से किन्हीं दो भाषाओं में एक साथ कार्य संपन्न किया जा सकता है।

संगणक और बहुभाषी अनुवाद प्रक्रिया

आधुनिक युग में विज्ञान तथा उद्योग आदि दोनों का विस्तार शब्द से

अंतर्राष्ट्रीय स्तर पर होने लगा है और निःसंदेह इन विभिन्न देशों के संवाद का संपर्क सूत्र अनुवाद है। अनुवाद क्षेत्र का कम्प्यूटर (संगणक) नवीनतम साधन है। इसका इस्तेमाल सूचना प्रधान वैज्ञानिक सामग्री के अनुवाद में किया जाता है। आजकल अनुवाद लिखित तथा मौखिक दोनों रूपों में होने लगा है। लिखित अनुवाद के लिए अब यंत्रों का सहयोग लिया जाने लगा है। संगणक का उपयोग ऐसे ही अनुवादों में होता है। अनुवाद के लिए अब माइक्रोफोन की सहायता ली जाने लगी हैं। किसी बैठक में विभिन्न भाषाभाषी सदस्य हैं और वे एक-दूसरे की भाषा नहीं समझते हों तो उनकी परस्पर बातचीत अनुवाद के सहारे ही संपन्न होती है। इस व्यवस्था में अनुवाद की भाषाओं के कई चैनल बनाए जाते हैं। हर सदस्य के टेबल से सभी भाषाओं के चैनल सम्बद्ध होते हैं। अलग-अलग बटन से भाषा की सूचना दी जाती है। श्रोता के पास इयर-फोन होता है। बगल के कक्ष में विभिन्न भाषाओं के अनुवादक बैठते हैं। उनके पास भी इयरफोन रहता है। वे वक्ता के भाषण को इयरफोन पर सुनते हैं और अभ्यासवश उसका अनुवाद शीघ्रता से कर देते हैं। परन्तु साहित्य के क्षेत्र में कम्प्यूटर का प्रयोग प्रायः सफल नहीं हो पाता क्योंकि इसमें विस्मयादिबोधक शब्द, ममता बोधक संबोधन तथा प्रश्नवाचक क्रिया होती है। यह कम्प्यूटर मशीन है न कि स्पंदित संसार।

इस प्रकार हम देखते हैं कि संगणक के प्रवेश के कारण अनुवाद भी अब यंत्रयुग में प्रवेश कर गया है।

अनुवाद का महत्त्व

प्रारम्भ में अनुवादक को साहित्य की दुनिया में बड़ी हीन-दीन दृष्टि से देखा गया। अनुवाद कार्य को निम्न किस्म के कार्य के रूप में स्वीकार किया गया। कहा जा सकता है कि पढ़े-लिखे बेकार व्यक्ति के लिए नोन तेल लकड़ी का एक छोटा-मोटा जुगाड़ अनुवाद कार्य था। इतना जरूर है कि कभी-कभी किसी पनस्वी साहित्यकार या प्रेरक व्यक्ति की प्रेरणा या प्रोत्साहन से किसी भाषा की किसी महान कृति का अनुवाद कर या करवा लिया गया। परन्तु ऐसे प्रयास निश्चित रूप से वैयक्तिक और विरल ही अधिक मिलेंगे। एक सशक्त और सार्थक परंपरा के रूप में अनुवाद को कभी न तो लोक समर्थन मिला और न ही व्यावसायिक प्रोत्साहन। परन्तु ज्यों-ज्यों ज्ञान का क्षितिज विस्तृत होने लगा, विश्व दृष्टि का निर्माण होने लगा। जीने और जीवित रहने, जीते रहने का संबंध एक प्रान्त, एक राष्ट्र के बजाय समस्त विश्व से प्रत्यक्ष-अप्रत्यक्ष रूप से जुड़ गया तब यह स्वाभाविक ही था कि विश्व के विभिन्न भागों, वर्गों, व्यवसायों के लोगों के भीतर एक दूसरे को जानने-समझने की इच्छा बलवती होने लगी। तकनीकी,

औद्योगिक, चिकित्सा, विधि, वाणिज्य से लेकर सांस्कृतिक और साहित्यिक आदान-प्रदान ने जीवन मूल्यों में भारी परिवर्तन उपस्थित कर दिया। विश्व के विभिन्न भूखण्डों में बसने वाले मनुष्य मात्र के दर्द, बेचैनी, आँसुओं, और उल्लासों के बीच एक अजीब सा साम्य का अहसास होने लगा। दूसरी ओर दूरदर्शन, आकाशवाणी, दृश्य-श्रव्य कैसेट, फिल्म, दूरभाष, संचार अधुनातन विभिन्न संचार माध्यमों ने विश्व मानव की कल्पना को यथार्थ का जामा पहना दिया। इन माध्यमों ने जहाँ व्यावसायिक, तकनीकी अनुभवों और उपलब्धियों से विभिन्न देशों के बीच पेशेवर रिश्तों को जन्म ढ़तर किया, वहाँ मानवीय संबधों की उष्माओं, उसके स्याह-सफेद पक्षों के सरोकार को भी स्पष्ट करने में सहयोग दिया। वहाँ मनुष्य के दुख-सुख से पहचान, अनुभूति का बोध जगाया। व्यक्ति अथवा एक राष्ट्र के संकट को वैश्विक संकट के रूप में प्रस्तुत किया जाने लगा। व्यक्ति और राष्ट्र की समस्या का अंतर्राष्ट्रीय समाधान खोजा जाने लगा। व्यावसायिक और पेशेवर संबंधों और इसके परे नितांत मानवीय रिश्तों दोनों को विश्व के विभिन्न राष्ट्रों, देशों के बीच संप्रेषित करने का अनुवाद ने भगीरथ कार्य किया। अनुवाद विश्व के विभिन्न देशों के बीच संवाद-विवाद की स्थितियों का माध्यम भी बना। अनुवाद के सेतु पर से ही चलकर मूल भाषा अपनी साहित्यिक तथा तकनीकी उपलब्धियों को लक्ष्य भाषा तक पहुँचाती है।

वस्तुतः अनुवाद के कारण जहाँ एक भाषा एवं भाषिक इकाई को दूसरी भाषा की तुलना में अपने साहित्य एवं विकसित ज्ञान-विज्ञान का अंदाजा लगता है, वहीं अनुवाद के द्वारा हमें किसी भाषा की मानसिकता एवं मनोभूमि का सही-सही जायजा हो जाता है।

अनुवाद विश्व की चेतना और गति का बैरोमीटर और विश्व के संपर्क का सूत्रधार बन गया है।

भारत में स्वतंत्रता के पश्चात् जब चहुदिशाओं में विकास की योजनाएँ बनने लगीं, प्रशासनिक कार्यों तथा शिक्षा, विधि आदि विभिन्न क्षेत्रों में भारतीय भाषाओं, विशेष रूप से जब हिन्दी, का दबाव बढ़ने लगा, तब यह आवश्यक हो गया कि भारतीय भाषाओं की साहित्यिक मानसिकता के साथ विभिन्न क्षेत्रों में हिन्दी को बढ़ावा देने के लिए अखिल भारतीय परिभाषिक शब्दावली का निर्माण किया जाए। इस कठिन कर्म को अंजाम देने के लिए अनुवाद एक महत्त्वपूर्ण मार्ग समझा गया। वस्तुतः किसी भी देश की सांस्कृतिक परम्पराओं, साहित्यिक मान्यताओं, वैज्ञानिक शोधों, औद्योगिक विकास, चिकित्सा क क्षेत्र में प्रगति से परिचय प्राप्त करने के लिए अनुवाद एक अनिवार्य माध्यम है। इसके अलावा प्रतिभा के सही फलने-फूलने देने में भी अनुवाद का अपना

योगदान होता है। अनुवाद के माध्यम से प्रतिभाशाली विद्यार्थी किसी विषय अथवा ज्ञान शाखा का अध्ययन अपनी मातृभाषा में सरलता और पूरी समझ के साथ कर पाता है। अगर उसे यह कार्य मातृभाषा को छोड़ किसी अन्य भाषा में करना पड़े तो उसकी शक्ति और समय के व्यय की तुलना में उसे प्राप्त ज्ञान बहुत कम होगा। हो सकता है भाषागत परेशानी उसके भीतर की अभिरुचि को ही बाधित या खण्डित कर दे। इस कारण अनुवाद प्रतिभाशाली छात्र में जिज्ञासा की प्यास, खोज की ललक, वैज्ञानिक अनुशासनों के प्रति दिलचस्पी तथा समय और शक्ति का बचाव कर मात्र किसी छात्र विशेष को ही नहीं वरन संपूर्ण राष्ट्र को उपकृत करता है। यहीं पर इस प्रश्न पर भी विचार कर लिया जाना उचित होगा कि अनुवाद एक कला है अथवा विज्ञान। अनुवाद जहाँ सांस्कृतिक साहित्यिक राजदूत की भूमिका निभाता है वहीं वह वैज्ञानिक एवं तकनीकी विषयों से साक्षात्कार कर हमारे भौतिक जीवन के स्तर को समृद्धतर करता है। ऐसा कहा जाता है कि मूल रचनाकार की तुलना में अनुवादक का कार्य निम्नकोटि का होता है क्योंकि उसमें न तो मूल जैसा सौंदर्य आ पाता है और न वैसी भावाभिव्यक्ति ही संभव हो पाती है किन्तु हमें यह नहीं भूलना चाहिए कि जहाँ मूल लेखक को अपनी रचना के सृजन के लिए भाव कल्पना का मुक्ताकाश मिलता है एवं अभिव्यक्ति के प्रयोग की पूरी छूट मिलती है, वहाँ अनुवादक को लेखकीय स्वर्णमृग को अनुवाद की लक्ष्मणरेखा के बीच बँधना पड़ता है। इसके अलावा उस लेखक की शैली एवं भाषा के प्रवाह के साथ पाठकों की समझ तथा संप्रेषण क्षमता के प्रति भी सतर्क रहना पड़ता है। ताकि एक ओर वह मूल लेखक की रचना को उसकी निजता एवं संवेदन के सभी स्तरों को उसी की भाषा शैली में प्रस्तुत कर सके और दूसरी ओर अपने पाठक वर्ग को भी रचना के विभिन्न आयामों से सहजता से परिचित करा सके।

आज अनुवाद का क्षेत्र बड़ा व्यापक और निरंतर महत्त्वपूर्ण होता जा रहा है। अनुवाद आज न तो घटिया किस्म का रोजगार रहा है और न कामचलाऊ ज्ञानी पंडितों के हस्तलाघव का करिश्मा। आज वह विभिन्न अनुशासनों, विविध ज्ञान शाखाओं के विभिन्न भाषाओं के विस्तार तक संसाधन बन गया है। सचमुच कहा जाए तो आज विश्व का एक दूसरे का परिचय अनुवाद के परिचय पत्र के माध्यम से हो रहा है। एक ओर ललित तथा सृजनात्मक साहित्य की अन्य भाषा में जस की तस प्रस्तुति अनुवाद की कला की संज्ञा प्रदान करती है; वहीं दूसरी ओर भौतिक, तकनीकी, वैज्ञानिक, औद्योगिक शब्दावली का तर्कसम्मत संदर्भ सापेक्ष अनुवाद इसे विज्ञान की शाखा में सम्मिलित करने के लिए तत्पर दिखता है। विज्ञान, तकनीकी, चिकित्सा, विधि तथा वाणिज्य आदि विषयों के अनुवाद में साहित्यिक भावुक भंगिमा के बजाय एक नियत अर्थ के लिए, एक

विशेष प्रयोजन के लिए, एक पर्यायहीन शब्द का प्रयोग होता है। भाषा की विभिन्न अर्थच्छायाओं शैलीगत प्रयोगों से हटकर एक तटस्थ एकार्थक शब्द अनुवाद को विज्ञान का रूप प्रदान करता है। ऐसी पारिभाषिक शब्दावली में न तो भावनाओं का झाग होता है न कि विचारों की झंझा और न किसी दर्शन का आत्मालाप परन्तु उसमें होता है मात्र माध्यम बनने की नियति।

संक्षेप में अनुवाद मूल की जीवंत अनुकृति को इतर भाषा में प्रस्तुत करता है। मूल रचाव-कसाव के साथ पुनर्प्रस्तुतीकरण का प्रयत्न अनुवाद की कला अनुशासन में सम्मिलित करा देता है। वहीं वैज्ञानिक, तकनीकी वाणिज्य, विधि, चिकित्सा आदि परिभाषिक विषयों में अनुवाद की निर्वैयक्तिकता, अनासक्ति, एकार्थकता, पर्यायहीनता, विकल्पशून्यता, स्पष्टता तथा सरलता अनुवाद को विज्ञान का दर्जा प्रदान करते हैं। इस प्रकार हम देखते हैं कि अनुवाद कार्य कार्बन कॉपी करना जैसा सरल कार्य नहीं है, बल्कि वह स्रोत भाषा के सृजनात्मक साहित्य की सृजनात्मकता को लक्ष्य भाषा में उसी क्षमता से उसकी सभी सूक्ष्मताओं एवं भंगिमाओं के साथ रूपांतरित करने का प्रयत्न है। दूसरी ओर वह कार्यालयी अनुवाद की रुक्ष आचार संहिताओं एवं मर्यादाओं व मूल की कार्यालयीनता को लक्ष्य भाषा में उसके संपूर्ण अनासक्त, स्पष्ट एवं तटस्थ भाव से अभिव्यक्त कर देता है। सृजनात्मक साहित्य की सृजनात्मकता से उसका सक्रिय साक्षात्कार एवं कार्यालयीन साहित्य के प्रति उसकी अनासक्त तटस्थता के कारण अनुवाद को आज कला के साथ-साथ विज्ञान भी माना जाने लगा है।

5
पारिभाषिक शब्दावली

पारिभाषिक शब्द अंग्रेजी के टेक्निकल शब्द का हिन्दी अनुवाद है। ग्रीक भाषा के टेक्निक्स शब्द से अंग्रेजी का टेक्निकल शब्द व्युत्पन्न हुआ है। इसका शाब्दिक अर्थ है—Of a particular art, science, craft or about art.[1] अर्थात् विशेष कला का अथवा विज्ञान का अथवा कला के बारे में। इसका प्रयोग Skill (विशिष्ट कला) के अर्थ में भी किया जाता है। इस तरह कहा जा सकता है कि पारिभाषिक शब्द वह शब्द है जो किसी विशिष्ट ज्ञान के क्षेत्र में एक निश्चित निर्धारित अर्थ में प्रयुक्त होता है।

रैण्डम हाउस ने पारिभाषिक शब्द की परिभाषा इन शब्दों में दी है—

"A word of phrase used in definite or precise sense in some particular subject as a science or art a technical empression (more fully term of art)."[2]

"विशिष्ट विषय जैसे विज्ञान अथवा कला विषय की तकनीकी अभिव्यक्ति के लिए निश्चित अथवा विशिष्ट अर्थ में प्रयुक्त एक शब्द अधिकांशतः कला का शब्द।"

अभिनव पाणिनि डॉ॰ रघुवीर ने पारिभाषिक शब्द की परिभाषा देते हुए लिखा है—"पारिभाषिक शब्द किसको कहते हैं, जिसकी परिभाषा की गई हो। पारिभाषिक शब्द का अर्थ है जिसकी सीमाएँ बाँध दी गई हों। जिन शब्दों की सीमा बाँध दी जाती हैं वे पारिभाषिक शब्द हो जाते हैं और जिनकी सीमा नहीं बाँधी जाती वे साधारण शब्द होते हैं।"[3]

---

1. फादर कामिल बुल्के : एन इंग्लिश-हिन्दी डिक्शनरी, पृष्ठ 722
2. रैण्डम हाउस : दी रैण्डम हाउस डिक्शनरी ऑफ दी इंग्लिश लैंग्वेज, पृ॰ 1505
3. डॉ॰ रघुवीर—कम्प्रेहेंसिव डिक्शनरी ऑफ इंग्लिश हिन्दी

उपर्युक्त परिभाषा से पारिभाषिक शब्दों की निम्नलिखित विशेषताएँ प्रकट होती हैं—1. पारिभाषिक शब्द पारिभाषिक होता है अर्थात उसका एक विशिष्ट रूप तथा कर्म-क्षेत्र सीमित कर दिया जाता है। 2. वह शब्द किसी विशिष्ट अर्थ का एकमात्र वाहक-साधक होता है। 3. यही सीमाबंधन उसे सामान्य तथा साधारण शब्द से अलग करता है।

डॉ० भोलानाथ तिवारी पारिभाषिक शब्द के स्वरूप को इन शब्दों में समझाते हैं—"पारिभाषिक शब्द ऐसे शब्दों को कहते हैं जो रसायन, भौतिकी, दर्शन, राजनीति आदि विभिन्न विज्ञानों या शास्त्रों के शब्द होते हैं तथा जो अपने-अपने क्षेत्र में विशिष्ट अर्थ में सुनिश्चित रूप से परिभाषित होते हैं। अर्थ और प्रयोग की दृष्टि से निश्चित रूप से पारिभाषित होने के कारण ही ये शब्द पारिभाषिक शब्द कहे जाते हैं।"[1]

...यह संज्ञा उस शब्द की है जो ज्ञान की किसी विशिष्ट शाखा में एक निश्चित भाव तथा अर्थ के लिए प्रयुक्त होता है। और जिसकी अर्थ परिधि किसी भी भाषा द्वारा निश्चित कर दी जाती है।

पारिभाषिक शब्दावली निर्धारण : समस्या और समाधान

यद्यपि भारत में शब्दकोश निर्माण की परम्परा सन् 1707 में शिवाजी महाराज की प्रेरणा से रघुनाथ पंत द्वारा लिखे गए "रोजकोश" से प्राप्त होती है किन्तु उन्नीसवीं शदी के उत्तरार्ध से हिन्दी पारिभाषिक शब्दावली के निर्माण की दिशा में सुनियोजित प्रयास होने लगे थे। सन् 1898 में नागरी प्रचारिणी सभा, काशी ने 'हिन्दी साइंटिफिक ग्रॉसरी' नामक पारिभाषिक कोश तैयार करवाना प्रारंभ किया जो सन् 1901 में पूर्ण हुआ। तत्पश्चात् सन् 1940 में सुखसंपतिराय भंडारी अजमेर का कोश, 'ट्वेंटिएथ सेंच्युरी इंग्लिश-हिन्दी डिक्शनरी' तथा सन् 1951 में डॉ० रघुवीर का प्रकाशित 'अ कम्प्रिहेंसिव इंग्लिश-हिन्दी डिक्शनरी' आदि उल्लेखनीय कोशों का निर्माण किया गया। इसके पूर्व सन् 1809 में इंग्लैंड में 'ट्रांसलेशन सोसायटी' के द्वारा प्रयत्न किए गए। देश की स्वतंत्रता से जन्मी नई परिस्थितियों, नई आशा-आकांक्षाओं, नई समस्याओं, तथा नई आवश्यकताओं ने पारिभाषिक शब्दावली की आवश्यकता को गंभीरता से उपस्थित किया।

राष्ट्रपति के अप्रैल 1960 के आदेश के संदर्भ में शिक्षा मंत्रालय ने अक्टूबर 1961 में वैज्ञानिक एवं तकनीकी शब्दावली के स्थायी आयोग तथा केंद्रीय अनुवाद ब्यूरो की स्थापना की। तद्नुकूल नये ज्ञान-विज्ञान, नये शास्त्र, नई तक-

1. डॉ० भोलानाथ तिवारी : पारिभाषिक शब्दावली

नीक उद्योगों से परिचय तथा उसे समझने-समझाने के लिए पारिभाषिक शब्दावली की आवश्यकता महसूस की गई। संप्रति लगभग छः सौ ज्ञान शाखाओं में करीब सात लाख मौलिक शब्द तथा चौदह लाख व्युत्पादित शब्द (मूल शब्द से व्युत्पन्न शब्द) प्रयुक्त होते हैं। इन सभी ज्ञान शाखाओं की अपनी पारिभाषिक शब्दावली है। वस्तुतः पारिभाषिक शब्दावली एक प्रयोजनमूलक भाषा प्रकार है जो विषय विशेष की अभिव्यक्ति के लिए कृत्रिम रूप से निर्मित की जाती है। उस शब्दावली का हिन्दी में निश्चयन अथवा निर्धारण किस प्रकार किया जाय? यह बड़ा गंभीर प्रश्न है। आजादी के पैंतीस साल बाद भी हम अपनी पारिभाषिक शब्दावली का निर्धारण या निश्चयन नहीं कर पा रहे हैं। इसके विभिन्न कारणों की ओर आ० देवेन्द्रनाथ शर्मा[1] ने संकेत किया है—(I) सरकार की अनिश्चयात्मक नोति, (II) केन्द्रीय अभिकरण का अभाव, (III) गंभीरता तथा निष्पक्षता की कमी, (IV) तर्क की अपेक्षा भावना का महत्त्व, (V) भाषा के क्षेत्र में भी राजनीतिक दाँव-पेंच, (VI) देश के प्रबुद्ध वर्ग की उदासीनता तथा (VII) भौतिक विकास में मग्न होकर भाषा को भावात्मक एकता का आधार न मानने की भूल। ये सभी सातों कारण महत्त्वपूर्ण समस्या की तह तक ले जाने वाले तथा स्वतः स्पष्ट हैं। अतः विस्तार से इन पर चर्चा न कर शब्द-निर्धारण पर चर्चा करेंगे।

स्टीफन अल्मन (Stephan Ullaman) ने अपने अंग्रेजी ग्रंथ "शब्द और उनके प्रयोग" में शब्दावली के अभाव को दूर करने के लिए चार पद्धतियों की ओर इशारा करते हुए लिखा है कि "शब्दावली की रिक्तता (कमी) को भरने के लिए चार पद्धतियाँ वक्ता के पास हैं अथवा शब्द निर्माण की सामान्य प्रक्रिया का आश्रय ले। अथवा किसी अन्य भाषा से पारिभाषिक शब्द उधार ले। या तो कामचलाऊ शब्दों में से किसी नये शब्द का निर्माण करे अथवा वर्तमान शब्द का अर्थपरिवर्तन करे।"[2] "चैम्बर्स टेक्निकल डिक्शनरी" में भी पारिभाषिक शब्दों की ओर संकेत किया गया है—"पारिभाषिक शब्दावली वस्तुतः विशेषज्ञों एवं तकनीकविदों के अपने विशेष विचारों

1. आ० देवेन्द्रनाथ शर्मा : राष्ट्रभाषा हिन्दी की समस्याएं और समाधान पृष्ठ 58-59
2. 'Four methods are at the speaker's disposal when a gap in the vocabulary has to be filled. He can either create a word from a scratch, or resort to one of the usual processes of word formation or barrow a term from same other language of change the weaving same existing word.' p. 57

को लिपिबद्ध करने के लिए ग्रहण, अनुकूलन तथा निर्माण के द्वारा तैयार किए जाने वाले प्रतीक हैं।"[1]

डॉ० भोलानाथ तिवारी ने भी एक शब्द विशेष का विशिष्ट ज्ञान शाखा में एक निश्चित भाव तथा अर्थ के लिए प्रयुक्त होने को पारिभाषिक शब्द की विशेषताएँ स्वीकार की हैं। डॉ० सत्यव्रत नवीन युग परिप्रेक्ष्य एवं नूतन संदर्भों तक पारिभाषिक शब्द के अर्थ एवं प्रयोग क्षेत्र के विस्तार के पक्ष में हैं—किसी विशेष अर्थ के लिए प्रयुक्त शब्दों को "पारिभाषिक" कहा जाता है। वास्तव में इसके लिए अंग्रेजी का "टेक्निकल" शब्द प्रयुक्त होता है जिसका रूपांतरण अनेक विद्वानों द्वारा हिन्दी में "तकनीकी" किया है। किन्तु "टेक्निकल" या तकनीकी शब्दों के पीछे जो भाव छिपा है उससे ज्ञात होता है कि ये वे ही शब्द हैं जिन्हें भौतिक, रसायन या यांत्रिक विज्ञान संबंधी शाखाओं के विशेषज्ञ ही प्रयुक्त करते हैं। परन्तु आजकल इन शब्दों की आवश्यकता व माँग विशेषज्ञों की सीमा तोड़कर साधारण बोलचाल, दैनिक व्यवहार, औपचारिक लिखा-पढ़ी व विचार विनिमय के लिए भी बढ़ती जा रही है। वैज्ञानिक उन्नति के साथ-साथ दैनिक जीवन में नई-नई वस्तुएँ, क्रियाएँ, विचार, भावनाएँ तथा नियमादि का तेजी से प्रवेश हो रहा है। अतः इनके द्योतक सभी नवीन शब्दों के लिए हिन्दी में पारिभाषिक शब्द स्वीकार किया गया है।[2]

इस प्रकार कहा जा सकता है कि किसी विशिष्ट ज्ञान शाखा की विशिष्ट अभिव्यक्ति के लिए प्रयुक्त विशिष्ट शब्द पारिभाषिक शब्द कहलाता है। यह शब्द विशिष्ट ज्ञान शाखा के किसी सुनिश्चित विशिष्ट अर्थ को ही ध्वनित करता है। इसके अलावा उक्त संदर्भ में उसके लिए न तो किसी प्रकार के अर्थ भेद की गुंजाइश होती है और न किसी प्रकार के अनिश्चय का ही वह वाहक होता है। वह तो बस मीन की आँख के लक्ष्य का वेधी तथा साधक होता है।

पारिभाषिक शब्दावली : एक अनिवार्यता

आज का युग विज्ञान और प्रविधि का युग है। विज्ञान की नई उपलब्धियों का साक्षात्कार, उद्योगों के विस्तार तथा विभिन्न ज्ञान शाखाओं में निरंतर विकसित होती ज्ञान चेतना तथा बढ़ते हुए चिंतन क्षितिज से समुचित परिचय करने-कराने तथा पारस्परिक संवाद तथा विशिष्ट संप्रेषण के लिए सामान्य अथवा

---

1. चैम्बर्स टेक्निकल डिक्शनरी—Technical terms in Symbalo adopted or inverted by special and technicians to facilitate the precise recording ideas.
2. डॉ० सत्यव्रत : भारतीय राष्ट्रभाषा सीमा तथा समस्याएँ, पृष्ठ 26

साधारण भाषा अपर्याप्त तथा असमर्थ होती है। अतः इन नवीन शोधों-प्रयोगों तथा उपलब्धियों से लाभान्वित होने के लिए उस ज्ञान शाखा की विशिष्ट शब्दावली का ज्ञान आवश्यक है। विशिष्ट ज्ञान शाखा की ये ही विशिष्ट अभिव्यक्तियाँ पारिभाषिक शब्दावली की सृजन भूमि हैं। वास्तव में सूक्ष्म बौद्धिक चिंतन एवं तकनीकी ज्ञान के विकास के साथ तकनीकी भाषा का विस्तार होता है। जिस भाषा में जितने अधिक पारिभाषिक शब्दों का रचाव-जमाव होगा वह भाषा आज उतनी ही सम्पन्न समृद्ध कहलाएगी तथा बौद्धिक चिंतन तथा समकालीन जीवन जगत के लिए उतनी ही अधिक उपयुक्त कही जाएगी। किसी भी भाषा में समुचित पारिभाषिक शब्दावली की विद्यमानता उस भाषाभाषी वर्ग के बौद्धिक उत्कर्ष एवं सम्पन्नता की परिचायक होती है और उसका अभाव बौद्धिक दरिद्रता का।[1] सचमुच समर्थ राष्ट्र की भाषा में पारिभाषिक शब्दावली के निर्माण तथा विकास की प्रक्रिया निरंतर जारी रहनी चाहिए। जिस भाषा में यह प्रक्रिया अवरुद्ध हो जाती है उसे बौद्धिक दृष्टि से पिछड़े हुए लोगों की भाषा माना जा सकता है। आधुनिक दृष्टि से समर्थ होने का या बनने का प्रयत्न करने का भी दावा करने वाली कोई भी भाषा पारिभाषिक शब्दावली के स्तर पर निष्क्रिय होकर नहीं बैठ सकती। इस प्रक्रिया के रुकने का अर्थ होता है ज्ञान-विज्ञान के रथ के पहियों का रुक जाना।[2] हिन्दी के संदर्भ में पारिभाषिक शब्दावली की आवश्यकता और अधिक बढ़ जाती है। उसे स्वतंत्रता के बाद संघ की राजभाषा, हिन्दी प्रदेशों की राज्य भाषा, तथा हिन्दी प्रदेशों में सहराजभाषा का पद प्राप्त हुआ है। अतः इस गंभीर उपयोग के वहन के लिए भाषा का सर्वांगीण विकास अनिवार्य है। उसे एक ओर जहाँ राजभाषा के संघीय संवैधानिक कार्यों को निष्पादित करना है, सांस्कृतिक साहित्यिक चेतना को स्पन्दित करना है वहीं उसे ज्ञान-विज्ञान, विधि आदि की विभिन्न ज्ञान शाखाओं की विशेष सुनिश्चित स्पष्ट अभिव्यक्तियों के लिए पारिभाषिक शब्दावली से भी स्वयं को समृद्ध तथा सम्पन्न करना ज़रूरी है। इसके अलावा औद्योगिक क्षेत्र की अंग्रेजी पारिभाषिक शब्दावली के स्थान पर राष्ट्रीय स्वाभिमान, भारतीय अस्मिता की प्रतिष्ठा तथा मानसिक गुलामी से मुक्ति के लिए हिन्दी पारिभाषिक शब्दावली का होना आवश्यक है। स्वतंत्रता के पश्चात हिन्दी का व्यवहार अत्यधिक विस्तृत हो गया है। अब प्रारम्भिक शिक्षा से लेकर उच्चतम शिक्षा के माध्यम के रूप में हिन्दी का अग्रगामी प्रयोग होने लगा है। अतः ज्ञान के विभिन्न अनुशासनों के अध्ययन-अध्यापन के लिए

---

1. डॉ० महेन्द्र चतुर्वेदी : पारिभाषिक शब्दावली : कुछ समस्याएँ, पृष्ठ 188
2. डॉ० सत्यव्रत : भारतीय राष्ट्रभाषा सीमाएँ तथा समस्याएँ

उनकी पारिभाषिक शब्दावली का हिन्दी में होना जरूरी है। इस प्रकार नये राजनीतिक-संदर्भ, नयी औद्योगिकता, नयी शिक्षा और स्वतंत्र देश की नयी भावुकता ने हिन्दी में नयी शब्दावली के निर्माण की समस्या को उत्पन्न कर दिया है। नयी शब्दावली के निर्माण की समस्या का समाधान प्रस्तुत करने के पूर्व पारिभाषिक शब्द की सामान्य विशेषताओं की ओर दृष्टिपात कर लिया जाए।

सामान्य विशेषताएँ

यूनेस्को की ओर से प्रोफेसर आगस्टिनो सेवोरिन ने साइंटिफिक एण्ड टेक्निकल ट्रांसलेशन एण्ड अदर अस्पक्ट्स ऑफ लैंग्वेज प्रोब्लम[1] में पारिभाषिक शब्द की विशेषताओं पर विस्तार से प्रकाश डाला है। डॉ० भोलानाथ तिवारी[2] तथा डॉ० सत्यव्रत[3] आदि ने भी पारिभाषिक शब्द की सामान्य विशेषताओं की ओर अपने-अपने ग्रन्थों में चर्चा की है। इनके ग्रंथों के अध्ययन से पारिभाषिक शब्द की निम्नलिखित सामान्य विशेषताएँ ज्ञात होती हैं—

(1) पारिभाषिक शब्द की पहली विशेषता उच्चारण की दृष्टि से उसका सरल होना है। प्रयोक्ता के लिए पारिभाषिक शब्द का उच्चारण सरल होना चाहिए ताकि उसे इसका प्रयोग करने में किसी प्रकार की हिचकिचाहट या परेशानी का अनुभव न हो। अगर पारिभाषिक शब्द किसी अन्य भाषा से लिया जाए तो उसे "अनुकूलन पद्धति" एकेडमी—अकादमी (ध्वनि की दृष्टि से ग्रहण भाषा के अनुकूल करना जैसे एकेडमी—अकादमी) से अपनी भाषा की प्रकृति के अनुकूल ढाल लेना चाहिए ताकि प्रयोक्ता उसका उच्चारण सरलता से कर सके किन्तु सुगमता तथा शुद्धता में प्राथमिकता शुद्धता को दी जानी चाहिए।

(2) नियतार्थता तथा परस्पर अपवर्जिता पारिभाषिक शब्द की दूसरी विशेषता है अर्थात् पारिभाषिक शब्द का अर्थ सुनिश्चित, नियत, सुबोध तथा स्पष्ट होना चाहिए। उसे अर्थ संकोच अथवा अर्थ विस्तार दोष से मुक्त होना चाहिए। पारिभाषिक शब्द को अपनी अर्थ परिधि से अधिक या कम अर्थ अभिव्यक्त नहीं करना चाहिए।

(3) एक अनुशासन अथवा संकल्पना के एक शब्द को निरंतर सिर्फ किसी एक ही अर्थ का परिचायक होना चाहिए। किसी एक संकल्पना के लिए एक ही शब्द का प्रयोग किया जाना चाहिए।

---

1. यूनेस्को : 1957, 7-1-13, पृ० 213
2. डॉ० भोलानाथ तिवारी : पारिभाषिक शब्दावली
3. डॉ० सत्यव्रत : भारतीय राष्ट्रभाषा, सीमाएँ तथा समस्याएँ

(4) पारिभाषिक शब्द अल्पाक्षर होना चाहिए ताकि प्रयोगाधिक्य के कारण भी प्रयोक्ता को हिचक अथवा असुविधा न हो।

(5) पारिभाषिक शब्द यथासंभव एक ही मूल शब्द से निर्मित होना चाहिए ताकि उसमें अर्थ की गहनता, स्पष्टता तथा उच्चारणगत सुगमता हो।

(6) जननशक्ति का गुण मूल पारिभाषिक शब्द के लिए अनिवार्य है ताकि जरूरत पड़ने पर उपसर्ग, प्रत्यय या शब्द जोड़कर अन्य सम्बद्ध शब्द निर्मित किए जा सकें। विदेशी शब्द उर्वरता के इस गुण से प्रायः विरहित होते हैं अतः जहाँ तक संभव हो उनका उपयोग नहीं करना चाहिए।

(7) सरलता और बोधगम्यता के लिए समान श्रेणी के शब्दों में एकरूपता का होना अनिवार्य है। साथ ही साथ असमान संकल्पनाओं अथवा चीजों के लिए मिलते-जुलते शब्द-प्रयोग को टालना चाहिए अन्यथा गलतफहमी होने का डर रहता है। इसके विपरीत संबद्ध संकल्पनाओं और चीजों के लिए एक श्रेणी के शब्द होने चाहिए। ताप के साथ तापमापी का प्रयोग ताप और थर्मामीटर से अच्छा है।

(8) हर शब्द को स्वतंत्र तथा अलग होना चाहिए ताकि उसे पढ़कर या सुनकर किसी अन्य पारिभाषिक शब्द का भ्रम पाठक या श्रोता को न हो।

(9) यदि विभिन्न भाषाओं के लिए एक ही पारिभाषिक शब्द का प्रयोग किया जाना हो तो उस शब्द को उच्चारण की दृष्टि से सरल तथा अर्थ की दृष्टि से एकदम स्पष्ट होना चाहिए।

(10) पारिभाषिक शब्दावली में संक्षिप्तता के साथ-साथ सांकेतिकता को भी एक जरूरी गुण मानना चाहिए ताकि भाषा के नूतन संकेत वैज्ञानिक प्रगति को रेखांकित कर सकें। किसी भी रूप या भाव के वर्णनात्मक अथवा शब्दात्मक संकेत अर्थ ग्रहण के माध्यम बन जाते हैं, जैसे—साहि० —साप्ताहिक हिन्दुस्तान।

इस प्रकार हम देखते हैं कि साधारणतः पारिभाषिक शब्दावली के निर्धारण अथवा निश्चयन के लिए चार पद्धतियाँ बतलायी गई हैं—(1) ग्रहण, (2) अनुकूलन, (3) संचयन तथा (4) निर्माण।

(क) **ग्रहण** (Principle of adaptation)—इसे "उद्धृत शब्दावली"[1] भी कहा जाता है। इस प्रक्रिया के अन्तर्गत विशेषरूप से यूरोपीय भाषाओं में प्रचलित पारिभाषिक शब्दावली को ज्यों का त्यों ग्रहण कर लेने का सुझाव है। इसके पक्ष में निम्नलिखित तर्क हैं—(1) इससे नयी पारिभाषिक शब्दावली के निर्माण के पीछे होने वाला श्रम, समय तथा सम्पत्ति का व्यय बच जाएगा।

(2) अंग्रेजी की पारिभाषिक शब्दावली अन्तर्राष्ट्रीय पारिभाषिक शब्दावली

---

1. हरिमोहन राय सक्सेना : बम्बई विद्यापीठ रजत जयंती ग्रंथ पृष्ठ 89

है। अतः इसे अपनाने से वैज्ञानिक, औद्योगिक तथा प्राविधिक क्षेत्रों में समस्त विश्व से सहज ही हमारा संवाद तथा संबंध स्थापित हो सकेगा। इससे इन क्षेत्रों में हमारा विकास द्रुततर हो सकेगा।

इन दो लाभों पर जोर देकर इस देश का एक बहुत बड़ा पढ़ा-लिखा वर्ग अन्तर्राष्ट्रीय शब्दावली के ग्रहण पर जोर देता है। परंतु गहराई से सोचने पर उनके तर्क बड़े निष्प्रभ तथा अज्ञानजन्य दिखायी देते हैं। अन्तर्राष्ट्रीय शब्दावली ग्रहण करने के पूर्व इस "अन्तर्राष्ट्रीय" शब्द को समझ लें। विदेश में अन्तर्राष्ट्रीथ का मतलब उस शब्दावली से है जो यूरोप के कम से कम तीन देशों में प्रचलित हो। वस्तुतः उसे अन्तर्राष्ट्रीय न कहकर यूरोपीय शब्दावली कही जानी चाहिए। यही कारण है कि स्वयं वहाँ के विचारकों, वैज्ञानिकों ने इस शब्द-प्रयोग के खिलाफ आवाज बुलन्द की है। 'साइंस न्यूज सर्विस' के "डिवीजन ऑफ इण्टर लिंग्वा" के अध्यक्ष का सुझाव है कि "रसायन और आधुनिक विज्ञान की अन्य शाखाओं की पारिभाषिक शब्दावलियों के प्रसंग में हम जिस 'अन्तर्राष्ट्रीय' संज्ञा का प्रयोग करते हैं, उसे बदलकर या तो प्रामाणिक योरोपीय भाषा कर देना चाहिए या फिर उसका आशय सदैव इसी पर्याय के अनुसार समझा जाना चाहिए।"[1]

(3) तथाकथित अन्तर्राष्ट्रीय शब्दावली को मान्यता प्रदान करवाने के लिए प्रयत्नशील विद्वानों का यह भी मत है कि अन्य अनेक देशों ने इसे स्वीकार कर लिया है; परंतु वस्तुस्थिति यह है कि इस पारिभाषिक शब्दावली को स्वीकार करने वाली भाषाओं में न नये शब्द के निर्माण करने की शक्ति ही है और न इनकी भाषा में विभिन्न अनुशासनों के लिए विभिन्न ठोस एकार्थ विशेष की साधिका पारिभाषिक शब्दावली है। विश्व में संस्कृत, लैटिन, ग्रीक तथा चीनी ये ही चार भाषाएँ पारिभाषिक शब्दावली के निर्माण में पूर्णतया सक्षम हैं। यही कारण है कि तुर्की अंग्रेजी की अन्तर्राष्ट्रीय प्राविधिक शब्दावली स्वीकार कर लेती है किन्तु चीनी भाषा इसकी ओर फटकती भी नहीं है। अतः नवीन पारिभाषिक शब्द संरचना की प्रक्रिया में 'ग्रहण' तत्व के बहाने योरोपीय शब्दावली की अन्तर्राष्ट्रीय शब्दावली के नाम से भारतीय भाषाओं में घुसपैठ अनुचित कही जाएगी। किन्तु इसका यह तात्पर्य कदापि नहीं है कि हम संपूर्णतया विदेशी शब्दों को अस्वीकार कर उनके स्थान पर अपनी भाषा के नये-नये शब्दों का निर्माण करें। जहाँ तक विदेशी शब्दावली में व्यक्ति के नामों के आधार पर बनाये गए शब्द हैं उन्हें स्वीकार कर लेना चाहिए जैसे—भारतीय वैज्ञानिक सत्येन्द्र बोस के नाम पर गढ़ा गया शब्द बोसोन। हमें ऐसे शब्दों को भी स्वीकार कर

1. General of Chemical Education, March 1953

लेना चाहिए जो एक लम्बे अर्से से हमारी भाषा में घुलमिल गए हैं। इसी प्रकार सांस्कृतिक आदान-प्रदान, व्यापार अथवा शासन आदि विभिन्न कारणों से जो शब्द हमारी भाषा में चले आये हैं उन्हें भी स्वीकार कर लेना चाहिए; जैसे — पेट्रोल, कार, रेडियो आदि। मगर इस स्वीकरण में हमारा भाषा-दारिद्र्य अथवा हीनता प्रकट नहीं होनी चाहिए। इतना अवश्य है कि यदि इन शब्दों के स्थान पर देशी पर्याय उपलब्ध व प्रचलित हों तो उन्हें विदेशी शब्दों की तुलना में अंगीकार करना चाहिए।

(ख) **अनुकूलन :** (Adaptation): जब विदेशी शब्दावली को अपनी भाषा की ध्वन्यात्मक एवं व्याकरणात्मक विशेषताओं के अनुकूल परिवर्तित कर अपनी भाषा में शामिल कर लिया जाता है तब, इस प्रक्रिया को 'अनुकूलन' कहते हैं। यह प्रक्रिया दो प्रकार से सम्पन्न की जाती है। पहली किसी शब्द की विदेशी ध्वनि को अपनी भाषा की ध्वनि पद्धति में ढाल लेना, जैसे — विदेशी एंजिन — भारतीय इंजन हो गया। इसे ध्वन्याकूलन कहा जाता है। अनुकूलन के दूसरे रूप को शब्दानुकूल कहा जाता है। इसे दो भाषाओं का समासीकरण अथवा संधीकरण भी कहते हैं। इसमें विदेशी शब्द को नामधातु मानकर अपने व्याकरण के सहयोग से उसे नया रूप प्रदान किया जाता है। जैसे—Appelate अपीलीय।

(ग) **संचयन** : पारिभाषिक शब्दावली निश्चयन की तीसरी प्रक्रिया 'संचयन' कहलाती है। इसके अन्तर्गत भारतीय भाषाओं, उपभाषाओं तथा बोलियों के उपयुक्त अछूते शब्दों का पारिभाषिक रूप में संचय व प्रयोग किया जाना चाहिए।

(घ) **निर्माण** : छह सौ ज्ञान-विज्ञान शाखाओं के लाखों में प्रयुक्त मौलिक तथा व्युत्पादित शब्दों के लिए हिन्दी की अपनी पारिभाषिक शब्दावली आवश्यक है क्योंकि विदेशी शब्दावली से शब्द-निर्माण की प्रक्रिया बाधित हो जाती है और हमें यह नहीं भूलना चाहिए कि पारिभाषिक शब्दावली अपनी भाषा की शब्द संपदा का महत्त्वपूर्ण हिस्सा होती है तथा उसे भाषा के व्याकरण के अनुकूल ढालना पड़ता है और विदेशी शब्दावली को व्याकरणानुकूल बनाना हमेशा संभव नहीं होता। पारिभाषिक शब्दावली के निर्धारण की पहली तीनों प्रक्रियाएँ सहज हैं परन्तु उनसे पारिभाषिक शब्दों की आवश्यकताओं की पूर्ति नहीं हो सकती। उसकी पूर्ति निर्माण से ही संभव है। पद्धति निर्माण उतनी सरल नहीं है। यह सिर्फ चीनी, ग्रीक, लैटिन तथा संस्कृत में संभव है। धातु, उपसर्ग एवं प्रत्यय—ऐसे महत्त्वपूर्ण तत्व हैं जिनसे शब्द निर्माण की प्रक्रिया चलती है। इस तरह से जिन शब्दों का निर्माण होता है उसमें से एक तो वे शब्द होते हैं जिनमें पारिभाषिक ध्वनि संकेत होते हैं जिन्हें नाम कहा जाता है और दूसरे शब्द व्यापार या कार्य के प्रतीक होते हैं इन्हें आख्यात (क्रिया) कहा जाता है। पारिभाषिक शब्दावली के लिए हमें उपर्युक्त दोनों प्रकार के शब्दों का निर्माण करना पड़ता है क्योंकि

प्रत्येक विज्ञान में तथ्यान्वेषण तथा कार्यानुसंधान की प्रक्रियाएँ होती हैं। प्रत्येक भाषा की मूल धातु में अर्थ का बीज समाया रहता है और जब विज्ञान की नई शोधों, पदार्थ के गुणों और व्यापारों का द्योतन करती हैं तब भाषा अपनी मूल धातु के साथ प्रस्तुत होकर उपसर्गों तथा प्रत्यय के द्वारा उनको उद्घाटित करती है। जैसे वच् धातु में प्रत्यय व उपसर्ग लगा कर बने विभिन्न संज्ञा शब्द।

प्रत्यय = वचन, वाचा, वाचाल

उपसर्ग = प्रवचन, सुवचन, निर्वचन

विख्यात पारिभाषिक शब्द निर्माता डॉ० डी० एस० कोठारी ने पारिभाषिक शब्दावली के निर्माण के तीन बुनियादी सिद्धांत बतलाए हैं—(1) उपयोगिता, (2) सरलता तथा (3) लचकीलापन। जहाँ तक पहले दो सिद्धांतों का प्रश्न है वहाँ मतभेद की गुंजाइश नहीं है परन्तु तीसरा शब्द 'लचकीलापन' का प्रयोग भ्रामक है। अगर इससे उनका तात्पर्य शब्द की नमनीयता तथा विभिन्न संदर्भ में विभिन्न अर्थों का संकेतक होना है तो पारिभाषिक शब्दावली के लिए यह सिद्धांत मारक और घातक है। कारण कि पारिभाषिक शब्दावली की पहली विशेष उसकी एकार्थता है। मगर अगर नमनीयता का अर्थ नये ज्ञान-विज्ञान के लि नई अभिव्यक्ति के लिए मार्ग प्रशस्त करना हो तो यह सिद्धांत भी स्वीकार्य है।

पारिभाषिक शब्दावली के निर्माण के संदर्भ में सुप्रसिद्ध भाषाविद् डा रघुवीर ने तेरह सिद्धांत दिए हैं। वे इस प्रकार हैं—

1. प्रत्येक मुख्य अर्थ के लिए एक पृथक् शब्द हो जैसे—पावर के लिए शक्ति, फोर्स के लिए बल, एनर्जी के लिए ऊर्जा।

2. प्रत्येक शब्द अन्वर्थ अर्थात् अर्थानुगामी हो जैसे—स्थानान्तरण की माप या स्पीड के लिए गति और स्थानान्तरण की प्रवृत्ति के लिए चाल।

3. असमस्त पदों का परिमाप चार अक्षरों से अधिक नहीं होना चाहिए जैसे—Phosphorus के लिए भास्वर।

4. योरोपीय शब्दों के विभिन्न या अनेक प्रतीकों व संक्षेपों के भारतीय शब्द भी विभिन्न या अनेक प्रतीक व संक्षेप वाले होने चाहिए, जैसे—गणित, रसायन आदि के संक्षेप व प्रतीक (चिह्न)।

5. योरोपीय असमस्त पदों का अनुवाद असमस्त पदों से किया जाय अर्थात् शब्द व्याख्यात्मक नहीं होना चाहिए, जैसे—सिग्नल के लिए संकेतक न कि अग्निरथगमनागम/नसूचक लोहपट्टिका।

6. यथाशक्य उपसर्गों का अनुवाद उपसर्गों से और प्रत्ययों का अनुवाद प्रत्ययों से करना चाहिए जैसे—

1. **प्रत्यय**—Phosph से ate, ated, atic, atcle, ation, ide, in, inic, onic आदि प्रत्यय एक-एक दो-दो बार लगते हैं। Phosph का अनुवाद

भास्व, ate का ईय, phosphati = भास्वीय ।

Ated —	इयित	= Phosphatid	भास्वीयि
Atie —	ईयिक	= Phosphatic	भास्वीयि
Atido —	हयेय	= Phospation	भास्वीयेय
Ation	हेयन	= Phosphation	भास्वीयेय
Ide —	इय	= Phosphide	भास्विन्
In	इन	= Phosphin	भास्विन
Inic	अयिक	= Phosphinic	भास्वयिक
Onic	आयिक	= Phosphonic	भास्वायिक

2. उपसर्ग—Peri के लिए परि

Peri —	परि	= Perimeter	परिमाप
Sub —	अनु	= Subgenus	अनुप्रजाति
Con —	सं०	= Condence	संघनन
Ab —	अप	— Ab-rade	अपघर्षण
Anti	प्रति	— Antimere	प्रतिखंड
Eu	सु	— Eupepsia	सुपचन
Dys —	दुस्	— Dyspnea	दुश्श्वसन

7. योरोपीय समस्त शब्दों का विश्लेषण द्वारा सार्थक अंगों के अनुवाद से भारतीय शब्दों का निर्माण किया जाना चाहिए। जब अंग्रेजी शब्द समस्त हो तो इसका विश्लेषण करके सार्थक अंगों का अलग अनुवाद करके उनके सहयोग से हिन्दी के शब्द का निर्माण किया जाए जैसे—Centrifugal केन्द्रापग—केन्द्र से अपगमन करने वाला—

Centre — केन्द्र   Fugae — अपग

8. विदेशी शब्दों के एक शब्द से बने विभिन्न रूप एक ही शब्द से व्युत्पादित किए जाएँ, जैसे—

Law —	विधि	Legislate —	विधान
Lawful —	विधिवत	Legislative —	विधायी
Legal —	वैध	Legislator —	विधायक
Illegal —	अवैध	Legislatable —	विधेयक
Lawless —	विधिहीन	Legislature —	विधायिनी
Lawlessness —	विधिहीनता	Ledislatorlai —	विधायकीय

9. प्रत्येक शब्द के व्याकरण व अर्थ सम्बन्धी समस्त या असमस्त सभी पदों का संग्रह करके ही अनुवाद किया जाना चाहिए, जैसे—

(1) व्याकरण संबंधी — Acid   अम्ल

	Acidic	अम्लिक
	Acidiant—	अम्लकर
	Acidification	अम्लन
	Acidifier	अम्लक
2. अर्थ संबंधी —	Right	अधिकार
	Authonity	प्राधिकार
	Prerogative	परमाधिकार
	Privilege	विशेषाधिकार
	Monopoly	एकाधिकार

10. वास्तविक शब्दों के संक्षिप्तीकरण के साथ नये विचारों के लिए नये प्रत्ययों का निर्माण करना चाहिए। अंग्रेजी में रसायन संबंधी धातुवाची तत्त्वों के द्योतन के लिए 'Uni' प्रत्यय प्रयुक्त होता है और इनके लिए भारतीय 'पारिभाषिक शब्दावली'—निर्माण में 'आतु' प्रत्यय का प्रयोग कर सकते हैं, जैसे— Alumin—स्फटी, Aluminium—स्फट्यात।

11. नवीन शब्दों के निर्माण से पूर्व हमारी प्राचीन भाषाओं के ग्रंथों में तथा संस्कृत से प्रभावित अन्य देशों की भाषाओं में उपलब्ध शब्दों का अनुसंधान कर लेना चाहिए।

12. प्रांतीय भाषाओं में उपलब्ध शब्द यदि पूर्वोक्त नियमों के आधार पर अधिक उपयुक्त जँचे तो हिन्दी की अपेक्षा उन्हें प्राथमिकता दी जानी चाहिए, जैसे 'वायरलेस' को हिन्दी में 'वितन्तु' कहा गया है। तेलुगू में 'वितन्तु' का अर्थ 'विधवा' होता है। 'वायरलेस' को तेलुगू में 'निस्तन्ली' कहा गया है। अतः 'वितन्तु' की जगह 'निस्तन्ली शब्द को स्वीकार कर लेना अधिक उचित है। तात्पर्य यह है कि ऐसे शब्दों को अखिल भारतीय पारिभाषिक शब्दावली में स्थान न दिया जाय, तो किसी क्षेत्रीय भाषा में अन्य अर्थ के सूचक हों।

13. अंतिम सिद्धांत यह है कि इस पारिभाषिक शब्दावली का प्रयोग शास्त्रीय स्तर पर हो और जनसामान्य के व्यवहार में प्रयुक्त शब्द साथ-साथ चलते भी रहें तो कोई हानि नहीं है। शास्त्रीय शब्द सदैव जनसाधारण में धीरे-धीरे ही फैलते हैं।

पारिभाषिक शब्दावली निर्माण के ये तेरह मूल सिद्धांत हैं और इस आधार पर विश्व की प्रत्येक भाषा के शब्दों का भारतीय प्रतिरूप तैयार किया जा सकता है।[1]

---

1. बम्बई हिन्दी विद्यापीठ रजत जयन्ती अंक, पृष्ठ 100

निर्माण की पाँच प्रक्रियाएँ

पूर्वोक्त तेरह मौलिक सिद्धांतों के आधार पर शब्द निर्माण के रूपार्थ निश्चय की पाँच प्रक्रियाएँ स्वीकार की गई हैं—

1. धातु में प्रत्यय उपसर्ग लगाकर, जैसे—

प्रत्यय	Capacity	धारिता (धु + णिनि + ता)
उपसर्ग	Acquisition	अभिग्रहण (अभि + ग्रह + ल्णुट्)

2. दो धातुओं को मिलाकर, जैसे—Test-flying जाँच-उड़ान
3. सामासिक पद बनाकर, जैसे—Surveying सर्वेक्षण,
   Interview साक्षात्कार
4. निपात द्वारा या नामधातु बनाकर, जैसे—Pressurised दाविता
   Oxidization ओषीकरण
5. यदृच्छा शब्दों के निर्माण, जैसे—Raman Effect रमन प्रभाव

इन पाँच प्रक्रियाओं द्वारा पूर्वोक्त तेरह सिद्धांतों के आधार पर सभी पारिभाषिक शब्दों का भारतीयकरण कर लिया जाना चाहिए।

इन निर्मित शब्दों के लिए एक और सिद्धांत बनाया गया है कि जहाँ प्रत्ययों के आधार पर व्याकरण की दृष्टि से लिंगभेद करना आवश्यक हो, उन शब्दों को छोड़कर सभी पारिभाषिक शब्दों को पुलिंग मान लिया जाना चाहिए।[1]

भारतीय पारिभाषिक शब्दावली : प्रश्नों के घेरे

स्वतंत्रता के तुरंत पश्चात विकासशील राष्ट्रों के सम्मुख जो अनेक समस्याएँ आती हैं उनमें से एक महत्त्वपूर्ण समस्या विधि, चिकित्सा आदि के नये ज्ञान से, नवीनतम वैज्ञानिक शोधों से तथा अभिनव औद्योगिक यंत्रतंत्र से परिचित होना है। विभिन्न ज्ञान शाखाओं-प्रशाखाओं की अपनी-अपनी विशिष्ट शब्दावली होती है जो सामान्य शब्दावली से अर्थ एवं व्यवहार दोनों रूपों में भिन्न होती है। यही पारिभाषिक शब्दावली कहलाती है। इस पारिभाषिक शब्दावली की जानकारी के अभाव में उससे सम्बद्ध शास्त्र की दुनिया में कोई प्रवेश नहीं कर सकता है। आज लगभग छह सौ ज्ञान शाखाओं के लाखों पारिभाषिक शब्दों से नवविकासशील राष्ट्र भारत की राजभाषा को समृद्ध तथा संयोजित करना आवश्यक है ताकि विश्व के विभिन्न देशों की वैज्ञानिक एवं प्राविधिक उपलब्धियों मे भारत को सम्पन्न तथा समृद्ध किया जा सके। साथ-साथ अपने यहाँ भी तकनीकी और वैज्ञानिक प्रगति को प्रस्तुत किया जा सके, किन्तु आज पारिभाषिक शब्दों के निर्माण तथा प्रयोग को लेकर अनेक प्रश्न और अनेक समस्याएँ उठ खड़ी हुई हैं।

---

1. डॉ० सत्यव्रत : भारतीय राष्ट्रभाषा—सीमाएँ तथा समस्याएँ, पृ० 116

और विभिन्न विद्वान विभिन्न वर्गों में बँट गए हैं।

विद्वानों के एक वर्ग का कहना है कि उपलब्ध भारतीय पारिभाषिक शब्दावली का ही सिर्फ उपयोग किया जाना चाहिए। इसके विपरीत कुछ अन्य विद्वान की मान्यता है कि संस्कृतियों के संगम इस देश की पारिभाषिक शब्दावली भी मिश्रित होनी चाहिए। विद्वानों का एक तीसरा दल शब्दावली के अन्तर्राष्ट्रीय स्वरूप को ज्यों का त्यों अपना लेने के पक्ष में है ताकि श्रम, शक्ति तथा समय की बचत हो सके तथा हम विश्व की प्रगति के साथ चल सकें एवं समस्त विश्व में तकनीकी संवाद की स्थिति में हमारी हैसियत सिर्फ हकलाने की न रहे। विद्वानों के एक वर्ग ने समन्वय का मार्ग अपनाया और यथावश्यक, यथास्थान, तथा यथायोग्य भारतीय शब्दावली के साथ अन्तर्राष्ट्रीय शब्दावली के प्रयोग पर बल दिया। विद्वानों के एक अन्य वर्ग ने अन्तर्राष्ट्रीय शब्दावली, हिन्दी शब्दावली के स्थान पर प्रादेशिक पारिभाषिक शब्दावली के इस्तेमाल किए जाने की वकालात की। इन विभिन्न वर्गों के दावों और दलीलों पर विचार किया जाना आवश्यक है।

पहले वर्ग में वे विद्वान आते हैं जो भारतीय पारिभाषिक शब्दावली के लिए सिर्फ संस्कृत की शब्दावली के प्रयोग का आग्रह करते हैं। इस वर्ग के प्रतिनिधि हैं—प्रसिद्ध भाषाविद् डॉ० रघुवीर। इस वर्ग के विद्वानों का मत है कि—"हमारी भाषा में शब्द रचना के मूल तत्त्व निहित हैं। हमारे भाषा वैज्ञानिकों ने शब्दों को मूलधातुओं में निहित किया।···कपास के पिण्ड में तकुए के घूमने से डोरा तेजी से निकलता है उसी तरह धातुओं के पिण्ड के उपसर्गों व प्रत्ययों के मिश्रण द्वारा नये-नये अर्थ और निश्चित रूप वाले शब्द निकलते चले जाते हैं।[1] इस वर्ग के विद्वान अंग्रेजी शब्दों के **प्रतिशब्दों** के लिए संस्कृत के उपसर्गों, प्रत्ययों और धातुओं का आश्रय लेते हैं तथा इस कार्य के लिए वे नये प्रत्ययों का भी निर्माण करते हैं, किंतु हिन्दी में प्रचलित विदेशी तो क्या देशज, तद्भव शब्दों की शरण भी यह सम्प्रदाय लेना पसंद नहीं करता है, अतएव इनकी पारिभाषिक शब्दावली कहीं-कहीं दुरूह तथा जटिल हो गई है। मगर इस वर्ग के विद्वान इस दुरूहता तथा कठिनता को अस्थायी मानते हैं। उनका विचार है कि चूँकि ये शब्द अभी प्रचलन में नहीं हैं अतः कठिन लगते हैं। पर एक बार चलन में आने के बाद योग्यतमावशेष के सिद्धांत के आधार पर स्वयं ही शब्दों के बने रहना अथवा नष्ट हो जाने का फैसला हो जायेगा। उनका तर्क है कि अंग्रेजी में भी ग्रीक तथा लैटिन धातुओं से परिभाषिक शब्दों का निर्माण हुआ है। ये शब्द भी जब नये-नये थे तब क्या वे आज की तरह सरल रहे होंगे। कदाचित नहीं, किंतु

1. डॉ० सत्यव्रत : भारतीय राष्ट्रभाषा—सीमाएँ तथा समस्याएँ, पृ० 115

निरंतर के उपयोग व संपर्क के कारण ये शब्द अब सरल तथा स्पष्ट लगने लगे हैं। इसके अलावा पुरानी पीढ़ी जो इतर भाषा की पारिभाषिक शब्दावली की अभ्यस्त हो गई है उसे नई संस्कृत बहुल पारिभाषिक शब्दावली कष्टप्रद लग सकती है, परंतु नई पीढ़ी अगर प्रारंभ से ही इस शब्दावली का प्रयोग करेगी तो वह सहजता से हमसे परिचित तथा अभ्यस्त हो जायेगी और उसे यह शब्दावली कठिन तथा दुरूह नहीं लगेगी। आचार्य देवेन्द्रनाथ शर्मा ने पारिभाषिक शब्दावली की कठिनता एवं दुरूहता को स्वाभाविक माना है। उनका कहना है कि (I) यह शब्दावली दैनिक व्यवहार की नहीं होती है, (II) यह शब्दावली प्रथमतः और प्रमुखतः विशेषज्ञों के लिए होती है, (III) यह शब्दावली भावी पीढ़ी के लिए है।[1] अतः इसका कठिन होना स्वाभाविक है।

दूसरे वर्ग के विद्वान स्वयं को प्रयोगवादी अथवा हिन्दुस्तानी सम्प्रदाय का कहते हैं। इस वर्ग में पं० सुन्दरलाल तथा उस्मानिया विश्वविद्यालय का नाम लिया जा सकता है। इस सम्प्रदाय की यह मान्यता है कि भारत एक मिश्र संस्कृति का देश है, अतः शब्दावली मिश्रित हो अर्थात संस्कृत, अरबी, फारसी, तुर्की, अंग्रेजी एवं तद्भव और देशज शब्दों के सहयोग से पारिभाषिक शब्दावली का निर्माण किया जाए। वास्तव में यह सम्प्रदाय अतिरिक्त भावुकता से पीड़ित है अतः इनके सोच और सुझावों में न कोई तार्किकता है और न ही उसमें बुद्धिगम्य व्यावहारिकता है। इस सम्प्रदाय के कुछ निर्मित शब्दों से उनके सुझावों के भौंडेपन तथा सम्प्रदाय के हास्यास्पद प्रयोगों का परिचय मिल जाएगा।

विद्वानों का तीसरा वर्ग अन्तर्राष्ट्रीय शब्दावली को भारतीय पारिभाषिक शब्दावली के लिए ज्यों का त्यों स्वीकार कर लेने की संस्तुति करता है। केन्द्रीय शिक्षा सलाहकार समिति ने अपने सन् 1946 के पाँचवें अधिवेशन में यह सिफारिश की थी कि जहाँ तक संभव हो भारतीय वैज्ञानिक शब्दावली में अंतर्राष्ट्रीय शब्दावली को शामिल कर लेना चाहिए। सन् 1947 में इस समिति की संदर्भ समिति ने इस सुझाव को स्वीकार कर लिया था। सन् 1948-49 के शिक्षा आयोग ने भी इस पर अपनी स्वीकृति की मुहर लगा दी थी। डॉ० शांतिस्वरूप भटनागर, डॉ० जे० सी० घोष, डॉ० बीरबल तथा० डॉ० सी० लूथरा आदि इस वर्ग के प्रतिनिधि हैं। इस वर्ग को शब्द ग्रहणवादी तथा स्वीकारवादी आदि भी नामों से संबोधित किया जाता है। इस वर्ग के विद्वानों का मत है कि इससे अनेक लाभ हैं, जैसे—इससे शब्द निर्माण तथा प्राचीन साहित्य में शब्द तलाशने का श्रम नहीं करना पड़ेगा और सबसे बड़ी बात यह है कि इन शब्दों के ग्रहण से हम अन्तर्राष्ट्रीय पारिभाषिक शब्दावली से जुड़े रहेंगे, इससे कार्यरत वैज्ञानिकों को सुविधा होगी और उन्हें

---

1. आ० देवेन्द्रनाथ शर्मा : राष्ट्रभाषा हिन्दी की समस्याएँ तथा समाधान

नई शब्दावली से परिचित होने के लिए अपना अतिरिक्त समय नहीं खर्च करना पड़ेगा। अन्तर्राष्ट्रीय शब्दावली के ग्रहण के पक्ष में यह तर्क भी दिया जाता है कि उसके अभाव में हमारे देश के वैज्ञानिक अपना यथाशीघ्र यथावश्यक विकास नहीं कर पाएँगे···मगर अन्तर्राष्ट्रीय शब्दावली के विपक्ष में भी बहुत-सी बातें कही जा सकती हैं; जैसे स्वयं अन्तर्राष्ट्रीय शब्द ही अर्थ की दृष्टि से भ्रामक है : "बेवस्टर डिक्शनरी"[1] में अन्तर्राष्ट्रीय का अर्थ है—दो या तीन राष्ट्रों में प्रचलित सामान्य शब्दावली। इसके अलावा इस सुझाव से भी यह स्पष्ट हो जाता है—"मेरा प्रस्ताव है कि रसायन और आधुनिक विज्ञान की अन्य शाखाओं की पारिभाषिक शब्दावली के प्रसंग में हम जिस अन्तर्राष्ट्रीय संज्ञा का प्रयोग करते हैं उसे बदलकर या तो प्रामाणिक यूरोपीय भाषा कर देना चाहिए या फिर उसका आशय सदैव इसी पर्याय के अनुसार समझा जाना चाहिए।"[2] इससे यह स्पष्ट हो जाता है कि हमारा यह अन्तर्राष्ट्रीय शब्द जितना भ्रामक है वास्तव में अंग्रेजी, रूसी, जापानी को प्रमुख तथा जर्मन और फ्रेंच को गौण रूप में सम्मिलित कर इन पाँच भाषाओं के शब्दों से अन्तर्राष्ट्रीय शब्द का बोध होना चाहिए। पारिभाषिक शब्दावली की दुनिया में अन्तर्राष्ट्री शब्द का अर्थ है—"यूरोप के दो या तीन देशों में सामान्य तथा समान रूप से प्रचलित पारिभाषिक शब्दावली। अतः यह समझना कि यह शब्दावली सभी देशों की स्वीकृत प्रचलित शब्दावली है उचित नहीं है। इसके अलावा दो या तीन यूरोपीय देशों में स्वीकृत शब्दावली के सभी पारिभाषिक शब्दावली में एकता के दर्शन नहीं होते हैं। कारण कि योरोपीय देशों की शब्दावली ग्रीक और लैटिन से बनी है और उनमें स्वयं भी आज तक एकरूपता नहीं दिखाई देती है। विपक्षियों का दूसरा सशक्त तर्क यह है कि अंग्रेजी के सभी-के-सभी शब्द हमारी पारिभाषिक शब्दावली के अंग नहीं बन सकते हैं। कोई भी जीवंत—प्राणमय समृद्ध भाषा इस ग्रहण को स्वीकार नहीं करेगी। इसके अतिरिक्त इन शब्दों के प्रयोग से भाषा के विकृत तथा विकलांग हो जाने का खतरा उठ खड़ा होता है। हम आक्सीजन Oxygen शब्द को ग्रहण कर सकते हैं परन्तु उससे बने Oxide तथा Oxidization शब्द को ग्रहण करना हमारे लिए सरल व स्वाभाविक नहीं होगा। विदेशी भाषा के व्याकरण से न तो हम अपनी भाषा का संस्कार ही कर सकते हैं और न ही उसे समृद्ध कर सकते हैं।

---

1. Bebster : International Participated by two or more nation, Dictionary. Commen to or aflectively two or more nations.
2. साइंस न्यूज सर्विस के डिवीजन ऑफ ईस्टलिग्वा जर्नल ऑफ केमिकल्स एज्यूकेशन, मार्च 1955

संपूर्ण शब्दावली के ग्रहण के विपक्ष में इस तर्क की उपेक्षा नहीं की जा सकती कि उधार शब्द प्रजनन शक्ति से शून्य होते हैं। अतः उनसे नये-नये शब्दों का निर्माण करना कठिन हो जाता है; अतः अन्तर्राष्ट्रीय शब्दावली के नाम पर अप्रचलित विदेशी शब्दों को ग्रहण नहीं किया जा सकता। हाँ, इतना अवश्व है कि जहाँ तक संभव हो वहाँ अनुकूलन द्वारा शब्द निर्माण की छूट मिलनी चाहिए अन्यथा इस ग्रहण से तो भारतीय मौलिक चिंतन ही कुंद हो जाएगा। अन्तर्राष्ट्रीय शब्दावली की एक सीमा यह भी है कि अंग्रेजी के बहुत से शब्द अपेक्षित अर्थ नहीं देते। उनके बजाय उनके स्थान पर निर्मित किए जा रहे नये हिन्दी शब्द अर्थ को अधिक स्पष्ट रूप से व्यक्त करते हैं जैसे—अंग्रेजी के 'मलेरिया" शब्द का मूल अर्थ गंदी हवा है न कि कोई रोग। जबकि हिन्दी में उसे विषम ज्वर कहा जाता है, जो शब्द को सही-सही अर्थ देता है। इसके अलावा, यह प्रचलित धारणा है कि यूरोपीय शब्दावली के ग्रहण से पारिभाषिक शब्दावली की स्वरूपगत एकता अंतर्राष्ट्रीय शब्दावली के समानांतर बनी रहेगी। मगर सचाई यह है कि यह धारणा सत्य से दूर है क्योंकि हर जाति का अपना स्वरयंत्र शब्दों को अपने अनुकूल ढाल लेता है। अतः विभिन्न भाषाओं में एक ही शब्द के उच्चारण में भिन्नता आ जाती है। अतएव जबकि एक शब्द तक में स्वरूप एवं उच्चारणगत एकता संभव नहीं है फिर संपूर्ण शब्दावली में यह कैसे संभव होगा? इन विभिन्न संप्रदायों और वर्गों से हटकर विद्वानों का एक वर्ग ऐसा भी है जो स्वयं को मध्यममार्गी अथवा लोकवादी कहता है। इस सम्प्रदाय के विद्वान उपर्युक्त तीनों वर्गों के शब्दों का समन्वय कर पारिभाषिक शब्दावली का निर्माण करना चाहते हैं। इस कार्य में वे लोक प्रचलित शब्दों का आधार भी लेना चाहते हैं। इसके अलावा प्राचीन एवं मध्यकालीन साहित्य में उपलब्ध उचित शब्दों का उपयोग करने के पक्ष में वे हैं। इनके अनुसार शब्दावली को अखिल भारतीय बनाने के लिए विभिन्न भाषाओं के उपर्युक्त शब्दों को भी पारिभाषिक शब्दावली में शामिल किया जा सकता है, इसके लिए अनुकूलन विधि का प्रयोग किया जा सकता है, जैसे अंग्रेजी के एकेडेमिक शब्द का ध्वन्याकूलन द्वारा बनाया गया हिंदी शब्द अकादमी। आवश्यकता महसूस होने पर भाषा के उपसर्ग, प्रत्यय, शब्द, धातु तथा अन्य भाषाओं से गृहीत शब्दों के आधार पर नये शब्द निर्मित किए जाएँ। किंतु इसमें चमत्कृत करने के बजाय उससे प्रयोक्ता, श्रोता या पाठक को सुगमता तथा सरलता हो, इसका ख्याल रखना चाहिए। प्रसन्नता की बात है कि भारत सरकार के शिक्षा मंत्रालय के शब्दावली आयोग एवं केन्द्रीय हिन्दी निदेशालय ने शब्दावलियों के निर्माण में इसी मध्यम मार्ग को स्वीकार किया है। कदाचित संसार की सभी भाषाओं के लिए यही मार्ग सबसे अधिक सुविधाजनक है।

शुद्धतावादी, अन्तर्राष्ट्रीयतावादी, प्रयोगवादी तथा मध्यममार्गी विद्वानों के विभिन्न वर्गों के साथ एक अन्य वर्ग के उल्लेख बिना यह चर्चा अधूरी रह जाएगी। कुछ विद्वानों का विचार है कि प्रत्येक प्रांतीय भाषा की अपनी स्वतंत्र पारिभाषिक शब्दावली होनी चाहिए। उनका तर्क है कि आज के युग में जिस भाषा के पास अपनी वैज्ञानिक धारणाओं, प्रत्ययों, विचारों तथा तथ्यों-तत्त्वों को अभिव्यक्त करने के लिए आवश्यक शब्द संपदा नहीं होगी, वे विकास की दौड़ में पिछड़कर अपना महत्त्व खो देंगे। इसके अलावा मातृभाषा में अध्ययन के कई लाभ हैं—प्रथम तो यह कि संप्रेषण-माध्यम की दुरूहता अथवा जटिलता के नाग-पाश से मुक्त विद्यार्थी विषय के साथ अधिक न्याय कर पाएगा। उसकी प्रतिभा एवं मेहनत माध्यम के बीहड़ में नहीं भटकेगी परंतु विषय के ज्ञानार्जन में सोत्साह लगेगी। इससे विषय समझने की सरलता हो सकेगी और विद्यार्थी का मन भी संप्रेषण माध्यम की सरलता के कारण विषय में लगेगा अन्यथा कभी-कभी मातृ-भाषा से इतर माध्यम के कारण प्रतिभाशाली विद्यार्थियों के हतोत्साहित तथा अध्ययन से जी चुराने के उदाहरण मिलते हैं। इससे एक फायदा यह भी होगा कि विद्यार्थी को कक्षा एवं कक्षा के बाहर की दुनिया में दो विभिन्न भाषाओं से नहीं उलझना पड़ेगा पर दोनों स्थलों पर एक ही भाषा होने से विद्यार्थी की विषय-बोध की क्षमता में अभिवृद्धि होगी। अन्यथा कभी-कभी मातृभाषा तथा पारिभाषिक वैज्ञानिक भाषा के बीच तालमेल न होने के कारण विद्यार्थी की रुचि पढ़ाई लिखाई में घटने लगती है। पारिभाषिक शब्दावली में शब्द की उर्वरता का होना आवश्यक है। इसमें एक ही शब्द से अनेक शब्दों का निर्माण किया जाता है। ऐसी स्थिति में विद्यार्थी जितनी सरलता से मातृभाषा से गढ़े हुए शब्दों को समझ सकता है उतनी आसानी से अन्य भाषाओं के शब्दों को नहीं। अतः विज्ञान एवं प्राविधिक, विधि, चिकित्सा, यांत्रिकी आदि विषयों की उन्नति के लिए तथा अनावश्यक श्रम से बचने के लिए तथा शीघ्र परिणामों के लिए प्रांतीय भाषाओं की अपनी पारिभाषिक शब्दावली होनी चाहिए।

यद्यपि यह सुझाव तर्क सम्मत मनोवैज्ञानिक तथा प्रजातांत्रिक प्रणाली के अनुकूल तथा अनुरूप दिखाई देता है फिर भी इस मत में अनेक आपत्तिजनक बातें हैं। यथा—इस देश में कम से कम चौदह-पंद्रह जीवंत भाषाएँ हैं। अगर इन सभी में स्वतंत्र पारिभाषिक शब्दावली का निर्माण करना होगा तो इस कार्य में कितना समय तथा धन लगेगा। फिर अखिल भारतीय अभिव्यक्ति के अभाव में हमारे ज्ञान-क्षितिज का विकास मंद हो जाएगा। पारस्परिक नवीनतम ज्ञान एवं शोधों से हो सकता है कि हमें अनावश्यक रूप से अपरिचित और अजनबी ही रह जाना पड़े; अतएव राष्ट्र एवं प्रांत के हित में यह उचित होगा कि सम्पूर्ण देश में एक ही समान पारिभाषिक शब्दावली का प्रयोग किया जाए। मगर यह समान

शब्दावली मध्यमार्गी सम्प्रदाय की ही हो सकती है। हमें आवश्यकतानुसार अपनी संस्कृत की मूल शब्दावली में अन्तर्राष्ट्रीय शब्दावली के घुलमिल गए शब्दों का उपयोग करना होगा, साथ ही साथ भारतीय भाषाओं के प्रचलित स्थानीय भाषाओं के शब्दों को भी पारिभाषिक शब्दावली में शामिल करना होगा। इससे शब्दावली में अखिल भारतीयता एवं अन्तर्राष्ट्रीयता का संस्पर्श हो जाएगा। इसी प्रकार प्राचीन एवं मध्यकालीन साहित्य में प्राप्य पारिभाषिक शब्दावली को सम्मिलित करना चाहिए। इसके अतिरिक्त यथासंभव यथावश्यक नये शब्दों का निर्माण हमें इस सुझबूझ और सावधानी से करना चाहिए कि शब्द एकार्थवाचक तथा उच्चारण में सरल हों ताकि उनके उच्चारण में असुविधा न हो और अर्थांतर अथवा अर्थभेद की गुंजाइश न रहे।

वर्गीकरण

विभिन्न विद्वानों ने पारिभाषिक शब्दावली का वर्गीकरण किया है। सुप्रसिद्ध विद्वान राजेन्द्रलाल मिश्र[1] ने पारिभाषिक शब्दावली के छह प्रकार बतलाए हैं : (1) सामान्य शब्द : जो कभी-कभी पारिभाषिक शब्द के रूप में प्रयुक्त होता है। जैसे सिर, पेड़, लोहा तथा ज्वर आदि। (2) वे शब्द जो सामान्य शब्द के रूप में भी प्रयुक्त होते हैं तथा पारिभाषिक शब्द के रूप में भी, किंतु मुख्यतः मानविकी के क्षेत्र में ये अर्ध पारिभाषिक कहे जा सकते हैं। जैसे मांसपेशी, पंखुरी आदि। (3) इसमें योगरूढि शब्द आते हैं। निर्माण के समय ये शब्द वस्तुओं के विशिष्ट गुणों के द्योतक थे किंतु अब इनका पुराना व्युत्पत्तिजनक अर्थ लुप्त हो गया है और अब ये मात्र नाम रह गए हैं। जैसे कुनैन, आक्सीजन इत्यादि। (4) वनस्पतिविज्ञान तथा प्राणिविज्ञान में प्रयुक्त द्विपदीय (Binomical) नाम, जो मूलतः व्युत्पत्ति की दृष्टि से सार्थक थे किंतु अब उनके दोनों शब्द केवल "वंश" और जाति को प्रकट करते हैं। (5) ये तकनीकी शब्द जो अब भी अपना व्युप्तत्तिजनक अर्थ देते हैं जैसे रवाकरण (क्रिस्टालाइजेशन), अंकुरण (जमिनेशन) आदि। (6) समस्तपदीय शब्द : इसमें एक या दोनों शब्द अपना व्युत्पत्तिपरक अर्थ देते हैं, जैसे सल्फ्यूरिक अम्ल। इस वर्ग के शब्द शरीर रचनाविज्ञान या रसायनशास्त्र के होते हैं।

डा० गोपाल शर्मा[2] ने पारिभाषिक शब्दों का वर्गीकरण इस प्रकार किया

1. राजेन्द्रलाल मिश्र : ए स्कीम फॉर दी रेडिरिंग ऑफ यूरोपियन साइंटिफिक ट्रमोनोलॉजी इन दी वर्नाक्यूलर्स ऑफ इंडिया (सन् 1877 में प्रकाशित)
2. डॉ० गोपाल शर्मा : सामाजिक विद्वानों की पारिभाषिक शब्दावली का समीक्षात्मक अध्ययन, पृष्ठ 10 (1968)

है—पारिभाषिक शब्द तीन प्रकार के होते हैं : (1) पूर्ण पारिभाषिक, (2) मध्यस्थ तथा (3) सामान्य।

डा० भोलानाथ तिवारी ने मुख्यतः छह आधारों पर पारिभाषिक शब्दावली को विभक्त किया है।

(क) स्रोत के आधार पर :(1) तत्सम, (2) तद्भव, (3) आगत (विदेशी), (4) देशज, (5) संकर (मिश्रित जैसे जिलाधीश) स्रोत के आधार ही तिवारी जी ने एक दूसरी प्रकार से भी वर्गीकरण किया है : (1) परम्परागत अर्थात अपनी भाषा परम्परा में पहले से प्रयुक्त। (2) गृहीत अर्थात दूसरी भाषा से लिए गये। (3) नवनिर्मित अर्थात नये बनाए गये।

(ख) रचना के आधार पर : (1) मूल, (2) यौगिक (उपसर्गयुक्त, प्रत्यय-युक्त समस्तपद, उपसर्ग प्रत्यययुक्त समस्तपद) आगे अर्थ के आधार पर यौगिक के दो भेद हो सकते हैं। सामान्य रूढ़। सामान्य शब्द भी अपना सामान्य अर्थ देते हैं किंतु रूढ़ शब्द विशेष अर्थ में रूढ़ हो जाते हैं। उदाहरण के लिए "भाषा विज्ञान" सामान्य शब्द है किंतु "कोश" रूढ़ हो गया है, क्योंकि कोश का प्रयोग किसी भी वस्तु के भण्डार; खजाने या समूह के लिए न हो कर "शब्दकोश" के लिए होता है।

(ग) प्रयोग के आधार पर : (1) पूर्ण पारिभाषिक, जो केवल पारिभाषिक, हो। सामान्य भाषा में प्रयुक्त न हो जैसे "भाषा विज्ञान" का पारिभाषिक शब्द 'स्वनिम" (फोनीम)। (2) जो सामान्य भाषा में भी प्रयुक्त हो तथा पारिभाषिक रूप में भी प्रयुक्त हो, जैसे अक्षर जो समान्य भाषा में "लेटर" या "हर्फ" है तो भाषा विज्ञान में "सिलेबल"। सामान्य शब्द यदि कभी-कभी पारिभाषिक रूप में प्रयुक्त होता है तो उसे भी इसी वर्ग में रखना चाहिए। आवश्यकतानुसार प्रयोग के आधार पर अर्धपारिभाषिक के अल्पपारिभाषिक, अत्यल्पपारिभाषिक आदि भेदोपभेद किए जा सकते हैं।

(घ) अर्थ की सूक्ष्मता-स्थूलता के आधार पर : (1) संकल्पना बोधक, जो सूक्ष्म संकल्पनाओं, प्रत्ययों या अवधारणाओं को व्यक्त करें। जैसे अद्वैतवाद समीकरण, ऊर्जा। (2) वस्तुबोधक, जो वस्तुओं को बोधित करे जैसे कैलशियम।

(ङ) शब्दों की पदीय इकाइयों के आधार पर : इस आधार पर मुख्य तीन प्रकार के हो सकते हैं : (1) एकपदीय : जिसमें एक पद हो जैसे धमनी। (2) द्विपदीय : जिसमें दो पद हों, जैसे वनस्पति विज्ञान या प्राणिविज्ञान में ऐसे नाम प्रायः मिलते हैं जैसे आम के लिए Mangifera Indica या मोर के लिए Paro Cristatus। (3) त्रिपदीय : जिसमें तीन पद हों। ये दो प्रकार के होते हैं। एक तो जिनमें पहला शब्द "वंश" का, दूसरा जाति का, तीसरा प्रजाति का होता है जैसे मनुष्य के सिर में जूं के लिए Pediculus Lumanus Capitis।

दूसरे प्रकार के त्रिपदीय पारिभाषिक शब्दों में पहला नाम "वंश" का, दूसरा जाति का तथा तीसरा अन्वेषक का होता है जैसे मोर के लिए Paro Cristatus—Lu nonus। ये पारिभाषिक शब्द चार शब्दों के भी कभी-कभी मिलते हैं।

वस्तुतः पारिभाषिक शब्दावली का वर्गीकरण किसी एक निश्चित आधार के अभाव में विद्वानों की अपनी सुविधा तथा समझ पर आधारित हो गया है। अतएव इस वर्गीकरण को और भी अनेक आधारों पर वर्गीकृत करने की संभावना बनी रहती है जैसे एक, वर्गीकरण देश के आधार पर किया जा सकता है प्रांतीय, राष्ट्रीय तथा अंतर्राष्ट्रीय पारिभाषिक शब्द। इसी प्रकार विषय अथवा विषयगत वर्गीकरण भी किया जा सकता है मसलन विधि पारिभाषिक शब्दावली, चिकित्साशास्त्रीय शब्दावली, पत्रकारिता की पारिभाषिक शब्दावली, तकनीकी शब्दावली आदि। अतः वर्गीकरण आधारों तथा वर्गीकरण के भेद-प्रभेदों को अधिक विस्तारों की उलझनों से बचने के लिए पारिभाषिक शब्दावली को दो भागों में विभाजित किया जा सकता है: (1) पूर्ण पारिभाषिक शब्दावली, जो विभिन्न अनुसंधानों में ज्ञान, विज्ञान शाखाओं में प्रयुक्त शब्दावली का स्थूल-वाचक शब्दावली है। (2) अर्धपारिभाषिक शब्दावली जिसमें सामान्य शब्द संदर्भ विशेष में पारिभाषिक शब्द बन जाते हैं। चूँकि सामान्यतः ये पारिभाषिक शब्द नहीं होते किंतु कभी-कभार ही संदर्भ की आवश्यकता से पारिभाषिक बनते हैं अतः इन्हें पारिभाषिकोन्मुख सामान्य शब्द कहा जा सकता है। इन्हें अर्धपारिभाषिक शब्द भी कहा जा सकता है।

6
टिप्पण तथा आलेखन

प्रशासनिक पत्राचार में टिप्पण तथा आलेखन का विशेष महत्त्व होता है। कार्यालय में आगत पत्र (प्राप्ति) पर अथवा कार्यालय की स्वतंत्र आवश्यकताओं की संपूर्ति के लिए टिप्पणी तैयार की जाती है। टिप्पणी का अर्थ है—पत्र अथवा पत्र-संदर्भ के बारे में आवश्यक जानकारी तथा टिप्पणीकार का कार्यालय के विधि-विधान के अन्तर्गत उस पर अपना सुझाव। इन्हीं सुझाव या सुझावों के आधार पर आलेखनकार पत्रोत्तर का प्रारूप तैयार करता है एवं वरिष्ठ अधिकारी के पास विचारार्थ भेजता है। अधिकारी टिप्पणी तथा उसके आधार पर तैयार किए गए प्रारूप को पढ़-समझकर यदि आवश्यक समझता है तो उसमें संशोधन-परिवर्धन कर देता है अथवा आवश्यक न समझने पर उसे बिना किसी सुझाव-सुधार के पत्रोत्तर के लिए स्वीकार कर लेता है। इस प्रकार प्रशासकीय पत्राचार में टिप्पण तथा आलेखन उन दो चक्रों के समान हैं जिनसे प्रशासनिक कार्यों का रथ सतत गतिमान रहता है, अतएव उनके बारे में थोड़ी-सी चर्चा करना आवश्यक है।

(क) टिप्पण (Noting)

शासकीय कार्यालयों तथा गैर सरकारी दफ्तरों में "आवती" (आई हुई डाक को "प्राप्ति" भी कहते हैं) के अंतिम निस्तारण करने के लिए टिप्पणी का उपयोग किया जाता है। विधाराधीन "प्राप्ति" के अंतिम निस्तारण के लिए जो लिखित अथवा मौखिक कार्यवाही की जाती है, उसको टिप्पणी कहा जाता है। टिप्पणी कार्य के अन्तर्गत पूर्वपत्रों के सारांश, निर्णय के लिए तैयार किए गए प्रश्न अथवा प्रश्नावली के विवरण तथा सुझावों को स्पष्ट किया जाता है ताकि प्राप्तियों के अन्तिम निस्तारण (Final disposal) में सहायता मिल सके।

उद्देश्य—टिप्पणी-लेखन के मुख्य तीन उद्देश्य होते हैं—

पहला—सभी तथ्यों को स्पष्ट रूप में तथा संक्षेप में अधिकारी के सम्मुख प्रस्तुत करना और अगर किसी मामले में दृष्टांत अथवा विशिष्ट निर्णय उपलब्ध हो तो उनकी ओर संकेत करना। दूसरा—वांछनीय विषय अथवा पत्र-व्यवहार पर अपने विचारों को स्पष्ट करना। तीसरा—यह स्पष्ट करना कि 'आवती' के अंतिम निस्तारण के लिए क्या कार्यवाही की जानी चाहिए। इस प्रकार से टिप्पणी लेखन में 'प्राप्ति' पर की जाने वाली कार्यवाही के सभी तथ्य, आँकड़े, तथा निर्णय के संदर्भ में हिताहित की सभी आवश्यक जानकारी प्रस्तुत हो जाती है और इससे अधिकारी को निर्णय करने में सहायता मिल जाती है।

सामान्य नियम— अच्छी टिप्पणी के सामान्य नियम इस प्रकार हैं—

(1) टिप्पणी-लेखन में यथासंभव संक्षिप्ति रखनी चाहिए। उसमें तथ्यों का प्रवहमान संकेत (Running Summary of Facts) भर होना चाहिए, और तथ्यों की पुनरावृत्ति नहीं होनी चाहिए।

(2) जहाँ तक हो सके टिप्पणी में कंडिकाओं (अनुच्छेदों) का प्रयोग टालना चाहिए किन्तु यदि यह संभव न हो पाए तो प्रथम अनुच्छेद के बाद से 2, 3, 4, क्रमानुसार संख्या देनी चाहिए।

(3) टिप्पणीकार को भाषा-प्रयोग के सम्बन्ध में अत्यधिक सावधान रहना चाहिए। उसे ऐसी भाषा का प्रयोग नहीं करना चाहिए जिससे किसी प्रकार की असंगति अथवा भ्रांति पैदा होने की सम्भावना हो। भाषा इतनी साफ सुथरी और अभिप्राय इतना स्पष्ट होना चाहिए कि अधिकारी टिप्पणीकार की नीयत पर किसी तरह का कोई संदेह न करे। अलंकृत, सांकेतिक, जटिल भाषा एवं कहावतों-मुहावरों की लाक्षणिक व्यंजनामयी अभिव्यक्तियों का उपयोग टिप्पणीक को नहीं करना चाहिए। इनसे अर्थभेद होने का खतरा हो जाता है।

(4) टिप्पणीकर्ता को चाहिए कि टिप्पणी में वह किसी तरह का कोई व्यक्तिगत आक्षेप न लगाए। उसे ठंडे दिलो-दिमाग से टिप्पणी लिखनी चाहिए।

(5) टिप्पणी में सिर्फ 'प्राप्ति' के संदर्भ और अपेक्षित शंकाओं का समाधान होना चाहिए। अगर पत्र में पूर्व पत्र-व्यवहार से निश्चित दृष्टांत, निर्णय या आदेश देना हो तो संदर्भ सहित समस्त तथ्यों को स्पष्टत: अधिकारी के सम्मुख पेश करना चाहिए।

(6) कभी-कभी एक ही 'प्राप्ति' में कई-कई जानकारियाँ माँगी जाती हैं जिनके लिए अलग-अलग आदेश प्राप्त करना आवश्यक होता है। अतः प्रत्येक बात के लिए अलग-अलग टिप्पणी लिखकर अधिकारी को पेश करनी चाहिए। यथासंभव एक 'प्राप्ति' पर एक ही टिप्पणी लिखनी चाहिए।

(7) कभी-कभी अधिकारी 'आवती' पर अपनी ओर से अनुदेश लिख देता है। टिप्पणीक को चाहिए कि टिप्पणी तैयार करते समय उन सभी अनुदेशों का

समावेश भी उसमें कर ले। उसे ये अनुदेश हाशिए में लिखने चाहिए इससे अधिकारी का ध्यान उन पर जाता है और उसे विषय समझने में सरलता हो जाती है। वस्तुतः टिप्पणीकार अधिकारी के लिए आँख और कान की भूमिका अदा करता है। वह किसी मसले पर अधिकारी को प्रारम्भिक निष्कर्षों तक पहुँचाने का मार्ग प्रशस्त करता है, अतएव विचाराधीन प्रश्नों को उसे अत्यन्त स्पष्टता तथा क्रमबद्ध रूप से लिखना चाहिए ताकि अधिकारी को निष्कर्षों तक पहुँचने में सरलता एवं सुगमता हो।

(8) टिप्पणीकार को हमेशा अन्य पुरुष का प्रयोग करना चाहिए।

(9) सहायक को टिप्पणी तैयार करने के बाद वहीं पर अपने हस्ताक्षर के प्रथमाक्षर लिख देने चाहिए ताकि अधिकारी आवश्यकता पड़ने पर सहायक को विचार विमर्श अथवा अनुदेशों के लिए प्रत्यक्ष रूप से बुला सके।

भेद—टिप्पणी के आकार एवं संरचना की दृष्टि से तीन भेद होते हैं-

(1) **प्रशासनिक (नेमी) टिप्पणी**—नेमी टिप्पणियों के अनुभेद क्रमशः आदेशात्मक तथा व्याख्यात्मक होते हैं। इस टिप्पणी में कहा जाए, चर्चा करें, फाइल कर दीजिए, तथा 'देख लिया' आदि वाक्यांशों का प्रयोग बहुतायत से होता है। ऐसी टिप्पणियों में आदेशात्मकता तथा सूचनापरकता की अधिकता होती है। ये एक या दो वाक्यों अथवा वाक्यांशों तक सीमित होती हैं। उदाहरणार्थ इसे आवश्यक कार्रवाई के लिए अवर सचिव (नीति) को भेजा जाए। देख लिया, धन्यवाद। आदेश के लिए प्रस्तुत स्पष्टीकरण माँगा जाए।

(2) **स्वतःपूर्ण टिप्पणी**—इसमें दी गई सूचना अपने आप में पूर्ण होती है। यह टिप्पणी अधिकारी एवं सहायक दोनों स्तरों पर हो सकती है। स्वतःपूर्ण टिप्पणी में क्रमसंख्या (पावती) पृष्ठ-पत्राचार लिखना जरूरी नहीं होता क्योंकि वह किसी प्राप्ति पर आधारित न होकर परिस्थिति एवं आवश्यकता से पैदा हुई समस्या को सुलझाने के लिए भी हो सकती है। उदाहरणार्थ कार्याधिक्य के कारण पदों के सृजन के लिए प्रस्तुत टिप्पणी स्वतंत्र टिप्पणी होगी क्योंकि उसका संदर्भ किसी पुरानी आवती से नहीं है।

(3) **आवती पर आधारित टिप्पण**—आवती पर आधारित टिप्पणियाँ सहायक स्तर पर ही लिखी जाती हैं। ऐसी टिप्पणी को मुख्य लक्ष्य अधिकारी के सम्मुख आवती के विवरण को कार्यालय में की जाने वाली कार्रवाई के संदर्भ में संक्षेप में रखना होता है। इस प्रकार की टिप्पणी में टिप्पणीक अपने अधिकारी को आवती का क्रमांक तथा पत्राचार खंड का पृष्ठ लिखकर, प्रेषक की माँग, उसका कारण, उस सम्बन्ध में नियमों की स्थिति तथा कार्यालय में कार्य की स्थिति देखते हुए उस माँग के पक्षापक्ष में अपने विचार प्रस्तुत करता है। कभी कभी वह उत्तर का प्रारूप भी अधिकारी के समक्ष प्रस्तुत कर देता है।

टिप्पण और टिप्पणी

गैर सरकारी प्रतिष्ठानों में भी अधिकारियों के विचारार्थ सामग्री प्रस्तुत की जाती है परन्तु यह विषय-सामग्री सरकारी कार्यालयों में जितने विस्तार से दी जाती है, उतने विस्तार से गैर सरकारी प्रतिष्ठानों में नहीं दी जाती है। सरकारी दफ्तरों में विषय से सम्बन्धित सभी प्राप्त सूचनाएँ तथा नियमों के बारे में सभी आवश्यक जानकारी दी जाती है, जिसके आधार पर अधिकारी को किसी निष्कर्ष पर पहुँचने में सफलता मिलती है। टिप्पणीक तटस्थ भाव से अपने सुझाव देता है। इसी स्वतःपूर्ण सामग्री की प्रस्तुति को टिप्पण तथा जो नोट लिपिक लिखता है उसे टिप्पणी कहते हैं। ऐसी सामग्री सरकारी कार्यालयों में प्रस्तुत करता है। इसे टिप्पणीक, प्रलेखक अथवा नोटर-ड्राफ्टर कहा जाता है।

टिप्पणी के पाँच अवयव होते हैं—(1) आवती का विषय, (2) कारण, (3) नियम, (4) कार्यालय में कार्य की स्थिति, (5) सुझाव।

पहले दो चरणों में 'आवेदन किया है', 'बताया गया है' वाक्य-साँचों का प्रयोग अधिकता से किया जाता है। तीसरे चरण में 'नियम है', 'किया जा सकता है' वाक्य-साँचों का प्रयोग होता है। चौथे चरण में 'है' या 'नहीं है' एवं पाँचवें में 'किया जा सकता है' वाक्यांशों के प्रयोग का बाहुल्य होता है। उदाहरण से बात स्पष्ट हो जाएगी—

नमूना

रोकड़ अनुभाग के अवर श्रेणी लिपिक दिलीप गावस्कर की अर्जित अवकाश के लिए पत्र।

वि० प० में मुख्य सचिव को सम्बोधित..........क्रम संख्या दिल्ली।
पत्र संख्या...............दिनांक...............

1. रोकड़ अनुभाग के अवर श्रेणी लिपिक दिलीप गावस्कर ने दिनांक...... पत्र संख्या .... 30 दिन के अर्जित अवकाश के लिए प्रार्थना पत्र दिया है।
2. इसके लिए उन्होंने अपने मकान की मरम्मत करने का कारण दिया है।
3. श्री दिलीप गावस्कर का 60 दिन की अर्जित अवकाश जमा है। नियमानुसार उन्हें अवकाश दिया जा सकता है।
4. किन्तु इस समय विभाग के अन्य दो कर्मचारी पहले से ही अवकाश पर हैं और वित्तीय वर्ष की समाप्ति का माह होने के कारण कार्यालय में कार्याधिक्य है।

5. ऐसी परिस्थिति में श्री दिलीप गावस्कर को अवकाश देना कार्यालय के हित में नहीं होगा।

टिप्पणीक के हस्ताक्षर

....

दिनांक...............

सचिव/मुख्य सचिव

नैत्यक टिप्पंणी

कभी-कभी ऐसा होता है कि विचाराधीन पत्र के सम्बन्ध में किन्हीं ऐसे तथ्यों की ओर अधिकारी का ध्यान आकर्षित करना आवश्यक हो, जिन्हें टिप्पणी लिखा जाए। संभव न हो तो ऐसे तथ्यों को एक अलग कागज पर लिखकर टिप्पणी के साथ नत्थी कर दिया जाना चाहिए। बाद में इसे फाइल से अलग कर लिया जाता है। इस प्रकार की टिप्पणी को नैत्यक टिप्पणी कहा जाता है।

(ख) आलेखन (Drafting)

उन्नत आलेखन (Advanced Drafting) शासकीय एवं कार्यालयीन पत्र-व्यवहार का प्रमुख अंग है। प्राप्ति पर टिप्पणी कार्य खत्म होने के पश्चात् उसके आधार पर पत्रोत्तर का जो प्रारूप तैयार किया जाता है, वह आलेखन कहलाता है। वस्तुत: आलेखन टिप्पणी कार्य का लक्ष्य और परिणाम होता है। इसे मसौदा या मसविदा भी कहते हैं। यह आलेखन शासकीय एवं कार्यालयी मसौदों यथा पत्रों, सूचनाओं, परिपत्र तथा अधिसूचनाओं का प्रारूप होता है। इसे आवश्यकतानुसार लिपिक से लेकर उच्चतम अधिकारी तैयार करता है। मंत्रालय के सभी कर्मचारियों के आलेखन का ज्ञान उनके लिए अतिरिक्त योग्यता के समान है। आलेखन एक कला एवं एक शास्त्र है। अंततोगता हमें यह विस्तरण नहीं करना चाहिए कि इन्हीं प्रारूपों/आलेखनों के आधार पर ही यथावत अथवा इसमें यथावश्यक संशोधनों/परिवर्धनों के बाद मूल पत्र तैयार किया जाता है। मूल पत्र की सामग्री एवं प्रस्तुतीकरण चूंकि आलेखन पर आधारित होता है, अत: यह परमावश्यक हो जाता है कि आलेखन को तैयार करने के पूर्व उसकी निम्नलिखित विशेषताओं से हम परिचित हो जाएँ।

सामान्य विशेषताएँ

1. शुद्धता (Accuracy)

प्रशासकीय आलेखन वह चाहे पत्र रूप में हो या कार्यालय ज्ञापन के रूप में,

उसमें सामग्री एवं प्रस्तुतीकरण का प्रयोग शुद्धता से किया जाना चाहिए । शुद्धता से तात्पर्य है—आलेखन सम्बन्धी सभी निर्देश, संख्या, तारीख और कथन शुद्धि और इनमें से किसी को लिखने में जरा सी भी गलती हो जाए तो उसके परिणाम बहुत घातक हो सकते हैं ।

2. परिपूर्णता

प्रशासकीय कर्मचारी का तबादला होता रहता है अतः आवश्यक है कि जो भी पत्र लिखा जाए वह अपने आप में परिपूर्ण हो तथा स्वयं स्पष्ट हो । उसे किसी प्रश्न की सूचना अथवा जानकारी की अतिरिक्त आवश्यकता न हो, क्योंकि अगर पत्र में अपेक्षित पूर्णता एवं स्पष्टता नहीं होगी तो स्थानांतरित कर्मचारी उसे ठीक से समझ नहीं पाएगा । अतएव उस पर कार्यवाही में विलंब होना स्वाभाविक है । यदि पत्र हर तरह से पूर्ण होगा तो उस पर किसी भी कर्मचारी को कार्यवाही करने में सुविधा होगी, अतः पत्र पर संदर्भ, संख्या, दिनांक इत्यादि का स्पष्ट रूप से उल्लेख किया जाना चाहिए, पत्र का विषय भी साफ-साफ शब्दों में लिखा जाना चाहिए तथा अगर उस पत्र का कोई पिछला संदर्भ हो तो उसे भी स्पष्टतः दे देना चाहिए ताकि उसकी पृष्ठभूमि से आलेखन को परिपूर्ण बनाया जा सके ।

3. विषय

आलेखन के विषय और उसके उद्देश्य का आलेखक को पूरा-पूरा ज्ञान होना चाहिए ताकि उसके बारे में लिखते समय आलेखन में कहीं किसी प्रश्न की कोई अस्पष्टता न रह जाए।

4. संक्षिप्तता

प्रारूप जहाँ तक सम्भव हो छोटा होना चाहिए ताकि अधिकारी को उस पर अधिक समय व्यय न करना पड़े । परन्तु संक्षिप्ति का यह अर्थ नहीं है कि पत्रोत्तर के सभी मुद्दों का उसमें समावेश ही न हो । संक्षिप्त पर पूर्ण आलेखन आलेखकार की प्रतिभा, अनुभव एवं आलेखन कला की निपुणता का प्रतीक होता है ।

5. उद्धरण

अगर पत्रोत्तर में किसी नियम अथवा किसी उच्चतर अधिकारी के आदेश को उद्धृत करना आवश्यक हो तो यथासम्भव मूल शब्दों में ही उसका उल्लेख किया जाना चाहिए।

6. विभाजन

आलेखन को स्थूल रूप से जिन भागों में विभक्त किया जाना चाहिए उन्हें क्रमशः निर्देश, प्रकरण, वक्तव्य एवं निष्कर्ष कहा जा सकता है। पहले भाग में आलेखन के विषय का वर्णन रहता है और अगर इस संदर्भ में कोई पिछला पत्र-व्यवहार हो तो उसका भी निर्देश किया जाता है। इससे पाठक पत्र के विषय एवं प्रसंग से परिचित हो जाता है, जिससे अगली कार्यवाही पर विचार करने के लिए आवश्यक भूमि मिल जाती है। इसके बाद आलेखन के दूसरे भाग अर्थात प्रकरण वक्तव्य में विषय के पक्ष में विभिन्न तर्क प्रस्तुत कर अपने कथन की पुष्टि की जाती है। तीसरे एवं अंतिम भाग में उन तर्कों के आधार पर निष्कर्ष निकाल कर अपनी सिफारिशें उपस्थित कर दी जाती हैं।

7. अनुच्छेदों पर क्रमांक

सामान्य रूप से आलेखनों में अनुच्छेदों पर क्रम-संख्या डालनी जरूरी नहीं होती। पर किन्हीं पत्रों में अनुच्छेदों में क्रम-संख्या का आग्रह होता है। अतः ऐसे पत्रों में दूसरे अनुच्छेद से 2, 3, 4, ऐसी संख्या लिखनी चाहिए।

8. प्रतिलिपियाँ

शासकीय पत्र-व्यवहार में अगर मूल पत्र की प्रतिलिपियाँ अन्य अधिकारियों को भिजवानी हों तो पत्र के अन्त में उन सभी महानुभावों का उल्लेख कर देना चाहिए जिन्हें प्रतिलिपि भिजवाई जा रही हैं।

9. संलग्न पत्र

अगर मूल पत्र के साथ कुछ संलग्न पत्र भेजना आवश्यक हो तो पत्र के नीचे बाईं ओर उसकी सूची दे देनी चाहिए।

10. भाषा

आलेखन में भाषा-प्रयोग का अत्यधिक महत्व है। शासकीय पत्रों की भाषा एवं साहित्यिक अभिप्रायों को व्यक्त करने वाली भाषाएँ अलग-अलग प्रकृति और संस्कार की होती हैं, क्योंकि साहित्यिक भाषा में वैयक्तिकता का आग्रह होता है किन्तु प्रशासकीय भाषा पूर्णतः निर्वैव्यक्तिक होती है। भाषा में अर्ध-विराम एवं पूर्णविराम चिह्नों की भूमिका भी महत्त्वपूर्ण होती है। अतः आलेखन में भद्रजनोनित भाषा का प्रयोग करना चाहिए। संक्षिप्तता, शिष्टता, स्पष्टता एवं विनम्रता प्रशासनिक भाषा की अनिवार्यताएँ हैं। अतिशयोक्तियों दर्पोक्तियों के लिए प्रशासनिक भाषा में कोई स्थान नहीं होता है। अगर किसी मुद्दे पर जोर

देना हो तो लफ्फाजी के बजाय विभिन्न प्रमाणों, उद्देश्यों तथा उल्लेखों का आश्रय लेकर तार्किक ढंग से अपना मुद्दा प्रस्तुत करना चाहिए ताकि आशय के पक्ष में होने वाले लाभ तथा विपक्ष से होने वाली हानियों की ओर संबद्ध व्यक्तियों का ध्यान सहज ही आकर्षित किया जा सके। इसकी भाषा में मुहावरों-कहावतों के लिए अवकाश नहीं है। वक्रोक्ति, पुनरुक्ति आदि के लिए भी इसमें कोई जगह नहीं है। आलेखन में द्विअर्थक, अस्पष्ट, भ्रमात्मक और अनिश्चित अर्थी शब्दों के प्रयोगों से बचना चाहिए। इसमें शब्दों एवं वाक्यों का अर्थ इतना साफ और एकार्थक होना चाहिए कि उसके किसी दूसरे अर्थ की दूर तक छाया न दिखाई दे। संक्षेप में कहें तो आलेखन की भाषा व्याकरण सम्मत सरल, स्पष्ट तथा परिमार्जित होनी चाहिए। उसमें संयम, गरिमा, गांभीर्य निर्वैयक्तिकता होनी चाहिए। उसमें केवल तथ्यों का सीधा उल्लेख, गंतव्य का स्पष्ट कथन होना चाहिए एवं उसे किसी भी प्रकार के अर्थान्तर एवं अर्थभेद से परे होना चाहिए।

11. शैली

प्रारूप अथवा मसौदा लिखने की एक विशिष्ट शैली होती है जिसका अनुपालन आवश्यक है। इसमें संशोधन-परिवर्धन के लिए हाशिए की काफी जगह छोड़ दी जाती है तथा 'अनुमोदनार्थ आलेख' अथवा 'आलेख स्वीकृति के लिए' की चिट लगाकर सम्बद्ध अधिकारी को भेजी जाती है। आलेख के प्रारूप के विभिन्न अवयवों की चर्चा हम प्रशासनिक पत्राचार के सन्दर्भ में आगे करेंगे।

7

प्रशासकीय पत्राचार के विविध रूप

मूल रूप से आलेखन (Drafting) दो प्रकार का होता है। पहला प्रारंभिक (Elementary) तथा दूसरा उन्नत (Advanced) लेखन। प्रारंभिक लेखन में व्यक्तिगत पत्र, व्यापारिक पत्र सार्वजनिक पत्र, पारिवारिक पत्र तथा आवेदन पत्र आते हैं और उन्नत लेखन का सम्बन्ध प्रशासकीय पत्राचार से होता है।

शासकीय कर्मचारियों अथवा अधिकारियों द्वारा एक कार्यालय अथवा विभाग से दूसरे कार्यालय अथवा विभाग को अथवा एक कार्यालय से अपने ही विभाग के अंदरूनी कामकाज के लिए लिखे गए पत्र शासकीय अथवा सरकारी पत्र कहलाते हैं। इस आलेखन का ज्ञान सरकारी कर्मचारियों के अलावा गैर सरकारी कर्मचारियों के लिए भी आवश्यक होता है क्योंकि, प्राय: व्यापारिक संस्थान को परमिट, लाइसेंस तथा ठेके आदि के लिए सरकार से पत्र-व्यवहार करना पड़ता है। अत: उन्नत आलेखन से उनका परिचित होना आवश्यक है। प्रशासनिक पत्र में विशिष्ट शैली का उपयोग किया जाता है। इसमें न तो पारिवारिक पत्रों की भाँति आत्मीयता का संस्पर्श होता है और न व्यापारिक पत्रों की औपचारिकता का ही निभाव होता है, अतएव इन पत्रों की भाषा अपेक्षाकृत शुष्क होती है। सन्देह, अनिश्चय और अतिशयोक्ति इन पत्रों के दोष कहलाते हैं। ये पत्र यथासंभव संक्षिप्त, स्पष्ट और तटस्थ होते हैं। प्रशासन के पहिए को गतिमान करने के लिए अनेक प्रकार की समस्याएँ आती हैं। उनका समाधान करना पड़ता है। सूचनाओं का आदान-प्रदान करना पड़ता है। अपनी नीतियों के प्रति जनमत जानना होता है। नियुक्ति तथा पदोन्नति आदि की लिखित कार्यवाही करनी पड़ती है। इन विविधलक्षी कार्यों के लिए, विभिन्न प्रयोजनों के लिए प्रशासन में विभिन्न प्रकार के पत्रों का प्रयोग किया जाता है। इनमें से प्रमुख पत्र इस प्रकार हैं—

1. कार्यालयी पत्र, सामान्य शासकीय पत्र अथवा सरकारी पत्र (Office Letter)
2. कार्यालय ज्ञापन (Office Memorandum)
3. ज्ञापन (Memorandum)
4. कार्यालय आदेश (Office order)
5. परिपत्र (Circular)
6. अर्धसरकारी, शासकीय पत्र (Official letter)
7. अनौपचारिक टिप्पणी/संदर्भ (Unofficial note, Reference)
8. अनुस्मारक (Reminder)
9. पृष्ठांकन, परांकन (Endorsement)
10. शासकीय संकल्प (Government Resolution)
11. अधिसूचना (Notification)
12. प्रेस विज्ञप्ति या प्रेस नोट (Press Comminique or Press Note)
13. तार (Telegram)
14. द्रुत पत्र/तुरन्त पत्र (Express letter)
15. मितव्यय पत्र/बचत पत्र (Saving letter)
16. सूचना, विज्ञापन, निविदा तथा नीलाम।

विभिन्न प्रशासनिक अथवा शासकीय पत्रों में लेखन का स्वरूप भिन्न-भिन्न रहता है। अतः सभी प्रकार के पत्रों के लिए एक सामान्य प्रारूप की आदर्श रूपरेखा प्रस्तुत करना सम्भव नहीं है। सामान्य रूप से एक प्रशासकीय आलेख के निम्नलिखित पाँच अवयव होते हैं :

1. **शीर्षक** (Heading) : इसके अन्तर्गत पत्रसंख्या, सरकार एवं मंत्रालय का नाम, प्रेषक तथा प्राप्तक का नाम तथा पद संज्ञा एवं स्थान तथा तारीख का समावेश होता है।

2. **विषय** (Subject of letter) : सारे पत्र का सूक्ष्म सार एक पंक्ति में प्राप्त की सुविधा के लिए दिया जाता है। इसे विषय कहते हैं।

3. **सम्बोधन** (Solutation) : विषय संकेत के पश्चात महोदय, प्रिय महोदय आदि संबोधन का प्रयोग किया जाता है।

4. **पत्र का मुख्य कलेवर** (Main text of the letter, body of the letter) : पत्र के इस भाग को तीन खण्डों में बाँटा जाता है। प्रथम खण्ड में पूर्व पत्रों अथवा प्रस्तुत पत्र का विषय संकेत दिया जाता है। इसकी एक विशिष्ट शैली होती है, जिसमें निर्धारित शब्दावली अथवा वाक्यांशों का प्रयोग किया जाता है। उदाहरण के लिए—"आप के पत्र सं०···दिनांक···के उत्तर में आप को सूचित किया जाता है कि पत्र के दूसरे खण्ड में विषय के सम्बन्ध में विस्तृत

उल्लेख किया जाता है। पत्र के तीसरे खण्ड में पत्र का सारांश या उपसंहार अथवा प्रेषक के अभिप्राय को व्यक्त किया जाता है।

5. **समापन** : शासकीय पत्रों में सभी पत्रों का समापन एक समान नहीं होता फिर भी सामान्य रूप से इसमें स्वनिर्देश (Subscription) अथवा अभिनिवेदन प्रेषक के हस्ताक्षर एवं पद-संज्ञा का समावेश होता है। इसमें अभिनिवेदन अथवा अधोलेख अथवा स्वनिर्देश (भवदीय/आपका) के बाद प्रेषक के हस्ताक्षर एवं कोष्ठक में उसका नाम लिखा जाता है। यदि पत्र उच्च अधिकारी की ओर से भेजा जा रहा है और वह हस्ताक्षर के लिए उपस्थित नहीं है तो सहायक कृते, लिखकर हस्ताक्षर कर अधिकारी का नाम व पदसंख्या लिख देता है। कभी-कभी पत्र के नीचे अधिकारी की पदसंज्ञा (Rank of post) लिखनी आवश्यक होती है। इसी प्रकार पत्र के साथ यदि कुछ अन्य पत्रों की प्रतिलिपियाँ भेजनी हों तो प्रेषक के हस्ताक्षर की बाईं ओर संलग्न पत्र की सूची दी जाती है। कभी-कभी पत्र की प्रतिलिपि किसी अन्य अधिकारी को सूचना अथवा विशेष कार्यवाही के लिए पृष्ठांकन कर भिजवाई जाती है। इस प्रकार सामान्य रूप से एक शासकीय पत्र के समापन को स्वनिर्देश, हस्ताक्षर, पद-संज्ञा, संलग्न पत्र तथा पृष्ठांकन की प्रक्रिया से गुजरना पड़ता है।

विभिन्न प्रशासनिक पत्रों का परिचय नीचे दिया जा रहा है। इन नमूने के पत्रों में प्रयुक्त नाम, पद-नाम, कार्यालय आदि सभी कुछ काल्पनिक हैं।

सामान्य कार्यालयी पत्र

सरकारी पत्राचार में इस रूप का सर्वाधिक प्रयोग होता है। मुद्रित पत्र शीर्ष पर ही प्राय: लिखा जाता है। इसमें (एक आदर्श आलेखन के पाँचों अवयवों शीर्षक) पत्रसंख्या, भारत सरकार एवं मंत्रालय अथवा विभाग का नाम, दिनांक, प्रेषक प्रेषिती तथा उनके पदनाम (विषय, संबोधन पत्र का मुख्य कलेवर तथा समाप्ति), स्वनिर्देश, हस्ताक्षर, पदसंज्ञा, संलग्न पत्र तथा पृष्ठांकन (परांकन) का समावेश होता है।

सामान्यत: पत्र का प्रयोग विदेशी सरकारों, राज्य सरकारों, सम्बद्ध तथा अधीनस्थ कार्यालयों के अध्यक्षों, संघ लोक सेवा आयोग जैसे सांविधिक निकायों, सार्वजनिक निकायों एवं जनता के साथ पत्राचार में किया जाता है। इनके अलावा वे सभी पत्र जो किसी विभाग से भेजे जाते हैं और जो भारत सरकार के आदेशों या विचारों को अभिव्यक्त करते हैं, वे पत्र कहलाते हैं।

इन पत्रों में स्पष्टत: यह लिखना होता है कि वे सरकार के निर्देश से लिखे गए हैं। सरकारी पत्र के प्रारूप में संदर्भानुसार निर्देश हुआ है, कहना है, करें, किया जाए, किया जाना चाहिए, आदि आदेशात्मक, सुझावात्मक तथा

कथनात्मक क्रिया रूपों की आवृत्ति होती है। ये पत्र सरकार की ओर से प्राप्त आदेशों-निर्देशों के अनुसार सचिव, उपसचिव, अवरसचिव तथा अनुभाग अधिकारी लिखता है। यह पत्र प्रथम पुरुष एकवचन में लिखा जाता है। अगर पत्र शासकीय अधिकारी को संबोधित किया जाता है तो महोदय एवं यदि जनसामान्य को लिखा जाता है तो प्रिय महोदय का प्रयोग किया जाता है। पत्र की भाषा आदर्श आलेखन के अनुशासन से शासित एवं प्रेरित होनी चाहिए। द्विअर्थी, भ्रमात्मक तथा अस्पष्ट अर्थांतरकारी अथवा अर्थभेदक नहीं होनी चाहिए, उसमें एकार्थकता होनी चाहिए।

कार्यालयी पत्र का नमूना

पत्र संख्या............(गृह)
भारत सरकार
गृह मंत्रालय

प्रेषक

श्री............

उपसचिव, भारत सरकार

सेवा में,

मुख्य सचिव

चंडीगढ़

नई दिल्ली-2, दिनांक.........

विषय : राज्य में हुए विद्यार्थियों के उपद्रव

महोदय,

मुझे यह कहने का निर्देश हुआ है कि भारत सरकार अभी कुछ दिन पूर्व अमृतसर में हुए विद्यार्थियों के उपद्रवों को चिन्ता और शक की दृष्टि से देखती है। भारत सरकार ऐसा महसूस करती है कि इन उपद्रवों ने न केवल साम्प्रदायिक रूप धारण कर लिया था बल्कि किसी हद तक वे अराष्ट्रीय भी हो गए थे। भारत सरकार का विचार है कि इस प्रकार की सभी गतिविधियों को कठोरतापूर्वक नियंत्रित किया जाना चाहिए ताकि अन्य राज्यों में इसका प्रभाव और फैलाव न हो।

भवदीय,
ह०..........
उपसचिव, भारत सरकार

क्रमांक 2/14/84 (गृह)

नई दिल्ली ता०......

सूचना एवं आवश्यक कार्यवाही के लिए प्रतिलिपि निम्नलिखित को प्रेषित—

1............

2............

....

उपसचिव, भारत सरकार

कार्यालय ज्ञापन (Office Memorandum)

विभिन्न मंत्रालयों के बीच सूचनाओं के आदान-प्रदान तथा पत्र-व्यवहार कार्यालय ज्ञापन कहलाता है। इसे दफ्तरी यादी भी कहा जाता है।

यह प्राय: अन्य पुरुष एकवचन में लिखा जाता है। पर कभी-कभी प्रेषक के लिए उत्तम पुरुष का भी प्रयोग होता है। इसमें वाक्यों की संरचना अन्य पुरुष में की जाती है। इसमें प्रेषक, सेवा में संबोधन तथा अधोलेख नहीं होता है। समाप्ति पर प्रेषक, अधिकारी के हस्ताक्षर और दिनांक लिखा जाता है। जिस मंत्रालय के जिस अधिकारी को यह पत्र लिखा जाता है, उसका पूरा नाम तथा पदनाम, प्रेषक के हस्ताक्षर तथा पदनाम की बायीं ओर लिखा जाता है। कार्यालय ज्ञापन के पहले अनुच्छेद पर क्रमांक नहीं दिया जाता है, किन्तु बाद के अनुच्छेदों में दो से क्रमांक लिखे जाते हैं। इसमें किया जाता है, किया जा रहा है, किया जाएगा, आदि कर्मवाच्य वाक्य साँचों पर बने वाक्यों का प्रयोग अधिक होता है; परन्तु आदेशात्मक वाक्यों का प्रयोग वर्जित है। कार्यालय ज्ञापन का आरम्भ प्राय: अधोहस्ताक्षरी को यह कहने का निदेश हुआ है, अथवा मुझे यह कहने का निदेश हुआ है आदि समतुल्य वाक्यांश से होता है। इसका प्रयोग सम्बद्ध एवं अधीनस्थ कार्यालयों (Attached and Subordinate Office) के साथ पत्र-व्यवहार के लिए जहाँ तक सम्भव हो नहीं किया जाना चाहिए।

कार्यालय ज्ञापन का नमूना

क्रम संख्या 11-8-84 (हिन्दी)

भारत सरकार
गृह मंत्रालय
(हिन्दी प्रशिक्षण योजना)
नई दिल्ली...
दिनांक :......

विषय : हिन्दी प्रशिक्षणार्थियों को मुफ्त पाठ्य-पुस्तक देना

हिन्दी प्रशिक्षण प्राप्त कर रहे शासकीय कर्मचारियों को मुफ्त पाठ्य-पुस्तकें

देने की योजना बहुत समय से विचाराधीन रही है। अब यह निश्चय किया गया है कि 'प्राज्ञ' परीक्षार्थी कर्मचारियों को पाठ्यक्रम में निर्धारित निम्नलिखित पुस्तक मुफ्त दी जाए। इस व्यवस्था से कर्मचारी हिन्दी सीखने के प्रति प्रोत्साहित होंगे ऐसा विचार है।

मुफ्त दी जाने वाली पुस्तक :

1. प्राज्ञ पाठशाला, गृह मंत्रालय, भारत सरकार, नई दिल्ली, मूल्य-9/-

सेवा में,

सभी मंत्रालय, भारत सरकार **अवर सचिव, भारत सरकार**

ज्ञापन (Memorandum)

जब एक मंत्रालय अपने अनुभागों, शाखाओं, प्रभागों, विभागों और सम्बद्ध तथा अधीनस्थ कार्यालयों को पत्र लिखता है तब ऐसा पत्र ज्ञापन कहलाता है। इसे यादी भी कहते हैं।

ज्ञापन का उपयोग प्रार्थना-पत्रों, नियुक्ति के लिए दिए गए आवेदनों तथा याचिकाओं आदि का उत्तर देने के लिए, पत्रों की प्राप्ति की सूचना देने के लिए तथा अधीनस्थ कर्मचारियों को ऐसी सूचना भेजने के लिए जो पूरी तरह से शासकीय आदेश नहीं कही जा सकती हो।

कार्यालय ज्ञापन (दफ्तरी यादी) और ज्ञापन (यादी) की रूपरेखा और लेखन-शैली में लेशमात्र भी फर्क नहीं है। अन्तर है तो केवल यही कि कार्यालय ज्ञापन का मंत्रालय में आपस में पत्राचार के लिए प्रयोग होता है और ज्ञापन का प्रयोग अपने अधीनस्थ व्यक्तियों को ऐसी सूचना देने के लिए होता है, जो आदेश न हो।

ज्ञापन की वाक्य रचना भी अन्य पुरुष में होती है और इसमें भी न तो कोई सम्बोधन होता है न स्वनिर्देश, नीचे केवल प्रेषक के हस्ताक्षर और पद का उल्लेख रहता है। इस पत्र पर विभाग का कार्यालय अधीक्षक अथवा अन्य अधिकृत कर्मचारी हस्ताक्षर कर सकता है। जिसके नाम यह ज्ञापन भेजा जा रहा है उसका नाम और/अथवा पद प्रेषक के हस्ताक्षर के बायीं ओर लिया जाता है। ज्ञापन में संख्या, शीर्षक, दिनांक, विषय आदि कार्यालय ज्ञापन की तरह ही लिखे जाते हैं। इसमें भी पहले अनुच्छेद को नम्बर नहीं दिया जाता परन्तु उसके बाद के अनुच्छेदों को दिए जाते हैं।

संख्या
भारत सरकार
सूचना व प्रसारण कार्यालय
नई दिल्ली, दिनांक :

विषय : आवेदन पत्र प्राप्ति की सूचना

अधोहस्ताक्षरी को आपके दिनांक 10 जनवरी 1984 का आवेदन-पत्र स्वीकार करने का निदेश हुआ है और साथ ही यह बताने का आदेश हुआ है कि आपका आवेदन-पत्र विचाराधीन है। निर्णय होते ही आपको यथाशीघ्र सूचित कर दिया जाएगा।

सेवा में,

....

....

क ख ग
सह निदेशक (नियुक्ति)
आकाशवाणी, नई दिल्ली

सेक्टर II/879 आर० के० पुरम्, नई दिल्ली-22

कार्यालय आदेश (Office Order)

कार्यालय आदेश का प्रयोग **किसी कार्यालय**/मंत्रालय के सामान्यतः **आन्तरिक प्रशासन** सम्बन्धी अनुदेश जारी करने के लिए किया जाता है। ये कार्यालय/मंत्रालय के **सभी कर्मचारियों या एक से** अधिक कर्मचारियों को उनसे सम्बद्ध सूचनाएँ देने के लिए लिखे जाते हैं; ये सूचनाएँ छुट्टी स्वीकार/अस्वीकार, नियुक्ति और पदोन्नति, स्थायीकरण या स्थानांतर आदि के लिए होती हैं। इसके अलावा किसी विशेष कार्यविधि के नवीनीकरण, परिवर्तन इत्यादि की सूचना अथवा किसी प्रशासकीय आदेश के पालन के सम्बन्ध में सूचना आदि अधिकारियों/अनुभागों के बीच काम के वितरण अराजपत्रित अधिकारियों की या एक अनुभाग से दूसरे अनुभाग में स्थानांतरण में भी इसका उपयोग किया जाता है।

कार्यालय आदेश का प्रारूप सीधा और सरल होता है। इसमें ऊपर फाइल संख्या देकर उसके नीचे भारत सरकार मंत्रालय/कार्यालय का नाम, उसके बाद उसके नीचे दाईं ओर स्थान, दिनांक, के बाद उसमें नीचे कार्यालय आदेश लिखा जाता है। इसमें अन्य पुरुष का प्रयोग होता है; किन्तु सम्बोधन या अधोलेख नहीं होता। नीचे दाईं ओर प्रेषक अधिकारी के हस्ताक्षर और पद का उल्लेख रहता है और बाईं ओर जिनके लिए कार्यालय आदेश दिया गया है या जिसको प्रतिलिपि भेजी जाती है उनका उल्लेख रहता है।

कार्यालय आदेश का नमूना

सं............

भारत सरकार

गृह मंत्रालय

नई दिल्ली,
ता०............

कार्यालय आदेश

यह निश्चय किया गया है कि अब से आगे किसी भी अवर वर्ग लिपिक, उपरिवर्ग लिपिक अथवा सहायक को कार्यालय की कोई भी मिसिल किसी भी स्थिति में घर ले जाने की अनुमति नहीं दी जाएगी।

सेवा में,
मंत्रालय के सभी अवर वर्ग एवं
उपरिवर्ग लिपिक एवं सहायक

अमर जैन
उपसचिव, भारत सरकार

परिपत्र (Circular)

शासकीय पत्राचार में कई बार ऐसा होता है कि जब एक ही सूचना, आदेश या अनुदेश कार्यालयों, अधीनस्थ या सम्बद्ध विभागों, कार्यालयों तथा कर्मचारियों को भेजना या मँगाना पड़ता है ऐसे समय परिपत्र का प्रयोग किया जाता है। ऐसे परिपत्र का लेखक एक ही व्यक्ति होता है और विषय वस्तु भी एक ही होती है। परिपत्र में पत्रसंख्या, मंत्रालय का नाम, पता और तारीख तथा प्रेषक या प्रेषिती सरकारी पत्रों की तरह ही लिखा जाता है। पर स्वनिर्देश के लिए कोई शब्द नहीं लिखा जाता। परिपत्र में अन्य पुरुष का प्रयोग किया जाता है। वास्तव में यह पत्राचार का स्वतंत्र या पृथक रूप नहीं है; क्योंकि इसका उद्देश्य पत्रोत्तर नहीं, सिर्फ सूचना देना होता है। इसका प्रभाव क्षेत्र मंत्रालय विशेष अथवा कार्यालय तक सीमित होता है। परिपत्र का लक्ष्य सामान्य रूप से कर्मचारियों को सूचित करता है। पर यदि किसी व्यक्ति विशेष को सूचित करना हो तो आदेश का प्रयोग किया जाना चाहिए।

परिपत्र का नमूना

सं·············
भारत सरकार
स्वास्थ्य मंत्रालय
नई दिल्ली-2, दिनांक······

परिपत्र

इस मंत्रालय के द्वारा शासकीय कर्मचारियों के लिए खोले गए चिकित्सालयों की सूची तथा उनसे गत वर्ष लाभान्वित हुए रोगियों का विवरण जानकारी क लिए भेजा जा रहा है। इस ब्यौरे से यह स्पष्ट हो जाता है कि वर्तमान में छह

सौ शासकीय चिकित्सालय कार्य कर रहे हैं तथा इनमें पिछले वर्ष तीस लाख रोगियों का इलाज किया गया।

वितरण :

सभी मंत्रालय तथा संलग्न कार्यालय

क ख ग

अवर सचिव, भारत सरकार

अर्ध सरकारी/अर्ध शासकीय पत्र (Demi Official Letter)

अर्ध सरकारी पत्र का प्रयोग सामान्यतः विभिन्न सरकारी अधिकारियों के आपसी पत्र-व्यवहार, विचारों के आदान-प्रदान अथवा जानकारी अथवा किसी कार्य पर शीघ्र कार्यवाही करने या उसके अन्तिम निस्तारण के लिए, सूचनाओं के आदान-प्रदान के लिए किया जाता है। इसमें निर्धारित कार्यविधि अथवा औपचारिकताओं के पालन की जरूरत नहीं रहती है। अर्ध सरकारी पत्र का प्रयोग उस समय भी किया जा सकता है जब किसी अधिकारी का ध्यान व्यक्तिगत रूप से किसी बहुत दिनों से रुके हुए मामले की ओर दिलाना हो और कार्यालय की ओर से अनुस्मारक भेजने पर भी उचित उत्तर प्राप्त न हो सका हो। इसका प्रयोग मूल पत्र तथा अनुस्मारक दोनों रूपों में होता है।

इसके मसौदे का स्वरूप व्यक्तिगत पत्र के समान ही होता है। इसमें उत्तम पुरुष एकवचन का प्रयोग किया जाता है। इसकी भाषा मित्रतापूर्ण होती है। अर्ध सरकारी पत्र का प्रयोग प्रायः समान स्तर के अधिकारियों के बीच होता है। छोटे अधिकारी को अपने से बड़े अधिकारी के साथ अर्ध सरकारी पत्र का प्रयोग नहीं करना चाहिए। अर्ध सरकारी पत्र के लिए विशेष प्रकार के छपे पैड होते हैं। अर्ध सरकारी पत्र के प्रारूप में ऊपर दाईं ओर अ० स० पत्र सं०, भारत सरकार और विभाग छपा रहता है। उसके नीचे बाईं ओर प्रेषक का नाम, पदनाम और टेलीफोन नं० होता है। फिर इसके नीचे दाईं ओर स्थान तथा दिनांक लिखा जाता है।

इस प्रकार के पत्र में संबोधन और अधोलेख महत्त्वपूर्ण होता है। संबोधन व्यक्तिगत नाम से किया जाता है। नाम से पहले प्रिय या प्रियश्री लिखा जाता है। नाम के अन्त में वरिष्ठता के कारण 'आदरवाचक 'जी' भी जोड़ा जा सकता है। अधोलेख में केवल आपका प्रयोग होता है। इसके नीचे हस्ताक्षर के अलावा कुछ नहीं लिखा जाता, यहाँ तक कि पदनाम भी उल्लेख नहीं किया जाता। हस्ताक्षर के बाद नीचे पृष्ठ की बाईं ओर पाने वाले अधिकारी का नाम और पदनाम लिखा जाता है। अर्ध सरकारी पत्र के मसौदे की भाषा में 'करें' साँचे का प्रयोग सर्वाधिक होता है; लेकिन 'किया जाए' जैसे आदेशात्मक वाक्य साँचे का उपयोग

नहीं किया जाना चाहिए। गैर सरकारी व्यक्तियों को भेजे जाने वाले पत्र अर्ध सरकारी पत्र की तरह के हो सकते हैं; परन्तु उन्हें अर्ध सरकारी पत्र नहीं कहा जाएगा।

अर्ध सरकारी पत्र का नमूना

....

संयुक्त सचिव,
टेलीफोन नं०

अ० स० प० सं०.........
भारत सरकार
डाक व तार निदेशालय
नागपुर, तारीख.........

प्रिय शर्मा,

दिल्ली आदि महानगरों में 'केन्द्रीय सरकारी स्वास्थ्य योजना' सफलता से कार्य कर रही है। इस व्यवस्था से केन्द्र सरकार के कर्मचारियों को सन्तोषदायक चिकित्सा लाभ मिल रहा है। भारत के अन्य जिला मुख्यालयों में भी यह व्यवस्था की जा सकती है। इस सुविधा के उपलब्ध न होने के कारण वहाँ के कर्मचारियों को लाचारीवश अनुभवहीन स्थानीय डाक्टरों तथा सरकारी अस्पतालों में सामान्य मरीजों की तरह इलाज करवाना पड़ता है। ऐसा देखा गया है कि कई बार गैर जिम्मेदार कर्मचारी स्थानीय चिकित्सकों के साथ मिलकर इस सुविधा का दुरुपयोग करते हैं। पिछले दिनों मैंने आप से इस बारे में चर्चा की थी। आप से निवेदन है कि ऐसे जिला मुख्यालयों में जहाँ पर्याप्त संख्या में केन्द्रीय कर्मचारी हों, केन्द्रीय स्वास्थ्य योजना लागू करने पर विचार करें और अपने विचारों से अवगत कराएँ।

....

संयुक्त सचिव
स्वास्थ्य मंत्रालय
निर्माण भवन, नई दिल्ली

आपका
....

अनौपचारिक निर्देश, टिप्पणी
(Unofficial Note, Reference)

जब एक मंत्रालय दूसरे मंत्रालय अथवा विभाग अथवा कार्यालय से किसी प्रस्ताव पर उनके विचार टीका-टिप्पणी अथवा पहले से पूर्व आदेश के स्पष्टीकरण अथवा जानकारी चाहता है तब वह अनौपचारिक टिप्पणी या अनौपचारिक निर्देश का प्रयोग करता है। कार्यालयों में अनौपचारिक निर्देश को दो प्रकार से काम में लाया जाता है—

1. मिसिल पर ही उचित टिप्पणी (टीप/ज्ञाप) लिखकर सम्बन्धित मंत्रालय को फाइल ही भेज दी जाए।

2. अपने आप में एक पूर्ण टिप्पणी या यादी अथवा ज्ञापन लिखकर सम्बन्धित मंत्रालय को भेज दी जाती है। इस दूसरे प्रकार की कार्यवाही को अनौपचारिक निर्देश अथवा अशासकीय ज्ञापन/सन्दर्भ कहते हैं।

अनौपचारिक पत्रों को आरम्भ करते समय सबसे प्रथम मंत्रालय का नाम लिखा जाता है। उसके नीचे विषय और विषय के नीचे विषय वस्तु लिख दी जाती है। समाप्ति पर नाम लिखकर सिर्फ पद-संज्ञा लिख दी जाती है। पद-नाम के नीचे टेलीफोन नं० लिखा जाता है। उसके पश्चात बाईं ओर एक लकीर खींचकर पंक्ति के ऊपर प्रेषिती मंत्रालय का नाम लिखा जाता है। पंक्ति के नीचे प्रेषक मंत्रालय का नाम, क्रमांक तथा तारीख लिखी जाती है। ये पत्र सामान्यत: अन्य पुरुष एक-वचन में लिखे जाते हैं। इसमें पत्र संख्या, सरकार का नाम, दिनांक, संबोधन, अधोलेख अथवा स्वनिर्देश नहीं लिखे जाते हैं।

अनौपचारिक टिप्पणी (Unofficial Note)

नमूना गृह मंत्रालय

विषय : अभिज्ञान पत्र/पहचान पत्र का खो जाना

इस सम्बन्ध में वर्तमान नियम यह है कि यदि किसी कर्मचारी का पहचान पत्र खो जाए तो उसे तुरन्त समीप के थाने में रिपोर्ट कर देनी चाहिए ताकि कोई पहचान पत्र का दुरुपयोग न कर सके। साथ ही शासकीय खजाने में उसे पाँच रुपये का शुल्क भी जमा का देना चाहिए।

2. इस मंत्रालय के श्री प्रेमशंकर इसी माह की 30 तारीख को सेवानिवृत्त होने वाले हैं, उनका पहचान पत्र खो गया है। इस समय वे सेवानिवृत्ति पूर्व छुट्टी पर हैं और उन्हें अब पहचान पत्र की आवश्यकता नहीं रहेगी। प्रश्न यह है कि क्या उनके मामले में भी उक्त वर्तमान नियम का पालन किया जाए।

3. यह मंत्रालय उपर्युक्त दूसरे अनुच्छेद में उल्लिखित प्रश्न पर विधि मंत्रालय के सुझाव से कृतज्ञ होगा।

....

अवर सचिव

फोन नं०

विधि मंत्रालय वापसी/न वापसी

गृह मंत्रालय अ० टि० क्रम संख्या........

दिनांक........

अनुस्मारक पत्र (Reminder Letter)

जब किसी पत्र का उत्तर पन्द्रह दिनों के भीतर प्राप्त नहीं होता है तब पत्रोत्तर के लिए मूल पत्र का सन्दर्भ देते हुए अनुस्मारक लिखा जाता है। अनुस्मारक के लिए पत्र व्यवहार का वही रूप अपनाना चाहिए जिस रूप में मूल पत्र भेजा गया था अर्थात शासकीय पत्र का अनुस्मारक शासकीय पत्र के रूप में, अर्धशासकीय पत्र का अर्धशासकीय पत्र तथा कार्यालय ज्ञापन का कार्यालय ज्ञापन के रूप में ही प्रेषित किया जाएगा। अनुस्मारक प्रायः शासकीय, अर्धशासकीय एवं कार्यालय ज्ञापन के लिए ही लिखे जाते हैं। अनुस्मारकों का कलेवर मूल पत्र की अपेक्षा संक्षिप्त होता है।

अनुस्मारक का नमूना

अ० स० पत्र संख्या············गृह
भारत सरकार
गृह मंत्रालय, नई दिल्ली
दिनांक············

प्रिय श्री सुरेश,

क्या आप मेरे अर्धशासकीय पत्र संख्या·········दिनांक 15 जनवरी 85 को देखने का कष्ट करेंगे?

सम्बन्धित मामला अत्यधिक आवश्यक है; अतएव ज़रूरी विवरण तत्काल भिजवाने की कृपा करें।

आपका

············ ·········

मुख्य कमिश्नर
सागर (म० प्र०)

पृष्ठांकन/परांकन (Endorsement)

कभी-कभी किसी पत्र की प्रतिलिपि सूचनार्थ अथवा आवश्यक कार्यवाही इत्यादि के लिए एक से अधिक व्यक्तियों को भेजनी पड़ती है। ऐसी परिस्थितियों में पृष्ठांकन किया जाता है। Endorse शब्द का अर्थ है पीछे से अंकित करना, पृष्ठलेख करना, पुष्टि करना और Endorsement का अर्थ है—An act of writing on the back of a note, bill and other written instrument. किसी तार, बिल अथवा लेख के पीछे लिखने की क्रिया पृष्ठांकन कहलाती है।

पृष्ठांकन का प्रयोग निम्नलिखित स्थितियों में होता है—

1. प्रेषिती के अलावा जब किसी अन्य विभाग को पत्र की प्रतिलिपि भेजनी हो।

2. जब सूचना, टीका-टिप्पणी अथवा निस्तारण के लिए किसी मंत्रालय या संबद्ध अथवा अधीनस्थ कार्यालय को (मूल रूप में या उसकी प्रति) भेजी जानी होती है।

3. जब मूल प्रति ही प्रेषक को वापस करनी होती है।

4. प्रशासनिक मंत्रालयों द्वारा दी गई वित्तीय मंजूरियों की प्रतिलिपियाँ भी लेखा परीक्षा अधिकारियों के पास पृष्ठांकन द्वारा प्रेषित की जाती है। प्राप्ति के अलावा पत्रादि की प्रतिलिपि सूचना के लिए। सूचना तथा पथ-प्रदर्शन के लिए। आवश्यक कार्यवाही के लिए। उत्तर के लिए। शीघ्र अनुपालन के लिए प्रेषित की जा रही है। जब प्रतिलिपियाँ राज्य सरकार को भेजी जाती हैं तब पृष्ठांकन का प्रयोग करने के बजाय पत्र का प्रयोग किया जाना चाहिए। पृष्ठांकन दो प्रकार का होता है—

(अ) मूल पत्र पर नीचे लिखकर।

(ख) अलग से मसौदा तैयार कर (Separate Endorsement)।

मूल पत्र में अधोलेख के बाद हस्ताक्षर और पदनाम लिखा जाता है। पर अन्य प्रतियों में हस्ताक्षर पृष्ठांकन के बाद नीचे किए जाते हैं। पृष्ठांकन द्वारा सरकारी पत्र, कार्यालय ज्ञापन, कार्यालय आदेश, परिपत्र, तार की प्रतिलिपि संकल्प, अधिसूचना तथा प्रेस विज्ञप्ति आदि मूल में या प्रतिलिपि के रूप में प्रेषित किए जा सकते हैं।

स्वतन्त्र पृष्ठांकन का नमूना

संख्या...............

भारत सरकार

औद्योगिक विकास मंत्रालय

नई दिल्ली, दिनांक.......

स्वास्थ्य मंत्रालय को निम्नलिखित पत्रों की एक-एक प्रतिलिपि सूचना एवं आवश्यक कार्रवाई के लिए प्रेषित है।

ह० (क० ख० ग)
अवर सचिव, भारत सरकार

प्रेषित पत्रों की सूची :

(1) वित्त मंत्रालय पत्र सं०............दिनांक..........

(2) गृह मंत्रालय पत्र सं०..............दिनांक............
(फाइल पर ही)
आवश्यक जाँच के लिए मूल रूप में............सज्जन को प्रेषित।

शासकीय संकल्प/संस्ताव (Resolution)

पत्र व्यवहार के इस रूप का प्रयोग नीति सम्बन्धी महत्त्वपूर्ण मामलों पर सरकारी निर्णयों की सार्वजनिक घोषणाओं के लिए, जाँच आयोगों तथा समितियों की नियुक्ति तथा ऐसे अन्य विभागों के महत्त्वपूर्ण प्रतिवेदनों की समीक्षा के परिणामों की घोषणाओं के लिए किया जाता है।

सामान्य रूप से संकल्प भी राजपत्र में प्रकाशित किए जाते हैं। प्रारम्भ में यह निर्देश होता है कि भारत के राजपत्र के किस भाग में और किस रूप में यह छपेगा। प्रत्येक संकल्प के तीन भाग होते हैं।

(1) **भूमिका** (Preamble)—इसमें संकल्पित विषय पर सूक्ष्मता से प्रकाश डाला जाता है तथा कभी-कभी पूर्व पत्रों के सन्दर्भ भी दे दिए जाते हैं।

(2) **संकल्प**—इसमें किसी विवादग्रस्त प्रश्न को उठाया जाता है ताकि संकल्प की रूपरेखा स्पष्ट हो जाए।

(3) **आदेश**—संकल्प को कार्यान्वित करने के लिए इस भाग में आदेश होता है और यह स्पष्ट किया जाता है कि किन अधिकारियों को उसकी प्रति भेजनी है।

संकल्प अन्य पुरुष एकवचन में लिखा जाता है। इसमें भी प्रेषक, प्रेषिती संबोधन व स्वनिर्देश नहीं लिखा जाता है। संकल्प के मसौदे में काटछाँट, कहीं भी किसी तरह का कोई अथवा बदल नहीं होना चाहिए। लिखे पर लिखना, यहाँ तक कि हस्ताक्षर के साथ भी संशोधन नहीं होना चाहिए। मसौदे की पहली टंकित प्रति ही प्रेस में भेजनी चाहिए। कार्बन प्रति या सइक्लोस्टाइल प्रति नहीं भेजनी चाहिए। इस पर सक्षम अधिकारी के ही हस्ताक्षर होने चाहिए। कोई अन्य व्यक्ति सक्षम अधिकारी के लिए हस्ताक्षर नहीं कर सकता है। हस्ताक्षर स्याही से किए जाने चाहिए। इनमें संयुक्त सचिव स्तर के अधिकारी ही हस्ताक्षर करते हैं। 'संकल्प' के पृष्ठांकन के रूप में यह आदेश होता है कि संकल्प का प्रकाशन राजपत्र में हो।

संकल्प का नमूना

(भारत सरकार के राजपत्र भाग/खंड 4 प्रकाशनार्थ)

सं०...............

भारत सरकार

रेल मंत्रालय

नई दिल्ली, दिनांक........

संकल्प

पिछले कुछ समय से अधिक संख्या में होने वाली भयानक और दर्दनाक रेल दुर्घटनाओं से सरकार निरन्तर चिन्तित है और इसकी रोकथाम के लिए सुझावों को अमल में लाने के लिए गंभीरता से सोच रही है। अब भारत सरकार ने सरकारी प्रतिनिधियों तथा गैर-सरकारी जनसेवकों की एक समिति गठित करने का विचार किया है।

2. इस समिति के अध्यक्ष श्री.................... होंगे।

इसके निम्नलिखित सदस्य होंगे।

(1) ... ...

(2) ... ...

(3) ... ...

3. यह समिति निम्नलिखित विषयों पर अथवा अन्य आवश्यक वांछित विषयों पर अपनी सिफारिशें पेश करेगी—

(क)

(ख)

(ग)

4. समिति आगामी ता०............से कार्य का प्रारंभ कर देगी और इसका कार्यकाल चार माह का होगा।

क. ख. ग.

सचिव, रेलवे बोर्ड

आदेश : 1. आदेश दिया जाता है कि इस प्रस्ताव की प्रतिलिपि प्रस्तावित समिति के अध्यक्ष तथा सदस्यों को दी जाए।

2. यह भी आदेश दिया जाता है कि इसे भारत सरकार के राजपत्र में तथा जनसाधारण की सूचना के लिए देश के प्रमुख पत्रों में प्रकाशित कराने का प्रबंध किया जाए।

सचिव, रेलवे बोर्ड

अधिसूचना (Notification)

शासन की ओर से जनसाधारण के सूचनार्थ या सरकारी कार्यालयों, तत्सम्बन्धी अधिकारियों और कर्मचारियों की जानकारी के लिए केन्द्रीय अथवा प्रान्तीय सरकारों द्वारा जो घोषणाएँ उनके राजपत्रों में प्रकाशित होती हैं, उन्हें अधिसूचना कहा जाता है।

इनका उपयोग सरकारी अधिकारियों की नियुक्ति, स्थानांतरण, पदोन्नति, वेतन वृद्धि, अवकाश, त्याग-पत्र, सेवा-निवृत्ति, अधिनियमों, आदेशों और अधिकारियों के कार्यकारी अधिकारों आदि की सूचना देने के लिए किया जाता है। सांविधिक नियमों तथा आदेशों की घोषणा और शक्तियों के सौंपे जाने आदि को राजपत्र में प्रकाशित करने के लिए अधिसूचना के रूप में ही भेजा जाता है।

अधिसूचना भेजते समय यह स्पष्ट उल्लेख किया जाता है कि वह गजर के किस भाग में प्रकाशित की जाए। भारतीय गजर चार भागों में नई दिल्ली (भाग 1 तथा 2) एवं शिमला (भाग 3 तथा 4) प्रकाशित होते हैं। ये सूचनाएँ किसी अधिकारी या व्यक्ति विशेष को सम्बोधित करके नहीं लिखी जाती हैं। ये अधिसूचनाएँ अन्य पुरुष में लिखी जाती हैं और इसमें संख्या, मंत्रालय अथवा विभाग का नाम, प्रेषक के हस्ताक्षर तथा उसके पद-नाम का उल्लेख रहता है। इसमें शीर्षक के अंतर्गत प्रेषक और प्राप्ता का उल्लेख नहीं किया जाता। इसमें संबोधन और अधोलेख भी नहीं होते। इनमें भी संकल्प की भाँति संयुक्ति सचिव स्तर के अधिकारी हस्ताक्षर करते हैं। इसके मसौदे में भी काट-छाँट, लिखे पर लिखना, यहाँ तक कि हस्ताक्षर के साथ भी संशोधन नहीं होना चाहिए। मसौदे की प्रथम टाइप प्रति ही प्रेस में भेजनी चाहिए। कार्बन प्रति या साइक्लोस्टाइल्ड प्रति नहीं भेजी जानी चाहिए। इस पर सक्षम अधिकारी के ही हस्ताक्षर होने चाहिए। किसी और व्यक्ति के हस्ताक्षर सक्षम अधिकारी के लिए नहीं चल सकते। हस्ताक्षर स्याही से होने चाहिए। प्रकाशन के लिए भेजी जाने वाली अधिसूचनाओं में, इस बारे में साफ़-साफ़ आदेश होना चाहिए कि उन्हें राजपत्र के कौन से भाग के कौन से खंड में कब प्रकाशित किया जाना है।

अधिसूचना

नमूना

(भारत के राजपत्र भाग 1, खंड 2 में प्रकाशन के लिए)

भारत सरकार

गृह मंत्रालय

नई दिल्ली तारीख :·········

अधिसूचना का नमूना

सं० 3181/10/84 श्री गणेश शेट्टी जिनका स्थानांतरण विधि मंत्रालय में हो गया है, के स्थान पर श्री अरुण बालिगा अवर सचिव, गृह मंत्रालय को इसी मंत्रालय में स्थानापन्न उपसचिव नियुक्त किया जाता है।

सुनील वाघ
सह सचिव, भारत सरकार

सेवा में
प्रबन्धक
भारत सरकार प्रेस,
नई दिल्ली,
क्रमांक.............................नई दिल्ली, ता०............

प्रतिलिपि सूचना के लिए निम्नलिखित को भेजी गई—

(1)
(2)
(3)

फिलिप वेंगसरकर
अवर सचिव, भारत सरकार

प्रेस विज्ञप्ति/ प्रेस टिप्पणी

किसी सरकारी सूचना, निर्णय अथवा नीति को जनसामान्य तक पहुँचाने की दृष्टि से प्रेस विज्ञप्ति अथवा प्रेस टिप्पणी का उपयोग किया जाता है। इस तरह की प्रकाश्य सामग्री के प्रकाशन की दो प्रणालियाँ हैं। पहली पद्धति 'प्रेस विज्ञप्ति' कहलाती है और दूसरी प्रणाली को 'प्रेस नोट' कहते हैं। प्रेस नोट की अपेक्षा प्रेस विज्ञप्ति औपचारिक और संवेदनशील होती है अर्थात जरा से शाब्दिक परिवर्तन से भी अर्थ का अनर्थ हो जाने की आशंका होती है। तब प्रेस विज्ञप्ति को संपादक यथावत (बिना किसी तरह की काट-छाँट या संशोधन-परिवर्तन के) प्रकाशित करने के लिए बाध्य होता है। उसमें औपचारिकता रहती है। इसके विपरीत 'प्रेस नोट' में संपादक को यह अधिकार होता है कि वह प्राप्त सामग्री में अपने ढंग से सुविधानुसार संशोधन-परिवर्धन कर सकता है।

प्रेस विज्ञप्ति के आलेख में प्रकाशन की तिथि व समय लिख दिया जाता है ताकि उसके पूर्व उनका प्रकाशन न किया जाए। परीक्षा-परिणाम आदि का प्रकाशन इसी प्रकार होता है। इनमें तिथि व समय सम्बन्धी निर्देश के बाद समाचार सामग्री को स्पष्ट करने वाला प्रेस विज्ञप्ति लिख नीचे शीर्षक दिया

जाता है। नीचे शीर्षक के बाद सम्बद्ध विषय का वर्णन होता है।

प्रेस विज्ञप्ति/टिप्पणी सीधे प्रधान सूचना अधिकारी प्रेस सूचना ब्यूरो नई दिल्ली को इस निर्देश के साथ प्रेषित की जाती है कि वे विज्ञप्ति को निर्धारित तिथि व समय को प्रकाशित कराएँ, उसके पूर्व नहीं।

प्रकाशन में प्रेषक, प्रेषिती सम्बोधन तथा अधोलेख नहीं होते और जिस मंत्रालय से इसे जारी किया जाता है उसका नाम हस्ताक्षर से बायीं ओर लिखा जाता है। मंत्रालय के नाम के नीचे स्थान तथा तारीख लिखी जाती है।

प्रेस विज्ञप्ति का नमूना

(15-12-1984 के सायं पाँच बजे के पूर्व प्रकाशित या प्रसारित न किया जाए)

प्रेस विज्ञप्ति

विषय : विवाह की उम्र

विवाह की उम्र की सीमा को बढ़ाने के सम्बन्ध में परिवार नियोजन विभाग की ओर से कुछ समय पूर्व कुछ सुझाव मिले थे। सरकार ने उन पर गहराई से विचार किया और यह निश्चय किया है कि विवाह की उम्र को बढ़ाकर लड़कों के लिए कम से कम चौबीस साल और लड़कियों के लिए कम से कम बीस साल कर दी जाए।

मुख्य सूचना अधिकारी, समाचार-पत्र सूचना कार्यालय, भारत सरकार, नई दिल्ली को यह विज्ञप्ति विस्तृत प्रचार, प्रसार और प्रकाशनार्थ प्रेषित।

गृह मंत्रालय — हौंसला प्रसाद पांडेय
नई दिल्ली — गृह सचिव, भारत सरकार
6 दिसम्बर, 1984

प्रेस टिप्पणी

भारत सरकार ने फरवरी 1985 से केन्द्रीय सरकार के कर्मचारियों को महँगाई भत्ते की एक और किस्त देने का निर्णय किया है। यह महँगाई भत्ता 1700/- रुपये तक मूल वेतन पाने वाले कर्मचारियों दिया जाएगा। भत्ते की अधिकतम राशि सौ रुपये होगी; किन्तु उसका आधा अंश कर्मचारियों की भविष्यनिधि में जमा किया जाएगा। इस महँगाई भत्ते की वृद्धि का लाभ पेंशन-याफ्ताओं को भी मिलेगा।

वित्त मंत्रालय — हरिनाथ त्रिपाठी
दिनांक 20 मार्च 1985 — सचिव वित्त मंत्रालय

तार (Telegram)

तार का प्रयोग अन्य स्थानों में स्थित व्यक्तियों के साथ जरूरी और आवश्यक मामलों पर शीघ्रातिशीघ्र कार्यवाही करने-कराने के लिए पत्राचार में किया जाता है। सामान्य रूप से जब तत्काल, प्राथमिकता अंकित पत्र या तुरन्त पत्र से काम होना संभव नहीं होता तब तार का इस्तेमाल किया जाता है। किसी भी तार के सम्बन्ध में पता, मूलविषय तथा हस्ताक्षर इन तीन बातों पर जाता है। अगर तार का कोड पता (डाक-तार विभाग द्वारा कुछ वार्षिक शुल्क लेकर किसी संस्थान/प्रतिष्ठान के बड़े पते के बजाय एक पता स्थानीय केन्द्रीय कार्यालय से संस्थानों/प्रतिष्ठानों को दिया जाता है। इससे तार में शब्द कम लगते हैं एवं लम्बा पता लिखने या याद रखने की जरूरत नहीं रहती। जैसे TIRTHAS, BOMBAY अर्थात् अखिल भारतवर्षीय दिगम्बर जैन तीर्थ क्षेत्र कमेटी, हीराबाग, सी० पी० टेंक, बम्बई-4) हो तो वही लिखना चाहिए। अगर कोड पता नहीं है तो पता में उतने ही शब्दों का प्रयोग किया जाए कि जिससे तार ठीक जगह ठीक समय पर पहुँच जाए। इसी प्रकार तार की विषय वस्तु का लेखन भी उतने कम से कम शब्द हो जिससे कि प्राप्ता उसके आशय को समझ सके। तार की भाषा संक्षिप्त एवं स्पष्ट होनी चाहिए। अंत में हस्ताक्षर तथा पदनाम लिखना चाहिए। तार फार्म में मुद्रित स्थान पर अपना पूरा पता लिखना चाहिए। साधारण भाषा में भेजे गए तार में इसके लिए डाक-तार विभाग कोई शुल्क नहीं लेता है। तार भेजने के बाद उसकी पुष्टि के लिए डाक से अलग से तार की एक प्रतिलिपि भिजवानी चाहिए। शासकीय तारों में 'शासकीय' शब्द अवश्य लिखना चाहिए एवं पते के स्थान पर सरकारी मुहर का उपयोग किया जाना चाहिए।

भाषा की दृष्टि से तार दो प्रकार के होते हैं—अर्थात शब्दबद्ध तार अथवा स्पष्टभाषी तार एवं बीजांक। शब्दबद्ध तार स्पष्ट भाषा में लिखे जाते हैं किन्तु जब अभिप्रेत गुप्त हो तो कूट भाषा का प्रयोग किया जाता है। ऐसे तारों को बीजांक या गूढ़ भाषी अथवा कूट तार कहा जाता है। बीजांक कूट तारों के संपादन, संख्यांकन और प्रेषण में, विदेशी तारों के मामले में विदेश मंत्रालय द्वारा जारी किए गए अनुदेशों का सावधानी से पालन किया जाना चाहिए और अंतर्देशीय तारों में गृह मंत्रालय के अनुदेशों का पालन किया जाना चाहिए। विदेशों के कूट भाषा ब्यूरो द्वारा ये तार स्वीकार तथा वितरित किए जाते हैं।

सरकारी तारों में प्रयोग करने के लिए उन पर अंकित चार अग्रता संकेतों को ध्यान में रखा जाता है। ये इस प्रकार हैं—

1. जीवन रक्षा (S. V. H.) जब समुद्र, विमान में लोगों का जीवन खतरे में हो अथवा किसी कार्य के लिए उत्तर के विलम्ब के कारण निर्धारित अवधि

समाप्त हो जाने की आशंका हो तब 'जीवन रक्षा' अग्रता संकेत का प्रयोग किया जाता है।

2. अति तत्काल (Most Immediate)।

3. संक्रियात्मक तत्काल (Operation Immediate) नौसैनिक, सैनिक और वायुसैनिक आपातकालीन संक्रियात्म संदेशों के लिए सुरक्षित हैं।

4. तत्काल।

5. आवश्यक।

पहले के बाद के उपर्युक्त चारों अग्रता संकेत क्रमशः उत्तरोत्तर कम महत्व के हैं। अर्थात 'तत्काल एवं अति तत्काल' में अति तत्काल अग्रता संकेत वाले तार को प्राथमिकता दी जाएगी। परन्तु एक ही प्राथमिकता संकेत वाले तारों का निपटान उनके 'बुक' किए जाने से क्रमानुसार होगा। 'अति तत्काल' संक्रियात्मक तत्काल और तत्काल तार भेजने का अधिकार उपसचिव तथा उससे उच्चतर सचिवालयी अधिकारियों को ही होता है। बीजांक तथा कूट तारों के अलावा तार की पुष्टि प्रतियाँ डाक से भेजी जानी चाहिए।

तार का नमूना

तार | सरकारी | तुरन्त

विकास, भोपाल

क्रमांक 12-6-7 दस जनवरी का आप का पत्र। आप की सभी योजनाएँ स्वीकृत। विस्तृत अनुदेश अलग से प्रेषित—योजना योग।

तार में शामिल न किया जाए।

क. ख. ग.
अवर सचिव, भारत सरकार
योजना आयोग
नई दिल्ली, दिनांक :

सं०
पुष्टि के लिए प्रति डाक से प्रेषित
सेवा में,

सचिव, मध्य प्रदेश सरकार
विकास विभाग
भोपाल

क. ख. ग.
कृते अवर सचिव

तुरन्त पत्र (Express Letter)

द्रुत पत्र, इसे द्रुतगामी पत्र भी कहा जाता है। किसी शासकीय समाचार निर्देश या सूचना को तत्काल ध्यान के लिए भेजना हो और तार का प्रयोग न करना हो तो उसे तुरन्त पत्र द्वारा भेजा जाता है। इसकी शब्द-रचना तार की तरह होती है, परन्तु इसे डाक से भेजा जाता है। इस पत्र को प्राप्ता तार के समान समझता है और तार की तरह इस पर आवश्यक कार्यवाही करता है। तुरन्त पत्रों में अभिवादन, संबोधन तथा अधोलेख नहीं लिखा जाता है। और पत्र की संख्या भी पत्र के प्रारम्भ में ऊपर न लिखी जाकर प्रेषती के पद और पते के नीचे तथा विषय के ऊपर लिखी जाती है।

द्रुत पत्र का नमूना

भारत सरकार
गृह मंत्रालय

प्रेषक

प्रेमशंकर
अवर सचिव
गृह मंत्रालय,

सेवा में,

मुख्य सचिव
उत्तर प्रदेश सरकार
क्रम संख्या 9/2/84 नई दिल्ली, दिनांक : 5 अप्रैल 1984

विषय : संघीय लोक सेवा आयोग की परीक्षाओं में हिन्दी का प्रयोग

संघीय लोक सेवा आयोग द्वारा आयोजित विभिन्न परीक्षाओं में हिन्दी के प्रयोग के सम्बन्ध में आप की ओर से अपेक्षित विवरण अभी तक प्राप्त नहीं हुआ है। विवरण अत्यन्त आवश्यक है; अत: जल्द से जल्द उक्त विवरण भेज दिया जाए।

ह············

अवर सचिव, भारत सरकार

मितव्यत पत्र/वचत पत्र/सेविंग्राम (Savingram)

बचत पत्र को मितव्यय पत्र/कूट पत्र/अथवा सेविंग्राम भी कहा जाता है। सेविंग्राम अर्थात कम खर्च में भेजा हुआ संवाद या लेख। डाक के लिए हवाई

जहाज की व्यवस्था होने के पूर्व विदेश को डाक पानी के जहाज से भेजी जाती थी और तार द्वारा पत्र व्यवहार होता था। परन्तु अब हवाई जहाज की सुविधा उपलब्ध हो जाने से ये पत्र हवाई जहाज द्वारा भेजे जाते हैं। इन मितव्यय पत्रों का प्रयोग तुरन्त पत्र की भाँति होता है। वास्तव में यह तुरन्त पत्र का कूटित रूप है। अन्य सभी दृष्टियों से बचत पत्र को बीजांक अथवा कूट भाषा तार जैसा ही समझा जाता है। बचत पत्र राजनयिक थैलों अथवा रजिस्टर्ड बीमा द्वारा भेजे जाते हैं। इन पर कूट पत्र लिख दिया जाता है। इन पत्रों का विषय गुप्त एवं गोपनीय होता है। इसमें सम्बोधन और निर्देश के शब्द नहीं लिखे जाते। प्रेषक और प्रेषिती के भी तार के पते लिखे जाते हैं। बचत पत्र आजकल अपने देश में भी भेजे जाते हैं। इसका प्रयोग विदेशों में स्थिति राजदूतावासों के साथ गोपनीय पत्राचार के लिए होता है। इसके साथ कोई कागज-पत्र संलग्न नहीं किया जाता। इसकी कूटभाषा को समझने तथा कार्यवाही का दिशा निर्देश देने के लिए दूतावासों में अधिकारी होते हैं। विदेश मंत्रालय मितव्यय पत्र के लिए विशेष नियम बनाता है, जिसका पालन किया जाना आवश्यक है।

मितव्यय पत्र का नमूना (Savingram)

भारत सरकार
गृह मंत्रालय

प्रेषक : स्वराष्ट्र मंत्रालय, नई दिल्ली ×
सेवा में : बाढ़ नियन्त्रण, लखनऊ ×

क्रम संख्या 8-11-63 (बाढ़ सहायता)
नई दिल्ली दिनांक 18 जनवरी 1984

विषय : बाढ़ पीड़ितों के लिए राहत कार्य

इस मंत्रालय के क्रमांक संख्या 8-11-63 दिनांक 18 जनवरी 1984 के पत्र के संदर्भ में निवेदन है कि उत्तर प्रदेश में बाढ़ पीड़ितों के राहत कार्य के लिए एक लाख रुपये की राशि शीघ्र भेजी जाएगी।

सुनील तिवारी
अवर सचिव, भारत सरकार

ये तारांकित शब्द क्रमशः प्रेषक और प्रेषिती के लिए तार पते के रूप में इस्तेमाल किए जाते हैं।

सूचना

जनसामान्य की सूचना एवं जानकारी के लिए सरकार कुछ विशेष सूचनाएँ

समाचार पत्रों में प्रकाशित करती है। ऐसी सूचनाओं में सरकारी कार्यालयों में रिक्त स्थानों के विज्ञापन, नीलाम, निविदाएँ प्रतिवादियों को न्यायालय में उपस्थित होने की सूचनाएँ, व्यवसाय संस्थाओं के भाग धारकों को सभाओं की सूचनाएँ आदि आती हैं।

इन सूचनाओं की प्रकृति और रूप 'प्रेस विज्ञप्ति' तथा 'प्रेस टिप्पणी' से अलग होता है। इन सूचनाओं में सूचना प्रकाशित करने वाले कार्यालय, संस्था और अधिकारियों का पद भी लिखा जाता है। इसमें अन्त में सम्बद्ध सक्षम अधिकारी के हस्ताक्षर तथा पदनाम लिखा जाता है। कई सूचनाओं में हस्ताक्षरकर्ता का नाम देने की आवश्यकता नहीं होती। ये सूचनाएँ स्पष्ट, सरल सुनिश्चित तथा निभ्रांत भाषा में लिखी जानी चाहिए ताकि किसी पाठक को उन्हें पढ़कर किसी प्रकार की शंका-संदेह अथवा अतिरिक्त जिज्ञासा न रहे। ये सूचनाएँ पत्र-पत्रिकाओं में विज्ञापनों की भाँति छपती हैं और सरकार को पत्र-पत्रिकाओं को उनके विज्ञापन दर से इनका खर्च वहन करना पड़ता है।

विज्ञापन का नमूना

(रिक्त स्थान का विज्ञापन)

आवश्यकता है

अम्बर चर्खे के प्रशिक्षण के अभिलाषी प्राथियों से आवेदन पत्र आमंत्रित किए जाते हैं। प्रार्थी के लिए मैट्रिक अथवा समकक्ष कोई परीक्षा उत्तीर्ण होना आवश्यक है। इसकी प्रशिक्षण अवधि छह माह है। चुने गए अभ्यार्थियों को प्रशिक्षण अवधि के दौरान दो सौ रुपये प्रति माह की छात्रवृत्ति दी जाएगी। प्रशिक्षण के पश्चात योग्यतानुसार वेतन दिया जाएगा। आवेदन पत्र स्वीकार करने की अन्तिम तिथि 15 जनवरी 85 है।

मंत्री, गांधी आश्रम, दिल्ली

डी० ए० 750 (5)

सूचना का नमूना

बम्बई आवास एवं क्षेत्र विकास बोर्ड, बम्बई

(महाराष्ट्र आवास तथा क्षेत्र विकास प्राधिकरण की एक शाखा)

सूचना

महाराष्ट्र आवास एवं क्षेत्र विकास (सम्पदा व्यवस्थापन, बिक्री, आवास के परिवर्तन तथा विनिमय) नियम 1980 के नियमन संख्या 12 के प्रावधानों के अन्तर्गत समाचार पत्रों में 8-10-83 को हमारे विज्ञापन नं० 4/83 पढ़ने पर

जिन प्रार्थियों ने कोड नं० 0037 की योजना 216 में खुले विकसित भूखण्डों क्रं० मजासवाडी और जोगेश्वरी के खुले विकसित भू-खण्डों के लिए आवेदन किया है, उन्हें सूचित किया जाता है कि योग्य पाये गये प्रार्थियों के लाट का ड्रा 17 दिसम्बर 1984 को सवेरे 10 बजे गृह निर्माण भवन, कलानगर, बांद्रा पूर्व, बम्बई 400 051 की पहली मंजिल के रूम नं० 231 में होगा।

इच्छुक योग्य प्रार्थी ड्रा निकाले जाने के समय हाजिर रह सकते हैं। योग्य प्रार्थियों से अनुरोध किया जाता है कि वे साथ में अपने प्रार्थना पत्र का अधपन्ना और पात्रता के बारे में सूचित किए गये कार्ड को साथ लाएँ।

बी० आर० ओ० 118/10/12

निविदा

क्षेत्रीय कार्यालय महाराष्ट्र कामगार राज्य बीमा निगम
ई० एस० आई० सी० भवन लोअर परेल 108 एन० एम० जोशी मार्ग
बम्बई 400 013

प्रपत्रों की पूर्ति के लिए जिनकी अनुमानित लागत रु० 15000/- से भी अधिक है तथा जिनकी पूर्ति बड़ी मात्रा किश्तों में तथा छोटी मात्रा एक लॉट में तीन महीने के अन्दर की जानी है, निर्धारित प्रपत्रों में आवेदन पत्र, जो क्षेत्रीय निदेशक निःशुल्क प्राप्त किए जा सकते हैं तथा 17-1-85 तक प्रेषित किए जाने चाहिए, आमंत्रित किये जाते हैं। निविदाएँ मात्र उन्हीं लोगों को जारी की जाएँगी जो आवेदन प्रपत्रों के छँटनी के दौरान पूर्ति को पूर्ण रूप से अथवा आंशिक रूप से सभी दृष्टि से निष्पादित कर सकने में योग्य समझे जाएँगे।

डी० ए० वी० वी० 904 (6) 84

नीलाम का नमूना

मध्य रेलवे नीलाम

मध्य रेलवे प्रशासन 25-1-85 को लावारिस एवं असम्बन्धित सामानों, खान-पान के सामानों आदि की कल्याण माल गोदाम में सार्वजनिक नीलामी द्वारा बिक्री करेगा। नीलामी बिक्री उसी दिन 11 बजे प्रारम्भ होगी तथा उसी दिन उसके पूरे न होने की स्थिति में वह दूसरे दिन भी जारी रहेगी। सार्वजनिक नीलामी द्वारा बिक्री के लिए सामानों की सूची स्टेशन सुपरिन्टेंडेण्ट कल्याण तथा केटरिंग इन्सपेक्टर के पास उपलब्ध है। सामानों का निरीक्षण जगह पर किया जा सकता है।

8

जनसंचार के माध्यम : विज्ञापन और हिन्दी

जनसंचार के विभिन्न माध्यम हैं, जैसे—आकाशवाणी, दूरदर्शन, फिल्म तथा समाचार पत्र आदि। इन माध्यमों में विज्ञापन का विशेष स्थान है। यह अंग्रेजी के एडवरटाइजमेंट शब्द का हिन्दी अनुवाद है। एडवरटाइजमेंट का शाब्दिक अर्थ है (to advert) ध्यान दिलाना·· विज्ञापन शब्द का अर्थ है—विशेष रूप से ज्ञापित वस्तु अर्थात किसी वस्तु के बारे में विशेष रूप से जानकारी देना। वाणिज्य की शब्दावली में इसका अर्थ होगा—किसी वस्तु के विक्रय के लिए ग्राहकों का ध्यान खींचना अथवा उनको आकर्षित करना। दूसरे शब्दों में कहा जा सकता है कि विज्ञापन विक्रय कला का मौखिक अथवा मुद्रित रूप है। इसका लक्ष्य किसी उत्पादन को अधिकाधिक 'बाजार' दिलवाना है। एक विज्ञापन की सफलता इस बात में है कि वह विज्ञापित वस्तु के प्रति ग्राहक के मन में दिलचस्पी जगाए तथा उस वस्तु को खरीदने के लिए उत्प्रेरित तथा उत्तेजित करे। जहाँ विज्ञापन 'उत्पादन' के प्रति ग्राहक के मन में आकर्षण तथा उसको खरीदने की अदम्य आकांक्षा तथा भावना जगा देता है वहीं विज्ञापन सफल हो जाता है। एक प्रभावशाली विज्ञापन मनुष्य की सुरक्षा प्रवृत्ति (Self Preservative Instinct), खाद्य प्रवृत्ति (Food Preservative Instinct), आखेट प्रवृत्ति (Hunting Preservative Intinct), वस्त्र प्रवृत्ति (Clothing Preservative Instinct), संचयी प्रवृत्ति (Hoarding Preservative), पैतृक प्रवृत्ति (Parental Preservative), कौतूहल प्रवृत्ति (Curiosity Preservative) तथा बैठे से बेगार भली (Something for Nothiug) आदि सहजात प्रवृत्तियों में से किन्हीं को अथवा सभी को इस तरह उत्प्रेरित और उत्तेजित करता है कि ग्राहक विज्ञापित वस्तु को खरीदने के लिए आकुल-व्याकुल हो जाता है। आज के प्रदर्शनप्रिय तथा प्रचारप्रिय युग में किसी वस्तु को विज्ञापित किया जाना वस्तु को आधुनिक जीवन की एक आवश्यक वस्तु करार देना जैसा है। वह वस्तु कोई उत्पादन हो सकती है और किसी तरह की कोई सेवा भी। युग की दौड़ में शामिल होने के लिए भी आज विज्ञापन आवश्यक है। इनके अलावा एक व्याव-

हारिक कारण है—आज के प्रतिस्पर्धात्मक बाजार में अपने उत्पादन में निरंतर अभिवृद्धि करना एवं 'मार्केट' को 'कैप्चर' किए रहना। इसके लिए भी आवश्यक है कि वह अपने माल को अधिकाधिक विज्ञापित कर अन्य 'मेक' अथवा 'ब्राण्ड' से श्रेष्ठतर बतलाकर ग्राहक में उत्पादन के प्रति अधिक विश्वास तथा प्रामाणिकता का भाव जाग्रत करे।

विज्ञापन या तो मुद्रित अथवा लिखित होता है अथवा मौखिक होता है अथवा कभी-कभी वह लिखित तथा मौखिक दोनों होता है और कभी-कभी वह मेले-ढेले प्रदर्शनी के रूप में वस्तु के मुफ्त नमूने के रूप में अथवा रोशनी की सजावट अथवा लाउडस्पोकर द्वारा भी ग्राहक को आकर्षित करने का प्रयत्न करता है। इस प्रकार स्थूल रूप से विज्ञापन को हम निम्नलिखित वर्गों में बाँट सकते हैं—

(1) **लिखित अथवा मुद्रित** : इसके अन्तर्गत समाचार पत्र व पत्र-पत्रिकाओं में प्रकाशित विज्ञापन, इश्तहार, सूचीपत्र आदि आते हैं।

(2) **मौखिक** : विज्ञापन के इस प्रकार में विज्ञापन मुद्रित अथवा लिखित न होकर मौखिक होते हैं अर्थात ये विज्ञापन केवल उच्चरित होते हैं।

(3) **दृक-श्रव्य** : इस प्रकार के विज्ञापन आजकल काफी लोकप्रिय हैं। दूरदर्शन तथा फिलम सलाइड पर दिखाए जाने वाले ये विज्ञापन वस्तु का प्रदर्शन तथा वर्णन आकर्षक ढंग से करते हैं।

(4) **इतर** : इसके अन्तर्गत उपर्युक्त वर्गों स इतर विज्ञापन आते हैं जैसे सैंडविच बोर्ड, 'सेल' आदि।

विज्ञापन में शब्द की भूमिका : विज्ञापन के उद्देश्यों की प्राप्ति के लिए आवश्यक है कि वह रोचक, स्पष्ट, सरल तथा बोलचाल की भाषा के निकट की भाषा में हो ताकि सामान्य आदमी अथवा सम्बद्ध व्यक्ति उसे समझ सके। अतः आवश्यक है कि इसमें कृत्रिम भाषा से बचा जाए। उसमें 'उत्पादन' के प्रति समस्त आवश्यक जानकारी जैसे वस्तु की उपयोग विधि, टिकाऊपन अन्य उत्वादक कम्पनियों के उत्पादनों से श्रेष्ठतरता तथा खरीद पर मिलने वाली अतिरिक्त रियायतें, समुचित मूल्य की पैरवी तथा सुविधाओं का उल्लेख होना चाहिए।

किन्तु यहीं इस बात को भी अच्छी तरह समझ लेना आवश्यक है कि सभी विज्ञापनों की भाषा एक जैसी नहीं हो सकती। उदाहरण के लिए आकाशवाणी के विज्ञापन की भाषा और दूरदर्शन के विज्ञापन की भाषा एक नहीं हो सकती क्योंकि आकाशवाणी में केवल एक इंद्रिय (जीह्वा-वाणी) का उपयोग होता है वहाँ दूरदर्शन में श्रव्य (कान) तथा दृश्य (नेत्र) दोनों इंद्रियों का उपयोग होता है अतः जहाँ रेडियो के विज्ञापन में शब्दों का विन्यास तथा

उच्चारण इस प्रकार किया जाएगा कि विज्ञापनवाचक श्रोता के मन-मस्तिष्क में उत्पादन के प्रति रुचि, उसको संग्रह करने की बलवती इच्छा जाग्रत कर सके। दूसरे शब्दों में कहा जा सकता है कि मौखिक विज्ञापन वाणी पर आश्रित होते हैं, अतः स्वरों का आरोह-अवरोह, शब्दों की विभिन्न भंगिमाएँ, उच्चारण प्राविध्य व उसकी भाषा का लचीलापन सफलता के लिए आवश्यक उपकरण हैं। जहाँ मौखिक (रेडियो) विज्ञापनों में उच्तरित शब्दों को सभी मोर्चे सँभालने पड़ते हैं वहाँ लिखित अथवा दृश्य-श्रव्य माध्यम के विज्ञापनों के लिए शरीर, हाव-भाव-भंगिमा, पूर्वी-पश्चिमी संगीत, नदी नाव गहरा समुद्र, उगता-डूबता सूरज, जहाज, झरना, अंधड़ तूफान, वसंत पतझर, ढेर सारी सुन्दरियाँ, युवक, वृद्ध-वृद्धा, शयनागार से शस्त्रागार तक सभी कुछ उपलब्ध होता है। दूरदर्शन फिल्म में एक ओर किसी गुलमोहर तले अपनी प्रिया की बाँहों में किसी विशेष मिल का सूट पहने नायक अथवा विशेष ब्रांड की सिगरेट से किसी पहाड़ी को डाइनामाइट लगाता इंजीनियर मिल जाएगा तो दूसरी ओर मिल जाएगी रसोईघर में मिनटों में किसी विशेष कूकर पर खाना बनाने वाली और किसी टिकिया मे सरदर्द से निजात पाती गृहस्थिन। अथवा घर भर के कपड़ों को किसी साबुन या साबुन पाउडर से बिना किसी मेहनत के धोने वाले कोमल नाजुक हाथ अथवा पान के किसी मसाले पर तानसेन की नायकी को न्यौच्छावर करते हुए मिल जाएँगे गायक अथवा मिल जाएगा कोई टूथपेस्ट टूटती शादी को खुशबूदार बनाता हुआ। तात्पर्य यह है कि आकाशवाणी तथा समाचार पत्रों की तुलना में दृक्-श्रव्य माध्यम से प्रसारित विज्ञापन को अधिक कलात्मक बनाने का अवसर तथा आकर्षक प्रस्तुतीकरण की सुविधाएँ मिल जाती हैं। वस्तुतः रंगीन फिल्म तथा रंगीन टी० वी० ने विज्ञापन कला को नए आयाम दिए हैं।

विज्ञापन कला और साहित्य

भाषा का प्रयोग हमारे जीवन में केवल सामान्य भाव जागृति के संदर्भ में नहीं होता बल्कि विज्ञापन आदि के द्वारा एक विशेष संकल्प अथवा उद्देश्य को प्रसारित करने के लिए भी होता है। ऐसा करते समय भाषा अपने को कोषगत अर्थों को लेकर चलती हुई भी अनेकानेक व्यंजनाएँ उत्पन्न करती है। कभी वह बदलते हुए संदर्भ को लेकर और कभी किंचित् हेराफेरी के कारण नये अर्थ को प्रकट करती है। इसलिए ऐसी भाषा का हर शब्द चुना हुआ होता है, उसका एक रूप होता है। ऐसे शब्द में रंग और आकार का विशेष महत्त्व होता है। विज्ञापन में प्रयुक्त होने वाला शब्द न तो बहुत अधिक प्रचलित अर्थात घिसा हुआ होता है और न इतना कम प्रचलित ही होता है कि सामान्य आदमी के पल्ले ही न पड़े। हिन्दी भाषा का इस क्षेत्र में एक नये सिरे से प्रयोग होना शुरू हो गया

है। इसमें शब्द के सामर्थ्य को केवल बढ़ाया ही नहीं जाता बल्कि उसे एक अपूर्व आयाम भी दिया जाता है। इससे विज्ञापन में एक अभिनव जीवंतता और आकर्षण आ जाता है। जैसे कूकर के लिए विज्ञापन—'प्रिय, आज यह रहने दो गृहकाज' (पंत) अथवा 'जलयात्रा' के विज्ञापन के लिए 'ले चल मुझे भुलावा देकर मेरे नाविक धीरे-धीरे' (प्रसाद) अथवा 'तीर पर कैसे रुकूँ जब आज लहरों में निमंत्रण' (बच्चन)। ऐसे प्रयोग शब्द गतिशीलता और स्वर को प्रकट करते हैं, परन्तु इनमें एक तरह से साहित्यिक संदर्भ की पूर्णतया उपेक्षा एक साथ हो जाती है और कभी-कभी ऐसे प्रयोग हास्यास्पद, भौंडे तथा अनुचित भी लगते हैं। कभी-कभी सामान्य वाचक/श्रोता इन्हें ठीक से समझ भी नहीं पाता, किन्तु इतना अवश्य है कि इस तरह के साहित्यिक प्रयोगों से विज्ञापन में एक नवीनता, एक आकर्षण का समावेश हो जाता है। इसमें निहित साहित्यिकता का पुट अनायास ही जहाँ भाषा को भव्यता, साहित्यिक गरिमा देता है वहीं साहित्यिकता से अनजान पाठक या श्रोता खरीद-फरोख्त के माध्यम से अनजाने ही साहित्य की दुनिया में प्रवेश कर जाता है। कहा जा सकता है कि विज्ञापन कला भी अपने ढंग की एक साहित्य कला है। इसके पक्ष में कुछ और बातें कही जा सकती हैं। जिस प्रकार साहित्य रसानुभूति द्वारा पाठक को बाँध लेता है उसी तरह विज्ञापन में भी भावुकता का विशेष स्थान होता है। विज्ञापन की सफलता और सार्थकता इसी बात में है कि सामने रखी वस्तु आपकी भावना को इस तरह झकझोर दे, इच्छा को इतना बलवती बना दे कि आप उस वस्तु को खरीदने के लिए व्यग्र और बेचैन हो जाएँ। इसी तरह साहित्य समाज की भावनाओं को इस प्रकार प्रस्तुत करता है कि पाठक उससे प्रभावित हुए बिना नहीं रह सकता। विज्ञापन का मूल उद्देश्य भाषा के द्वारा दूसरों का ध्यान अपनी ओर आकर्षित करना है। इस लक्ष्य की पूर्ति के लिए विज्ञापन में मात्र वस्तु का प्रकटीकरण न किया जाकर उससे सम्बद्ध भाव तथा विचारों को भी इस प्रकार व्यक्त किया जाता है कि वस्तु बिके बिना नहीं रह पाती। जिस तरह साहित्य में मनोगत भावों को श्रेष्ठतम रूप में प्रकट किया जाता है उसी तरह विज्ञापन में भी वस्तु को उसके श्रेष्ठत्व में प्रस्तुत करने का प्रयत्न किया जाता है। इस प्रकार हम देखते हैं कि किसी सीमा तक विज्ञापन और साहित्य का कार्य ग्राहक के लिए लगभग एक जैसा है, परन्तु दोनों अपने-अपने लक्ष्यों में एक-दूसरे से अलग हैं। एक का लक्ष्य अनिर्वचनीय रसानुभूति है तो दूसरे का लक्ष्य विक्रय अथवा सेवा प्रदान करना। इसके अलावा तत्त्व, प्रयोजन तथा प्रेरणा आदि किसी भी दृष्टि से विज्ञापन और साहित्य में कोई तालमेल नहीं है। अतः विज्ञापन और साहित्य के अन्तर्गत शामिल नहीं किया जा सकता है।

शब्द और भावबोध

विज्ञापन में शब्द की भूमिका महत्त्वपूर्ण होती है। प्रायः वही भावबोध का विधायक होता है। शब्द के मुख्य दो प्रकार हैं—(1) लिखित शब्द और (2) मौखिक शब्द।

लिखित शब्द लिपिगत होता है अर्थात शब्द को एक विशेष आकार मिलता है। दूसरे शब्दों में, वह चित्रबद्ध होता है और उसका उद्देश्य अपने में निहित ध्वनि को व्यक्त करना होता है। मौखिक शब्द की सबसे बड़ी विशेषता यह है कि वह मात्र ध्वनि रूप होता है अर्थात विशेष भाव को प्रकट करने के लिए क्रम में वह विशेष प्रकार की ध्वनियों को उपस्थित करता है। दूसरे शब्दों में इसका भावबोध ऐहिक होता है इसलिए वह सीधे भावबोध करता चलता है। इन शब्दोच्चरित ध्वनियों का सम्बन्ध हमारी कल्पना, पूर्वानुज्ञान, पूर्वानुभव तथा परम्परागत अर्थग्रहण से होता है, अतएव जैसे ही शब्दोच्चारण होता है वे ध्वनियाँ हमें उन अभिप्रायों तक ले जाती हैं जो वक्ता के मन में उस समय उमड़-घुमड़ रहे होते हैं अथवा जो उन्हें अपेक्षित है। जैसे कमल कहते ही हमारे सामने अनायास ही ताजा खिला कमल तुरन्त आ जाता है। इसके अलावा हमारी भाषा में कुछ ऐसे शब्द भी हैं जो अपने स्वतन्त्र रूप में निरर्थक होते हैं। किंतु केवल ध्वनि के आधार पर संदर्भ से जुड़कर एक विशेष प्रकार का अर्थ देने लगते हैं जैसे झट-पट खाओ। उपर्युक्त वाक्य में प्रयुक्त झट और पट शब्द का अलग से कोई स्वतंत्र अर्थ नहीं है। परन्तु इनमें ट की ध्वनि जल्द से जल्द की क्रिया को व्यक्त करती है। विज्ञापन में ऐसी ध्वनियों का उपयोग बड़ा सार्थक होता है जैसे सर्दी की दवा के लिए सिर्फ अं छी अं······छी ये ध्वनियाँ ही अर्थ सिद्ध कर देती हैं। कुछ ऐसे भी शब्द होते हैं जो किसी विशेष क्रिया को सूचित करते चलते हैं जैसे खटखटाना। इस एक शब्द से ही दरवाजे पर कोई है स्वयमेव प्रकट हो जाता है। इसी प्रकार लिखित शब्द भी भावबोध को जाग्रत करते हैं। शब्दों के योग से निर्मित पदावली तभी भावबोध कराने में सक्षम होती है जब उसमें चित्रात्मकता होती है। परन्तु लिखित शब्द लिपिगत होता है अतः शब्द का यह रूप अत्यन्त कृत्रिम है। इसका प्रमाण यह है जिन ध्वनियों का संकेत ये अक्षर देते हैं उसका बोध कराने के लिए संसार की विभिन्न भाषाओं में एक ही चिह्न नहीं है, यथा देवनागरी के 'क' के लिए गुजराती F और अंग्रेजी में K जैसे अलग-अलग लिपि चिह्न हैं। आज यह स्वीकार कर लिया गया है कि लिपि और चित्र में विशेष अन्तर नहीं है। परन्तु इनमें एक मूल अन्तर की उपेक्षा नहीं की जा सकती। वह यह कि जहाँ अक्षर पूर्णतया सांकेतिक होता है वहीं चित्र में विस्तार भी हो सकता है। विज्ञापन से हमारे मानस पटल पर एक ऐसा चित्र खींचने का प्रयत्न किया

जाता है जिसे हम आत्मसात कर लें। चूंकि भावबोध की स्थिति चित्रबोध से ही आरम्भ होती है, अतः विज्ञापन के शब्दों को भाव चित्र के रूप में उपस्थित किया जाता है अर्थात जिस भाव का पूर्वज्ञान हमें होता है उसे चित्र रूप में प्रस्तुत किया जाता है जिससे हमारी इन्द्रियों को किसी परेशानी का भान न होने पाये।

माध्यम परिवर्तन : शब्द और भावबोध

एक प्रश्न यह भी विचारणीय है कि अगर साधन अथवा माध्यम बदल जाए तो क्या शब्द का प्रयोजन भी बदल जाता है। अभिव्यक्ति की पद्धतियाँ बदल जाएँ तो क्या शब्द का प्रयोजन भी बदल जाता है? इसका उत्तर "नहीं" है। साधन, माध्यम तथा अभिव्यक्ति पद्धति बदलने से शब्द के भावबोध का प्रयोजन नहीं बदलता है। माध्यम के परिवर्तन हो जाने पर भी शब्द भावोद्रेक कराता ही है। बल्कि दूसरे शब्दों में यह कहना अधिक उचित होगा कि भिन्न-भिन्न साधनों एवं अभिव्यक्ति पद्धतियों को खोजकर उसमें नवीनता लाकर कलाकार भावोद्रेक करने का प्रयत्न करता है। वस्तुतः शब्द के दोनों रूपों—लिखित और मौखिक—का एक ही प्रयोजन, भावबोध कराना है।

जनसंचार के माध्यमों में पत्र-पत्रिकाओं, रेडियो तथा दूरदर्शन आदि प्रमुख हैं। पत्र-पत्रिकाओं के विज्ञापन की भाषा रेडियो तथा दूरदर्शन की भाषा से अलग होती है। उसमें विज्ञापित विज्ञापन को मात्र पढ़कर आत्मसात करना होता है, अतः उसमें इस तरह की भाषा और शैली का उपयोग करना होता है कि बिना किसी श्रम या परिश्रम के पाठक के मन में विज्ञापित वस्तु की समस्त जानकारी इस रोचक तथा दिलचस्प ढंग से पैदा हो जाए कि वह उस वस्तु अथवा सेवा को खरीदने के लिए एकदम लालायित हो उठे। इससे अलग रेडियो में शब्द-विन्यास, उच्चारण भंगिमा तथा प्रस्तुतीकरण के द्वारा बिज्ञापनों के लक्ष्य को पूरा किया जाता है। दूरदर्शन से भी शब्द तथा चित्र विशेष रूप से चित्रों के द्वारा भी विज्ञापन के लक्ष्य को पूरा किया जाता है। अतः कहा जा सकता है कि माध्यम के परिवर्तन के बावजूद शब्द भावोद्रेक कराता ही है।

दृक-श्रव्य (चलचित्र और दूरदर्शन) माध्यम की सामान्य विशेषताएँ और विज्ञापन

आजकल जनसंचार के सबसे सशक्त और लोकप्रिय माध्यम के रूप में चलचित्र और दूरदर्शन का अपना विशिष्ट स्थान है। इस माध्यम की कुछ विशेषताएँ भी ऐसी हैं जिनके कारण यह साधन चमत्कारिक, कौतुहलवर्धक एवं अपने संचार-क्षेत्र में दिक् काल की सीमाओं को पार कर गया है। इस माध्यम के

विज्ञापन के संदर्भ में सामान्य विशेषताएँ इस प्रकार हैं—

1. इस माध्यम से अतीत और भविष्य को वर्तमान से जोड़ा जा सकता है। फिल्म की भाषा में इस फ्लैशबैक और फ्लैश फॉरवर्ड कहा जाता है। उदाहरण के लिए चित्र (1) एक युवती गैस स्टोव पर पकवान बनाती दिखती है और गौरव से कहती है, "मेरी माँ भी इसी.........छाप घी से ऐसे सुस्वादु पकवान बनाया करती थी।' चित्र (2) एक छोटी बच्ची हाथ में कोई बर्तन लिए कहती है "मैं भी इसी घी से पकवान बनाऊँगी।" इसमें माँ का अतीत और बच्ची के भविष्य को युवती के वर्तमान से जोड़ दिया गया है और 'उत्पादन' की पीढ़ियाँ दर पीढ़ियाँ लोकप्रियता को व्यक्त किया गया है।

2. इस माध्यम द्वारा क्षण को विस्तार दिया जा सकता है अर्थात किसी एक चित्र, प्रसंग, व्यक्ति की भावमुद्रा अथवा किसी वस्तु को एक भी मुद्रा अथवा भंगिमा में एक सीमा पर ले जाकर कुछ समय के लिए स्थिर किया जा सकता है। इसका उद्देश्य किसी विशेष क्षण को स्थिर कर उस चित्र, घटना, भाव-भंगिमा को विशेषताओं को सूचित करता है। फिल्म की भाषा में इसे "फ्रिज" करना कहते हैं। इसमें चलते हुए चित्र को क्षण अथवा क्षणांश के लिए रोककर चित्र को उद्देश्य के अनुकूल चित्रित किया जाता है। फिल्म का फ्रिज करना दर्शकों को सिर्फ चौंकाता ही नहीं, दृश्य की ओर बरबस उनका ध्यान खींच लेता है जो एक विज्ञापन की सफलता के लिए आवश्यक है। उदाहरण—चित्र (1) एक व्यक्ति बदहवास-सा, सिर पर हाथ रखे अर्थात सिरदर्द से बुरी तरह परेशान। इसे क्षणांश के लिए "फ्रिज" कर दिया जाता है। चित्र का यह स्थिरीकरण उसके सिरदर्द की तकलीफ और छटपटाहट को दर्शाता है। चित्र (2) में वही व्यक्ति एक टिकिया निकालकर खाता है। चित्र (3) टिकिया खाने के एक मिनट बाद ही वह मुस्कराता हुआ दिखता है। यह चित्र भी "फ्रिज" किया जाता है और श्रोताओं-दर्शकों के कानों में तभी विज्ञापन गूंज उठता है—देखा.........गोली का कमाल।

3. चलचित्र अथवा दूरदर्शन में सतत चित्रों का प्रयोग होता है और चित्र बदलते जाते हैं। ये बदलते चित्र ही अनकहे विज्ञापन को विज्ञापित कर देते हैं। विज्ञापन के लक्ष्य को स्पष्ट कर देते हैं और चित्रों का सातत्य और परिवर्तन विज्ञापन के शब्दों की आवश्यकता को लगातार कम करता जाता है। उदाहरण चित्र (1) रसोईघर में गैस चूल्हे पर कोई चीज तलती हुई एक महिला उसके पास रखा हुआ एक तेल का डिब्बा। चित्र (2) खाने की मेज बैठे हुए मेहमान नाखुश नज़र आते हुए और निवाला खाते समय मुँह बिदकाते हुए। चित्र (3) पुनः किसी चीज को तलती हुई महिला का चित्र। मेज पर मेहमान प्रसन्न भाव से भोजन करते हुए। चित्र (4) महिला का प्रसन्न भाव से तेल के पीपे की ओर देखना

और उसी समय तेल के पीपे की कम्पनी का नाम और ब्रांड सामने आना। इस पूरे विज्ञापन में कहीं भी उच्चारित शब्द का प्रयोग नहीं किया गया, परन्तु इसके बाद भी विज्ञापन के उद्देश्य को स्पष्ट करने में कहीं किसी तरह की कोई कमी नहीं खटकती।

4. इस माध्यम में अभिनय तत्त्व की सहायता से कल्पित को यथार्थ का रूप दिया जा सकता है अर्थात विज्ञापन को रोचक तथा दिलचल्प बनाने के लिए विज्ञापन लेखक विभिन्न काल्पनिक बिम्बों को यथार्थ रूप में प्रस्तुत कर एक ऐसी घटना को शब्द तथा चित्रों की सहायता से प्रस्तुत करता है जो काल्पनिक हास्यास्पद होने पर भी कदाचित यथार्थ भी हो सकता है। उदाहरण चित्र (1) "घर आया मेरा परदेसी" गीत सुनाई देता है और जेल से एक कैदी निकलता दिखाई देता है। चित्र (2) दूर बच्चों और पत्नी को देखकर उनसे आतुरता से मिलने के लिए दौड़ता है। पत्नी उससे नहीं मिलती बल्कि उसके हाथ से किसी ब्रांड का ट्रांजिस्टर छीन लेती है और कहती है—"एक तो खुद चले गए दूसरे इसे भी लेते गए।" यह विज्ञापन किंचित अविश्वसनीय लग सकता है पर पूर्णतया नहीं। ऐसी स्त्रियाँ संसार में मिल सकती हैं जिन्हें पति की बजाय ट्रांजिस्टर से ज्यादा प्यार हो।

5. फिल्म के माध्यम से स्थान और समय का बंधन तोड़ा जा सकता है क्योंकि एक के बाद दूसरे स्थान का, एक के बाद दूसरे समय का चित्र उपस्थित किया जा सकता है। उदाहरण चित्र (1) गायकी की महफिल में। चित्र (2) फिल्मी शूटिंग के समय किसी पान-मसाले को प्रस्तुत किया जा सकता है। इसी तरह चित्र (3) पिता के सम्मुख पान-मसाला खाता हुआ युवक कहता है—मेरे पिताजी को भी······छाप पान मसाला बहुत अच्छा लगता है।

6. कभी-कभी कार्टून फिल्म की भाँति मात्र चित्रों का प्रयोग होता है। ये चित्र एक विशेष क्रम में आते हैं और कभी शब्दों की सहायता से और कभी सिर्फ अभिनय से ही अपने आश्रय को व्यक्त कर जाते हैं। जैसे चित्र (1) दहाड़ने का प्रयास करता हुआ शेर। चित्र (2) सिर्फ म्याऊँ जैसी आवाज निकलती है। चित्र (3) फिर उसके मुँह में गला साफ करने के लिए एक गोली डाली जाती है। चित्र (4) दवाई खाते ही शेर फिर जंगली ठाठ से दहाड़ता है।

यहीं यह प्रश्न उठता है कि जहाँ चित्र आता है वहीं शब्द का क्या महत्त्व है? प्राय: देखा गया है कि शब्द और चित्र के संघर्ष में चित्र की विज़य होती है और शब्द हार जाता है। इसीलिए शाब्दिक अश्लीलता चल जाती है पर चित्रमय अश्लीलता नहीं चल पाती। हमने देखा है कि कभी-कभी चित्रों से ही विज्ञापन का उद्देश्य अच्छी तरह पूर्ण हो जाता है और कहीं भी किंचित् भी शब्द की आवश्यकता नहीं पड़ती। अभिनय के कारण शब्द की मौलिकता तथा सामर्थ्य

अप्रासंगिक हो जाता है। अतएव यह प्रश्न काफी गम्भीर तथा महत्त्वपूर्ण है कि चित्र के साथ शब्द का सम्बन्ध क्या हो सकता है? इसका उत्तर यह कहकर दिया जा सकता है कि चित्र के सामने यदि शब्द नहीं टिक सकते तो उन्हें सहयोग की भूमिका अपनानी चाहिए। इसका कारण यह है कि चित्र के साथ ही अभिनय की एक सीमा होती है। सामान्यत: भले ही अभिनय के साथ शब्द की आवश्यकता न हो, परन्तु केवल चित्र कुछ नहीं कर सकता। ऐसी स्थिति में शब्द, चित्र का पूरक बन जाता है और दो तरह के चित्र के साथ सहयोग करता है—

(क) व्याख्या के रूप में : शब्द का यह प्रयोग आम विज्ञापनों के साथ किया जाता है। हमारे देश में जहाँ साक्षरता बहुत अधिक नहीं है वहाँ शब्द ही जीवित रहता है। विज्ञापित की जाने वाली वस्तु पढ़ी ही नहीं सुनी भी जाती है। मनोविज्ञान की मान्यता है कि हम पढ़कर किसी वस्तु को शायद ध्यान में न रख पायें पर सुनकर जरूर ध्यान में रख सकते हैं।

(ख) संवाद शैली के रूप में : इसमें शब्द संवाद के रूप में प्रस्तुत किये जाते हैं। यह कार्य अपेक्षाकृत कठिन होता है क्योंकि कुछ सैकण्ड के विज्ञापन में संवाद शैली का प्रयोग बहुत कम हो जाता है। इसमें विज्ञापानकर्ता विज्ञापन के आशय की समझ, शब्दों का सहज प्रयोग और चित्र को संवाद शैली के साथ मिक्स कर देता है। उदा० चित्र (1) दो साइकिल सवार। पहला साइकिल सवार दूसरे से पूछता है : तुम्हारी कमीज मुझसे अधिक सफेद कैसे ? दूसरा जवाब देता है···छाप साबुन का कमाल है यार। चित्र (2) साबुन पैकेट्स या धुलाई करती कोई सुन्दरी दिखाई जाती है।

इस प्रकार हम देखते हैं कि विज्ञापन कला शब्द और चित्र प्रधान कला है। यद्यपि इसमें सिर्फ शब्द अथवा चित्र से भी उद्देश्य को पूरा किया जा सकता है, किन्तु आजकल शब्दचित्राश्रित विज्ञापन ही अधिक पसन्द किये जाते हैं। यद्यपि चित्रों के अनुप्रवेश के कारण कभी-कभी शब्द की भूमिका अनुपस्थित हो जाती है, परन्तु फिर भी शब्द विभिन्न स्थितियों, प्रसंगों तथा शैलियों के माध्यम से अपनी उपयोगिता को आज भी बनाए हुए हैं।

विज्ञापन की भाषा के रूप में हिन्दी : समस्या और समाधान

जनसंचार के माध्यम के रूप में हिन्दी का प्रयोग कोई नई बात नहीं है परन्तु स्वतन्त्रता के बाद हिन्दी भाषा का प्रयोग राजभाषा तथा प्रयोजनमूलक हिन्दी आदि के रूप में निरन्तर विकासमान है। आजादी के पूर्व जनसामान्य को उपयोगी सूचनाएँ और खबरें देने के लिए सरकार तथा व्यापारी वर्ग इस भाषा का इस्तेमाल करते थे। उस समय हिन्दी का प्रयोग वहीं किया जाता था जहाँ उसके बिना काम नहीं चल सकता था। परन्तु आजादी के बाद सभी भारतीय भाषाओं

के भीतर अस्मिता स्वाभिमान तथा अपने सामर्थ्य के प्रति गौरव का भाव जाग्रत हुआ। यद्यपि अभी अंग्रेजी का वर्चस्व और हमारी मानसिक हीनता की ग्रन्थि कम नहीं हुई है फिर भी अपनी भाषा के प्रति जगा अनुराग का भाव भारतीय भाषाओं के पक्षधरों के लिए आश्वस्ति का भाव लिये है। इस संघर्ष में अंग्रेजी की प्रतिगामी शक्तियों के खिलाफ प्रगतिशील ताकतें हिन्दी तथा भारतीय भाषाओं के विविध क्षेत्रों में प्रयोग के पक्ष में खड़ी हो गई हैं। विज्ञापन भी एक ऐसा ही क्षेत्र है जहाँ अंग्रेजी के वर्चस्व के खिलाफ भारतीय भाषाओं के अभिकरण निरन्तर प्रयत्नशील हैं; किन्तु जैसा कि स्पष्ट है कि चूंकि हमारे देश का राजकाज तथा सभी महत्त्वपूर्ण कार्य अंग्रेज शासन से लेकर आजादी के सैंतीस साल बाद भी, अभी भी अंग्रेजी में ही चल रहे हैं; अतः अंग्रेजी को हटाकर उसके स्थान पर भारतीय भाषाओं की प्रतिष्ठा का कार्य काफी कठिन, श्रमसाध्य तथा जीवट का है। विज्ञापन की भाषा के रूप में हिन्दी को भी अभी विभिन्न कठिनाइयों का सामना करना पड़ रहा है।

1. हिन्दी में प्रायः मौलिक विज्ञापन लेखन के बजाय अंग्रेजी विज्ञापन के अनुवाद का कार्य अधिक होता है। अंग्रेजी में तैयार विज्ञापन को हिन्दी में उल्था करना होता है। चूंकि मूल कार्य अंग्रेजी में होता है और यह सिलसिला एक लम्बे समय से चला आ रहा है अतः उसके पास विभिन्न क्षेत्रों की, ज्ञान-विज्ञान की शब्दावली का तैयार भंडार है। उसे शब्द के लिए यहाँ-वहाँ भटकना नहीं पड़ता। विभिन्न शब्दकोष, पारिभाषिक कोष आदि उसकी सहायता के लिए उपलब्ध हैं जबकि हिन्दी में चूंकि स्वतन्त्र विज्ञापन की कोई ठोस व्यापक परम्परा नहीं है, उसे एक लम्बे समय तक गम्भीर और महँगे विज्ञापनों के योग्य भाषा नहीं माना गया। अतः उसमें विज्ञापनों के लिए तैयार शब्दावली नहीं है। पर स्वतन्त्रता के बाद स्थिति बदली है और निश्चित रूप से हिन्दी ने भी विज्ञापन-दाताओं को आकर्षित किया है। उसमें भी अब हलके-फुलके से लेकर धीर गम्भीर तथा सुई से लेकर सितार, अगरबत्ती से लेकर कम्प्यूटर तक के विज्ञापन आने लगे हैं। अतः हिन्दी अभी इन विषयों को अंग्रेजी शब्दावली के पर्याय तथा इन विषयों की जानकारी को जुटाने की प्रक्रिया में है। वह शब्दकोश, पर्याय कोश तथा पारिभाषिक कोशों के निर्माण में लगी हुई है; अतएव फिलहाल तो हिन्दी विज्ञापन में नवीनतम विषयों के विज्ञापनों को सहजता से अर्थात अंग्रेजी की छाया से परे मौलिक रूप में देने में कठिनाई अनुभव की जा रही है।

2. हिन्दी पारिभाषिक शब्दों का अपरिचय तथा अप्रचलन भी हिन्दी भाषा की एक समस्या है। अगर वह विज्ञापन में अप्रचलित पारिभाषिक शब्दावली का प्रयोग करता है तो विज्ञापन का उद्देश्य खण्डित हो जाता है और अगर पारि-भाषिक शब्दावली के स्थान पर सरल भाषा लिखने का आग्रह करता है तो

विज्ञापन की वस्तु का सही-सही परिचय ग्राहक को नहीं मिल पाता है। अतः इसे दूर करने के लिए हिन्दी में ऐसे शब्दों का अधिकाधिक प्रयोग आवश्यक है जो निरन्तर के प्रयोग से लोगों के लिए अपरिचित और अप्रचलित न रह पाएँ पर वर्तमान में तो अभी हिन्दी को इस समस्या से जूझना ही पड़ेगा।

3. हिन्दी में चूँकि प्रायः अंग्रेजी से विज्ञापनों का अनुवाद करना पड़ता है अर्थात उसे अंग्रेजी अभिव्यक्तियों को हिन्दी में प्रस्तुत करना पड़ता है। अतः यह स्थिति भी समस्या को ही जन्म देती है; क्योंकि दोनों भाषाओं की प्रकृति और संस्कार अलग-अलग हैं। अंग्रेजी में सुन्दर तथा शीलमय लगने वाला विज्ञापन कदाचित हिन्दी में उतना अच्छा भावोत्तेजक तथा सांकेतिक रहस्यों का उद्घाटक न बन पाए जैसे Clearance sale का 'माल खत्म करने के भाव में बिक्री' यह अनुवाद अंग्रेजी विज्ञापन जैसा सांकेतिक आकर्षक तथा प्रभावशाली नहीं बन पाया है।

4. हिन्दी के साथ सबसे बड़ी दिक्कत यह है कि उसके पास अभी एक निश्चित अपरिवर्तनीय विज्ञापनी शब्दावली नहीं है। उसे एक ही आशय के लिए विभिन्न व्यक्तियों की भाषागत विभिन्न माँगों को संतुष्ट करना पड़ता है। उदाहरण के लिए कोई विज्ञापनदाता 'गाँव' की जगह 'ग्राम' शब्द के प्रयोग का आग्रह करता है और किसी को 'प्रेम' के बजाय 'प्यार' शब्द के प्रयोग की अपेक्षा होती है। अतः शब्दगत प्रयोग की विभिन्नता की माँग हिन्दी की शब्द-सम्पदा के विशाल होने का तो परिचय देती है, परन्तु साथ ही साथ चुनाव के साथ जुड़ी विज्ञापनदाता की इच्छा उसे निरन्तर कुरेदती और उसके शब्द-भण्डार को टटोलती रहती है। अब समय आ गया है कि हिन्दी की पर्याय सम्पदा का उपयोग इस क्षेत्र में किया जाए। अंग्रेजी में प्रेम के लिए सिर्फ Love पर हिन्दी में प्यार, मुहब्बत, इश्क, स्नेह तथा प्रणय आदि पर्यायवाची शब्द हैं।

5. वास्तव में विज्ञापन क्षेत्र में हिन्दी को अनेक कठिनाइयों को झेलना पड़ रहा है क्योंकि हिन्दी का क्षेत्र अब विस्तृत हो गया है और जैसे-जैसे क्षेत्र-विस्तार होता है मनुष्य अथवा भाषा को अपने बोध और अभिव्यक्ति सामर्थ्य को भी विस्तार देना पड़ता है। इस प्रक्रिया में उसे कभी-कभी अपने चरित्र की कुछ विशेषताओं का त्याग करना पड़ता है और किन्हीं विशेषताओं को ग्रहण भी करना पड़ता है। स्पष्ट भावाभिव्यक्ति के लिए अंग्रेजी या किसी अन्य भाषा के शब्द का देवनागरी में लिप्यांतरण इसी विस्तार का परिचायक है।

6. अंग्रेजी में शब्द निर्माण की अद्भुत क्षमता है। उदाहरण Shopping village हिन्दी में अभी इस तरह के शब्द निर्माण को विकसित किया जाना है।

7. अंग्रेज़ी में विशेषणमूलक एवं क्रिया-विशेषणमूलक शब्द सरलता से बन

जाते हैं। उदाहरण Energy-Saving, Summer-wear, Ready Made, परन्तु हिन्दी में अभी यह स्थिति नहीं है।

8. विज्ञापन में हिन्दी की वर्तनी की भिन्नता भी एक समस्या है। ई अथवा यी या लिए अथवा लिये। इससे भी पाठक तथा विज्ञापन लेखक भ्रमित हो जाता है कि सही शब्द और सही वर्तनी क्या है? इसी प्रकार जब तक हमारी भाषा में सही सहज शब्द नहीं बन जाते हैं, तब तक वस्तु के 'उत्पादक क्षेत्र' द्वारा प्रदत्त नामकरण को हमें ग्रहण कर लेना चाहिए। जैसे क्रीम लगाइए, त्वचा को नरम और ताजा रखिए। इसमें 'क्रीम' शब्द को हिन्दी में अपना लिया गया है। यह इसी रीति का व्यावहारिक उदाहरण है। इसी प्रकार मुद्रण की दृष्टि से आजकल पूर्णविराम की जगह बिन्दु का प्रयोग किया जाने लगा है। (देखिए टाइम्स प्रकाशन की पत्र-पत्रिकाएँ) उनका तर्क है कि इससे समय और स्थान की बचत होती है। इसी प्रकार नई और नयी में मुद्रण की दृष्टि से 'नई' शब्द का प्रयोग सहूलियत भरा है। अत: नई शब्द को ही लिखना चाहिए। अगर ऐसे व्यावहारिक सुझावों को स्वीकार कर लिया गया तो हो सकता है कि कुछ समय में हिन्दी की इस क्षेत्र की बहुत कुछ कमी दूर हो जाए।

●●●

टेलीविजन और हिन्दी

जब टेलीविजन की लोकप्रियता भारत में बढ़ने लगी तो उसी के साथ-साथ एक कहावत भी लोकप्रिय हुई कि 'फिल्म एक कला है तो टेलीविजन ड्राइंग रूम में सजाया जानेवाला फर्नीचर।' भले ही यह कहावत टेलीविजन को घटिया साबित करने के लिए कही जाती रही हो, लेकिन आज हम यह देखते हैं कि टेलीविजन ने आज घर-घर में अपना महत्त्वपूर्ण स्थान बना लिया है और भले ही टेलीविजन 'फिल्म' जैसी कला न हो, लेकिन वह सबसे लोकप्रिय और महत्त्वपूर्ण जनसंचार माध्यम है—इसमें कोई शक नहीं है। लेकिन टेलीविजन को ऐसा सशक्त माध्यम बनने में बरसों लगे। आइए, भारत में टेलीविजन के एक माध्यम के रूप में विकास की थोड़ी सी कहानी जान लें।

भारत में टेलीविजन की शुरुआत प्रायोगिक तौर पर सितंबर 1959 में की गई थी। तब सप्ताह में सिर्फ दिन प्रसारण होता था। वह भी शाम को दो घंटे एक कौतुक-कथा की तरह। 1965 में इसकी नियमित सेवा शुरू हुई। इसके बाद टेलीविजन के विकास का एक महत्त्वपूर्ण चरण आया 1976 में। जब टेलीविजन को आकाशवाणी से अलग कर दिया गया और दूरदर्शन नाम से एक नया संगठन बनाया गया। उद्देश्य यह रखा गया कि वह जनशिक्षण और विकासमूलक माध्यम होगा और थोड़ा-बहुत मनोरंजन भी कर दिया करेगा।

वास्तव में 1959 से 1976 तक टेलीविजन के विकास की गति बहुत धीमी थी। आँकड़ों के अनुसार 1962 में देश में कुल एक प्रसारण केंद्र था और सिर्फ 41 टी.वी. सेट थे। यानि टेलीविजन तब वाकई फर्नीचर था। 1972 में मुंबई में दूसरे टेलीविजन केंद्र की स्थापना हुई। 1973 में दूरदर्शन का तीसरा केंद्र खुला कश्मीर में। वास्तव में टेलीविजन के विकास का पहला चरण नमूने के तौर पर था। 1969 में यूनेस्को विशेषज्ञों ने भारत में टेलीविजन की संभावनाओं का अध्ययन करके अपनी रिपोर्ट में यह कहा कि टी.वी. के विकास को भारत के विकास के साथ जोड़ दिया जाना चाहिए।

शायद इसी रिपोर्ट को ध्यान में रखकर 1973 में भारत में 'साईट' (उपग्रह आधारित शैक्षिक टेलीविजन प्रसारण) प्रायोगिक तौर पर शुरू हुआ। यह कार्यक्रम

अमरीकी संस्था 'नासा' के सहयोग से चला। इस कार्यक्रम के लिए 2,400 सामुदायिक टी.वी. सेट सरकार ने उपलब्ध कराया। इससे राजस्थान, बिहार, मध्य प्रदेश, उड़ीसा, आंध्र प्रदेश और कर्नाटक के पिछड़े इलाकों को फायदा पहुँचाने का उद्देश्य सामने रखा गया।

'साईट' कार्यक्रमों के निर्माण के लिए निर्माण केंद्रों की भी स्थापना की गई। पहले निर्माण-केंद्र यानि स्टूडियो दिल्ली, कटक और हैदराबाद में खोले गए। दिल्ली केंद्र में राजस्थान, बिहार और मध्य प्रदेश के 1200 गाँवों में प्रसारण के लिए कार्यक्रम हिन्दी में तैयार किए जाते थे, जबकि कटक केंद्र में उड़ीसा के 400 गाँव के दर्शकों के लिए कार्यक्रम तैयार किए जाते थे। हैदराबाद केंद्र में 400 तेलुगु गाँवों के दर्शकों के लिए तथा 400 कन्नड़ गाँवों के दर्शकों के लिए कार्यक्रम तैयार किए जाते थे।

'साईट' प्रयोग मूलतः हरित क्रांति से जुड़ा था। यह किसानों को संबोधित था। किसान समुदाय इसे देखते थे। इसमें सफाई, परिवार नियोजन तथा कृषि सम्बन्धी उपयोगी जानकारी हुआ करती थी। 1976 में नासा के साथ अनुबंध समाप्त हो गया और 'साईट' प्रयोग समेट लिया गया। वास्तव में 1959 से 1976 तक का समय दूरदर्शन के एक सीमित तकनीक के रूप में विकसित होने का वक्त था। ज्यादातर तकनीक विदेशी थी। प्रसारण केंद्रों में भी विदेशी मशीनें थीं। टी.वी. सेट तक विदेशी थे। यही नहीं बल्कि ये सब कुछ उधार स्वरूप मिली थीं।

नासा से अनुबंध समाप्त होने के बाद भारत सरकार ने 'साईट' की उपयोगिता को समझकर उसे फिर से जारी करने की योजना बनाई। 1976 में छह दूरदर्शन ट्रांसमीटर स्थापित किए गए। ये छह क्षेत्र थे—(1) जयपुर (राजस्थान), (2) रायपुर (मध्य प्रदेश), (3) गुलबर्गा (कर्नाटक), (4) संभलपुर (उड़ीसा), (5) हैदराबाद (आंध्र प्रदेश), (6) मुजफ्फरपुर (बिहार)। इससे पूर्व 1975 में ही तीन और दूरदर्शन केंद्र आरंभ हो गए थे—कलकत्ता, मद्रास और लखनऊ। कुछ रिले सेंटर भी शुरू किए गए जो प्रमुख केंद्रों के कार्यक्रमों को प्रसारित करते थे और दूरदर्शन की प्रसार संख्या को बढ़ा रहे थे। दो रिले सेंटर थे—कानपुर और पुणे। बाद में बंगलौर और हैदराबाद में भी प्रसारण केंद्र खुले। 1976 में जब दूरदर्शन आकाशवाणी से अलग हुआ तो इसके लिए एक अलग महानिदेशालय खुला मंडी हाउस, नई दिल्ली में। 1976 में ही एक अन्य महत्त्वपूर्ण घटना हुई दूरदर्शन के विज्ञापन सेवा की शुरुआत के रूप में। दूरदर्शन के कलकत्ता, मुंबई, दिल्ली, मद्रास, जालंधर, लखनऊ, श्रीनगर जैसे सात केन्द्रों से विज्ञापन सेवा का प्रसारण आरंभ हुआ। यह दूरदर्शन के एक ऐसे रूप की शुरुआत थी, जिसने उसके आगे की दिशा तय की। विज्ञापन सेवा के साथ ही दूरदर्शन पर फिल्में नियमित हुईं और फिर बाद में चित्रहार जैसे फिल्म आधारित कार्यक्रमों की शुरुआत भी कालांतर में हुई। अगर मीडिया विशेषज्ञ सुधीश पचौरी के शब्दों को उधार लें तो यह कह सकते हैं कि 'दूरदर्शन विकास से बाजार की ओर बढ़ने

लगा।' मेरी बचपन की कुछ यादों में एक यह भी है कि हम सारे भाई-बहन मुजफ्फरपुर टेलीविजन स्टेशन ज़ाकर रविवार की शाम को फिल्म देखते थे क्योंकि तब बहुत कम घरों में ही टेलीविजन थे। तब वे मुख्यतः ड्राइंग में फर्नीचर का ही काम करते थे।

दूरदर्शन का तेजी से विस्तार शुरू हुआ 1980 के बाद। 1981-82 में मद्रास, मुंबई, दिल्ली, जालंधर, बंगलौर के बीच माइक्रोवेव लिंक की स्थापना हुई। इसी बीच एक और महत्त्वपूर्ण घटना यह हुई कि 1 अप्रैल, 1982 को बहूद्देशीय संचार उपग्रह इनसेट-1 छोड़ा गया। इसके बाद दूरदर्शन का तेजी से विकास हुआ। 15 अगस्त 1982 को पहली बार देश के प्रधानमंत्री का भाषण देश के इक्कीस टेलीविज़न केंद्रों से एक साथ प्रसारित हुआ। इसी दिन टेलीविजन रंगीन हुआ। यह एक ऐसी तकनीकी सफलता थी, जो दूरदर्शन के तेज विस्तार का एक कारण बना।

1982 में ही भारत में एशियाई खेलों का आयोजन हुआ। इस दौरान इन खेलों के प्रसारण के लिए अल्पशक्ति प्रेषण केंद्र खुले। कुल बीस केंद्रों पर सौ वाट के बीस प्रेषण लगाए गए। इन खेलों के प्रसारण ने दूरदर्शन की उपयोगिता सिद्ध की। इस दौरान टेलीविजन बनाने वाली कई कम्पनियाँ खुलीं और टेलीविजन सेटों की बिक्री बढ़ी। मनोरंजन के नाम पर बढ़ी टेलीविजन सेटों की इस बिक्री को बनाए रखने के लिए यानि टेलीविजन की लोकप्रियता बनाए रखने के लिए यह आवश्यक था कि मनोरंजन की मात्रा बढ़ाई जाए। 1983 आते-आते दूरदर्शन पर प्रायोजित कार्यक्रमों की भी शुरुआत हो गई।

इसके अलावा एशियाड '82 के वर्ष में सरकार ने दो और निर्णय लिए—एक, यह कि विदेशी रंगीन टी.वी. और वी.सी.आर. लाने पर आयकर की छूट और दूसरा, यह कि टी.वी. सेट रखने के लिए लाइसेंस की अनिवार्यता समाप्त कर दी गई। यानि अब दूरदर्शन के लिए ऐसे सॉफ्टवेयर की आवश्यकता बढ़ी जोकि इन बढ़िया आयातित की शोभा बढ़ा सकें।

7 जुलाई '84 को देश का पहला दूरदर्शन धारावाहिक आरंभ हुआ 'हमलोग'। लेखक थे श्री मनोहर श्याम जोशी और निर्देशक पी.कुमार वासुदेव। 'हमलोग' घर-घर की कहानी बन गई और 'छुटकी' और 'लल्लूलालजी' को देखने के लिए न जाने कितने लोगों ने टेलीविजन खरीदा। पहली बार दूरदर्शन पर कोई ऐसा कार्यक्रम शुरू हुआ जिसने इस माध्यम से लोगों को जोड़ा। कहा जाता है कि रंगीन आयातित टेलीविजन को अगर पहला तोहफा 'सॉफ्टवेयर' यानि कार्यक्रम मिला तो वह है—भारत द्वारा क्रिकेट विश्व कप जीते जाने का, जिसका दूरदर्शन ने प्रसारण किया था, तो दूसरा तोहफा था 'हमलोग'। हमलोग के बाद टेलीविजन भारतीय मध्यवर्गीय परिवार की जरूरतों का हिस्सा बन गया। आँकड़े बताते हैं कि 1989 तक आते-आते भारत में आवश्यकता से अधिक सफेद एवं रंगीन टेलीविजन बनने लगे। यह माध्यम एक

प्रयोग के रूप में सफल हुआ।

31 अक्टूबर '84 को श्रीमती इंदिरा गाँधी की हत्या के बाद तेरह दिनों तक उनके शव को सुरक्षित रक्षा गया और उस स्थल की घटनाओं का सीधा प्रसारण लगातार होता रहा। यह अब तक की सबसे बड़ी सफलता थी इस माध्यम की। देश के छोटे-छोटे शहरों में भी सार्वजनिक स्थानों पर, विशेषकर कांग्रेस मुख्यालयों में टी.वी. सेट लगा दिए गए थे, जहाँ सैकड़ों-हजारों की संख्या में जनता उस प्रसारण को देखती थी। बताते हैं कि उस दौरान भारत में पोर्टेबल ब्लैक एंड ह्वाइट टी.वी. ब्लैक में भी बिके और वे बाजार में नजर नहीं आते थे। पोर्टेबल ब्लैक एंड ह्वाइट टी.वी. छोटे शहरों के लिए अधिक उपयोगी थे क्योंकि उन्हें बारह वोल्ट की बैटरी से भी चलाया जा सकता था। इस पोर्टेबल टी.वी. के माध्यम से दूरदर्शन की पहुँच गाँवों तक भी हुई। बहरहाल, हमलोग के बाद इस तेरह दिवसीय शोक-महोत्सव ने टेलीविजन के लिए घर-घर में भूख बढ़ा दी। और इसके बाद हफ्ते में सिर्फ दो दिन चित्रहार और एक दिन रविवार की शाम को फीचर फिल्म कम पड़ते थे और इसीलिए धारावाहिक 'हमलोग' को दो दिन किया गया। कुछ और नए धारावाहिक शुरू हुए जिनमें प्रमुख हैं—'खानदान' और 'ये जो है जिन्दगी'। यानि धीरे-धीरे दूरदर्शन ने दर्शकों की खाली शामों के लिए मनोरंजन परोसना शुरू कर दिया। 'हमलोग' के 163 एपिसोड प्रसारित हुए और वह देश का पहला सबसे लंबा चलनेवाला धारावाहिक बना और आगे आनेवाले 'सोप ऑपेराओं' की पूर्वपीठिका बना। विज्ञापनों से दूरदर्शन की आय भी 1976 की 77 लाख से बढ़कर 50 करोड़ हो चुकी थी।

भारत की सूचना एवं प्रसारण मंत्रालय ने टी.वी. के इस तेजी से होते विस्तार को देखते हुए एक कमेटी का निर्माण किया जिसका काम था दूरदर्शन के लिए एक आवश्यक और उचित 'सॉफ्टवेयर' यानि कार्यक्रम की योजना बनाना। 1985 में 'भारतीय टी.वी. के लिए एक भारतीय व्यक्तित्व' शीर्षक से दूरदर्शन ने एक रिपोर्ट प्रकाशित थी। इसी साल प्रोफेसर पी.सी. जोशी के नेतृत्व में एक कमेटी बिठाई गई जिसका उद्देश्य समाज और दूरदर्शन के संबंधों की पड़ताल करना था। इस कमेटी ने योजनाओं के आयाम क्या हैं? जनसंचार-क्रांति के प्रति भारतीय दृष्टिकोण क्या हो? उसका भारतीय संस्कार क्या हो? दूरदर्शन का विकास कैसे हुआ है? बदलते हुए भारत को कैसे संप्रेषित किया जाए! एक रचनात्मक संप्रेषणकर्मी के सामने क्या नई चुनौतियाँ हैं? जन-समाज की प्राथमिकताएँ क्या और कैसी हैं? विकास की नई व्याख्याएँ क्या हो सकती हैं? गरीबी की बाधा को कैसे पार किया जाए? परिवार नियोजन और मानव संसाधन विकास किस प्रकार संयोजित किए जाएँ? महिलाओं की मुक्ति के प्रश्न कैसे हल हों? मनोरंजन का स्वरूप क्या हो? चैनल के प्रश्न कैसे हल करें? दूरदर्शन का ढाँचा कैसा हो? आदि प्रश्नों पर विचार किया। इस कमेटी ने भारत की जरूरतों को केंद्र में रखा और दूरदर्शन को ऐसी सामग्री की दरकार

बताई जो इस बदलाव को रचनात्मक ढंग से तेज करे।

लेकिन दूरदर्शन पर उपभोक्ता क्रांति की शुरुआत हो चुकी थी। 'बुनियाद' धारावाहिक, जिसके निर्माता रमेश सिप्पी थे और लेखक थे मनोहर श्याम जोशी, इसमें दिखाए गए परिवार की आधुनिक पीढ़ी मानो रूपक था—दर्शकों के उस वर्ग का जिसको केंद्र में रखकर बनाए गए कार्यक्रमों ने भारत में टेलीविजन के विकास का अगला अध्याय लिखा। जनशिक्षा का उद्देश्य पीछे छूटता गया, मनोरंजन प्रधान होता गया। विज्ञापनों से दूरदर्शन की आय बढ़ती गई। दूरदर्शन एक तरह से भारतीय समाज में होते परिवर्तनों का आईना हो गया।

धीरे-धीरे दूरदर्शन पर फिल्में भी नियमित रूप से दिखाई जाने लगीं। चित्रहार यानि फिल्मी गानों का कार्यक्रम सप्ताह में दो बार कर दिया गया। कुछ अन्य धारावाहिक भी शुरू हुए। रजनी, भारत एक खोज, विक्रम और वैताल, मुँगेरी लाल के हसीन सपने के साथ रामायण और महाभारत जैसे धारावाहिकों का प्रसारण भी शुरू हुआ। रविवार की सुबह पहले रामायण और बाद में महाभारत के प्रसारण से यह हुआ कि सड़कों पर बिलकुल कर्फ्यू जैसा दृश्य नजर आता था। धीरे-धीरे दूरदर्शन के कार्यक्रम रविवार को दिन-भर आने लगे, जिनमें दोपहर को दिखाई जानेवाली क्षेत्रीय फिल्में भी थीं। क्रिकेट मैचों का सीधा प्रसारण भी दूरदर्शन ने शुरू किया। यानि कुल मिलाकर दूरदर्शन में मनोरंजन का हिस्सा बढ़ता जा रहा था और उसका विकास का लक्ष्य पीछे छूटता जा रहा था। सिर्फ दो कार्यक्रम समाचारों के आते थे हिन्दी में समाचार और अंग्रेजी में 'न्यूज'। बीच-बीच में कुछ वृत्तचित्र भी दिखा दिए जाते थे। कुछ नाटक भी प्रसारित किए गए। जिनमें एक प्रसिद्ध हुआ 'रुक्मावती की हवेली'। कुछ तथाकथित सार्थक फिल्में भी दूरदर्शन के लिए बनाई गईं जिनमें एक थी 'आदमी और औरत'। इस बीच दूरदर्शन पर पुरस्कार प्राप्त कुछ कला फिल्में भी दिखाई गईं—दामुल, पार आदि फिल्में इसी दौर में दूरदर्शन पर दिखाई गईं। 'ताना-बाना' और बाद में 'सुरभि' जैसी कला-पत्रिकाएँ भी दूरदर्शन पर दिखाई जाने लगीं।

इसी बीच 1985 के चुनाव-नतीजों के विश्लेषण भी दूरदर्शन पर हुए और समाचारों की दुनिया में भी एक नया दौर शुरू हुआ। प्रणय रॉय और विनोद दुआ दो स्टार समाचारों की दुनिया में आए। 'बूँद-बूँद' और 'कक्काजी कहिन' को लेकर विवाद हुए। यानि राजनीतिक तेवर भी बना दूरदर्शन का। खाड़ी-युद्ध के दौरान सैटेलाइट टी.वी. के माध्यम से सी.एन.एन. का भारत में प्रवेश हुआ। 'लाइव युद्ध' भारत में भी देखे गए।

सैटेलाइट टी.वी. का व्यवस्थित रूप से आगमन 1991 में हुआ जब हांगकांग से सैटेलाइट के माध्यम से स्टार टी.वी. के चार चैनल भारत में दिखाए जाने शुरू हुए। भारत में 'बोल्ड एंड ब्यूटीफुल', 'सैंटा बारबरा' और एम टी.वी. का दौर शुरू

हुआ। देखते-ही-देखते भारत का पहला स्वदेशी सैटेलाइट टी.वी. शुरू हुआ, वह भी पूरी तरह हिन्दी में। देखते-देखते स्वदेशी 'अपमार्केट' का दौर शुरू हुआ। मोहन कपूर का 'साँप और सीढ़ी' जैसे कार्यक्रमों के साथ 'गेम शो' शुरू हुए टेलीविजन पर। 'तारा' जैसे धारावाहिक के साथ ही 'हमराही' जैसे पुराने घरेलू चालू औरतों का दौर समाप्त हो गया। घर-घर केबल टी.वी. लगवाने का दौर शुरू हुआ। दूरदर्शन को एक मजबूत चुनौती मिली। दूरदर्शन के कार्यक्रम देखना फैशन के विपरीत समझा जाने लगा।

दूरदर्शन ने घोषणा की कि 26 जनवरी, 1993 से मेट्रो चैनल शुरू होगा। मेट्रो चैनल शुरू हुआ और फिल्म आधारित मनोरंजन का नया दौर शुरू हुआ। जी.टी.वी. ने जवाब में अपना चैनल चौबीस घंटों का कर दिया। एक नया मुकाबला शुरू हुआ। पहले कार्यक्रमों को लेकर और बाद में बाजार के हिस्से को लेकर। 1992 में मेट्रो चैनल को प्राइवेट कर दिया गया और प्रायोजित मनोरंजन कार्यक्रमों की बाढ़ लग गई। दूरदर्शन का विज्ञापन-बाजार में हिस्सा बढ़ने लगा। उपभोक्ता वस्तुओं का प्रचार गाँव-गाँव पहुँचा। एक नई उपभोक्ता क्रांति की भूमिका तैयार की भारत में टेलीविजन ने।

भाषा में भी जबर्दस्त बदलाव आया। दूरदर्शन के माध्यम से अलग-अलग रूपों में बोली जानेवाली हिंदी का प्रचार हुआ तो जी.टी.वी. के माध्यम से आसान बोलचाल की हिंदी के नाम पर 'स्टार डस्ट' पत्रिका की शुरू की हुई भाषा 'हिंग्लिश' के साथ 'हिंग्रेजी' का प्रचार बढ़ा। बड़ा हाय-तौबा मचा, पर भाषा का यह रूप चलता रहा। मनोरंजन के कार्यक्रमों में तो हिंग्रेजी ही हर चैनल की प्रधान भाषा बनी।

इस बीच दूरदर्शन ने अपने विकास के रूप के तहत 'परख' जैसे साप्ताहिक कार्यक्रम दिखाए, तो 'वर्ल्ड दिस वीक' के माध्यम से अंतर्राष्ट्रीय समाचारों की साप्ताहिक समीक्षा भी शुरू हुई। कुछ वृत्तचित्र नलिनी सिंह ने चुनावी धाँधलियों को लेकर बनाये, जो अत्यंत लोकप्रिय हुए। दूरदर्शन का एक तीसरा चैनल भी शुरू हुआ, जिसका लक्ष्य रखा गया 'इन्फोटेनमेंट' यानि सूचना के साथ मनोरंजन। इस चैनल के कार्यक्रम मुख्यतः अंग्रेजी में होते थे और बाकी दोनों चैनलों की मोटी कमाई का कुछ हिस्सा इस चैनल के नाम कर दिया गया। बाद में 'खबरें' और 'न्यूज टु नाइट' भी शुरू हुए। 'वर्ल्ड रिपोर्ट' नाम का एक पाक्षिक कार्यक्रम भी आने लगा। लेकिन कुल मिलाकर इस तरह के कार्यक्रमों का प्रतिशत घटता जा रहा था।

अगले कुछ सालों में 'अमर' धारावाहिकों का दौर समाप्त हुआ। यद्यपि कुछ धार्मिक और तिलिस्मी धारावाहिक इसके अपवाद हैं। लेकिन घर-घर की कहानी माने जाने वाली धारावाहिकों का दौर समाप्त हो चुका था और शहरी उच्चवर्ग का धारावाहिकों पर कब्जा हो गया। क्योंकि ऐसे चमक-दमक वाले धारावाहिकों को ही पायोजक खरीदने को तैयार होते थे। इसी बीच दूरदर्शन ने 'शांति' और 'स्वाभिमान'

जैसे दो हफ्ते में पाँच दिन दिखाए जानेवाले 'सोप ऑपेराओं' की शुरुआत की। 'अवैध की वैधता' की इस दास्तान की लोकप्रियता मध्य-वर्ग में भी रही। उच्च धनाढ्य वर्ग के लोगों के जीवन के इस अँधेरे हिस्से का खूब मजा उठाया जनता ने। निश्चय ही 'स्वाभिमान' एक बड़ा 'शिफ्ट' माना जाएगा टेलीविजन 'सोप ऑपेरा' के इतिहास में। 'बुनियाद' ने जहाँ बिछुड़े प्रेमियों की कथा कही, तो स्वाभिमान ने अवैध माने जानेवालों के हक की लड़ाई दिखाई।

कुल मिलाकर टेलीविजन उँगलियों के नीचे दबे रिमोट-कंट्रोल पर खेला जानेवाला खेल हो गया। वी.चैनल, जी.सिनेमा, स्टार मूवीज़, एल.टी.वी., म्यूजिक एशिया, ए. टी.एन, होम टी.वी., सोनी चैनल, ई.एस.पी.एन, टी.एन.टी. कार्टून नेटवर्क, डिस्कवरी चैनल यानि चैनलों की कतार बढ़ती जा रही थी। केबल का संजाल फैलता जा रहा था। हालाँकि हर चैनल थोड़ा-बहुत समाचार आधारित कार्यक्रम दिखाकर विकास और सूचना से अपने-आपको जोड़ रहे थे। लेकिन इसके विपरीत 'सोनी चैनल' ने पूर्ण मनोरंजन को आधार बनाकर जबर्दस्त सफलता हासिल की। बाजार निर्णायक की भूमिका ले चुका था।

दूरदर्शन ने कुछ और सामाजिक क्षेत्रों में भी विस्तार किया। नवंबर 1985 में दिल्ली केंद्र से इंटेक्स्ट नाम से टेलीटेक्स्ट सेवा शुरू हुई। इसके माध्यम से रेलगाड़ियों, विमान सेवाओं के समय, शेयर बाजार और मौसम की जानकारी शुरू हुई। पहले ये कार्यक्रम डिकोडर के माध्यम से देखे जा सकते थे। बाद में डिकोडर की व्यवस्था समाप्त कर दी गई। 3 दिसंबर, 1991 से प्रयोग के तौर पर दूरदर्शन ने लोकसभा की कार्यवाही के दौरान लोकसभा और राज्यसभा की कार्यवाही बारी-बारी से दिखाने की शुरुआत की। यानि टेलीविजन कैमरे का प्रवेश सर्वोच्च लोकतांत्रिक संस्था संसद में भी हुआ। राष्ट्रपति का अभिभाषण, बजट भाषण और रेल बजट की प्रस्तुति जैसे कार्यक्रम भी दूरदर्शन पर दिखाए गए। दस प्रादेशिक भाषाओं में उपग्रह चैनल शुरू हुए।

1996-97 में यह देखा गया कि धीरे-धीरे विदेशी चैनलों का भारतीयकरण और हिंदीकरण शुरू हुआ। इस क्रम में 1996 में स्टार टी.वी. ने दूरदर्शन के कुछ हिट कार्यक्रम उड़ाकर उनके माध्यम से अपने हिंदी रूप की धमाकेदार शुरुआत करने की कोशिश की। चंद्रकांता, इंतकाम, तहकीकात, तू-तू मैं-मैं जैसे इधर के धारावाहिकों के अलावा 'बुनियाद' जैसे सफल पुराने धारावाहिक का प्रसारण स्टार टी.वी. से हुआ। स्टार टी.वी. के इस हिंदीकरण से स्टार टी.वी. के हित एक साथ जी.टी.वी. के साथ (जो अब तक भी उसका एक सहयोगी चैनल है) दूरदर्शन के साथ भी टकराए। हालाँकि स्टार टी.वी. ने शुरू में 'लिविंग ऑन द एज' जैसे सूचना-प्रधान कार्यक्रम भी दिखाए, पर बाद में उन्हें कमाऊ न मानकर बन्द कर दिया गया। कुल मिलाकर मनोरंजन का एक नया युद्ध शुरू हुआ। स्टार टी.वी. ने यह घोषणा की कि वह

'डी.टी.एच.' के माध्यम से घर-घर चैनल सीधे पहुँचाएगा। एक और क्रांति हो गई होती अगर ऐन वक्त पर सरकार ने 'डी.टी.एच.' लगाना प्रतिबंधित न कर दिया होता।

एक नया युद्ध समाचार के क्षेत्र में भी शुरू हुआ। दूरदर्शन पर पहला प्रायोजित हिन्दी न्यूज शुरू हुआ। मेट्रो चैनल पर हिंदी में 'आज तक' की शुरुआत समाचार में एक नए दौर की शुरुआत हुई। इसी के साथ शुरू हुआ अंग्रेजी में प्रायोजित न्यूज 'न्यूज ऐट टेन'। प्रणय रॉय के साथ-साथ 'आज तक' के साथ सुरेन्द्र प्रताप सिंह तेजी से मचके। धीरे-धीरे स्टार टी.वी. ने प्रणय रॉय के साथ समझौता कर खबरें बेचना शुरू किया। जी.टी.वी. भी इस युद्ध में शामिल हो गई। 1997 के आम चुनावों के समय जी.टी. ने अपना घाटे में चल रहा 'एल.टी.वी.' बन्द करके उसी जगह 'जी. इंडिया टी.वी.' नाम से समाचार-प्रधान चैनल शुरू किया। जवाब में स्टार टी. वी. ने भी चौबीस घंटे का न्यूज चैनल ही शुरू कर दिया। दूरदर्शन भी प्रसार भारती निगम बनकर चुनाव को कार्पोरेट युद्ध बनाने के इस खेल में शामिल हो गई। सोनी ने भी पहली बार अपने चैनल का चेहरा बदला और मार्क टली और विनोद दुआ के साथ उसने भी 'चुनाव चुनौती' का कार्यक्रम दिखाया। उपभोक्ता-बाजार को कब्जे में करने की लड़ाई का मैदान बनकर रह गया। भारत में टेलीविजन और दूरदर्शन तो सबसे बड़ा रणक्षेत्र बन गया। आज दूरदर्शन को सौ करोड़ से ज्यादा विज्ञापन मिलता है। बाकी चैनलों को भी उपभोक्ता-सामग्री के विज्ञापन का अच्छा हिस्सा मिलने लगा है। पर दूरदर्शन के मुकाबले वे सभी बहुत पीछे हैं। तमाम केबल-क्रांति के बावजूद दूरदर्शन के मुकाबले बाकी चैनलों का प्रसार भी काफी कम है, लेकिन वह तेजी से बढ़ रहा है।

तो यह थी भारत में टेलीविजन के विकास की यात्रा-कथा। इस यात्रा के पड़ावों ने टेलीविजन के लिए लेखक का महत्त्व बढ़ाया है। पहले सिर्फ फिल्म-उद्योग ही था, जहाँ व्यावसायिक लेखन के लिए लेखक जुड़ते थे। टेलीविजन आज फिल्म-उद्योग के मुकाबले में उठ खड़ा हुआ है और लेखकों को एक और 'ग्लैमरस' मुकाम मिल गया है। शुरू में सिर्फ थोड़े से लेखकों को काम मिला, वह भी रेडियो की ही तरह विभिन्न उद्घोषणाओं को लिखने का। बाद में नाटक शुरू हुए तो दिल्ली थिएटर, विशेषकर एन.एस.डी. से जुड़े लोगों को काम मिला।

'हमलोग' के प्रसारण ने लेखकों को एक नई राह दिखाई। धीरे-धीरे लेखकों के लिए रास्ते खुलने लगे। धारावाहिकों की संख्या बढ़ने लगी। 'हमलोग' से जहाँ 'सोप ऑपेरा' शब्द का प्रचलन हुआ, तो 'ये जो है जिन्दगी' और 'कक्काजी कहिन' के साथ 'सिरकॉम' शब्द का प्रचलन हुआ। 'करमचंद' के प्रसारण ने जासूसी धारावाहिकों का रास्ता खोला। इसके अलावा अलग-अलग तरह के समाजों और परिवारों पर केंद्रित धारावाहिकों का प्रचलन हुआ।

इसके अतिरिक्त 'कब तक पुकारूँ', 'मैला आँचल', 'राग दरबारी' सहित बँगला उपन्यासकार शरतचंद के उपन्यासों—'श्रीकांत', 'चरित्रहीन' सहित कई प्रसिद्ध उपन्यासकारों के उपन्यास भी दूरदर्शन के लिए धारावाहिक बने। साठ और सत्तर के दशकों में जहाँ धारावाहिक उपन्यास छापने का काम 'धर्मयुग', 'साप्ताहिक हिंदुस्तान', जैसे पारिवारिक पत्रिकाओं ने किया था, अस्सी के दशक में वही काम टेलीविजन ने किया। लेखकों का पाठक-संसार बढ़ा। 'तमस' और 'मालगुडी डेज' की सफलता इसके उदाहरण हैं।

'स्वाभिमान' के दूरदर्शन पर प्रसारण ने एक नया रास्ता दिखाया, उच्च और उच्च-मध्यवर्ग समाज पर आधारित 'डेली सोप ऑपेरा' का। जी.टी.वी. के धारावाहिकों ने पहले ही आम-आदमी के जीवन को कथात्मक धारावाहिकों से अलग कर दिया था। 1990 के बाद के धारावाहिकों में यथार्थ गायब हो गया, उपभोक्ता-क्रांति के बाद पैदा हुए सपनों ने यथार्थ की जगह ले ली थी। 'तारा' जैसे धारावाहिकों और चैनल वी और एम.टी.वी. के 'एंकर पर्संस' का जमाना आ चुका था। रूबी और जावेद जाफरी नए वर्ग के स्टार थे। इस बदले हुए माहौल में हिन्दी-लेखक पीछे छूटते जा रहे थे। आज स्थिति यह है कि उन हिंदीवालों के नाम उँगलियों पर गिने जा सकते हैं, जो बतौर लेखक इस सशक्त और सफल माध्यम से जुड़कर सफल हुए। यहाँ तक कि इस दौर में प्रसिद्ध हिन्दी लेखक मनोहर श्याम जोशी भी अप्रासंगिक होते जा रहे थे। हमारा उद्देश्य इस पुस्तक के माध्यम से उन समस्याओं को भी उठाना है, जो इस माध्यम से जुड़ने के दौरान एक हिंदी-लेखक के सामने आती हैं।

1997 में भारत की आजादी के पचास साला सफर का जश्न मनाने का बीड़ा दूरदर्शन सहित हर चैनल ने उठाया। दूरदर्शन पर 'हिंदुस्तानी', 'युग', 'मैं दिल्ली हूँ' जैसे धारावाहिक इस मौके पर आए। इस अवसर पर स्टार प्लस ने जोकि अपने नए-नए हिन्दी अवतार में था, सबसे महँगा धारावाहिक उतारा 'गाथा' नाम से। इस धारावाहिक के लेखक थे—मनोहर श्याम जोशी और निर्देशक थे रमेश सिप्पी। इसकी कथा 9 अगस्त, 1942 से शुरू होती थी। इसकी कहानी दिल्ली के एक हिन्दू और एक मुस्लिम परिवार के माध्यम से देश के पचास साल के विकास की मीमांसा करती थी। पहले 5-6 एपिसोड के प्रसारण के बाद ही विज्ञापनदाता इस धारावाहिक से भागने लगे। कारण यह बताया गया कि दर्शकों के बीच यह जम नहीं पा रहा है। क्योंकि इसकी कहानी 1942 से शुरू होती है और दर्शक-वर्ग इससे जुड़ नहीं पा रहा है। बाद में यह स्टार प्लस के लिए सफेद हाथी साबित होने लगा। इसका प्रसारण बीच में रोक दिया गया और निर्देशक रमेश सिप्पी को यह निर्देश मिला कि इसकी उस कहानी को फिलहाल रोक दिया जाए और कहानी को एक पीढ़ी आगे बढ़ाकर उसमें हत्या का पेंच डाल दिया जाए, तो इससे शायद इस धारावाहिक में एक नई जान आ जाए। क्योंकि वर्तमान पीढ़ी की दिलचस्पी स्वतंत्रता-संग्राम में नहीं है, वह

एक्शन देखना चाहता है मनोरंजन से भरपूर। यह एक ऐसा यथार्थ है जिसे आज लेखक को समझना है। आज हिन्दी कहानी में भी बहुत थोड़े से लेखक हैं, जो अपनी कहानियों में इस उभर चुके वर्ग की चुनौतियों का सामना कर रहे हों।

'टॉप टेन' कार्यक्रमों के विभिन्न रूपों, जो 'सुपरहिट मुकाबला' के साथ-साथ 'ऑल द बेस्ट' और 'कोलगेट टॉप टेन' कार्यक्रमों में नजर आता है और तथाकथित 'अपमार्केट' के इस युग में लेखकों को अपनी नहीं, बल्कि उनकी शर्तों पर यानि बाजार की शर्तों पर इस माध्यम से 'एंट्री' मिलती है। आज अगर लेखक स्व. धर्मवीर भारती के प्रसिद्ध साहित्यिक उपन्यास 'गुनाहों का देवता' या मनोहर श्याम जोशी की प्रेम-कहानी 'कसप' या पंकज बिस्ट के उपन्यास 'उस चिड़िया का नाम' जैसी किसी कहानी का प्रोपोजल दे तो निर्माता नाक-भौं सिकोड़कर कहता है कि छोटे शहरों की इस कहानी को कौन देखेगा? कौन देखेगा? इसका फैसला निर्माता के हाथ में होता भी नहीं है। विज्ञापनदाता या मार्केट में बैठे अंग्रेजीदाँ लोग यह फैसला करते हैं कि कौन देखेगा! उनके सामने बड़ा सरल होता है फैसला करना। ऊँचे लोग, ऊँची पसंदनुमा कुछ होना चाहिए। जिसे वे 'अपमार्केट' कहते हैं, तो निर्माता लेखक से कहता है कुछ 'अपमार्केट' चीज लाइए। आजकल यह चलता नहीं है।

फिर बीच में एक दौर आयो 'रामायण', 'महाभारत' के बाद कुछ पौराणिक मामला जमाने का। पौराणिक धारावाहिकों का निर्माण सफलता की पूरी गारंटी देता है। चाहे वह 'श्रीकृष्ण' हो या 'ॐ नमः शिवाय' सब-के-सब पैसे कमाने में अव्वल नंबर पर रहे हैं लोकप्रियता चार्ट में। 'हनुमान' सहित सारे भगवानों पर हाथ आजमाया जा रहा है। इसी बीच 'चाणक्य' के बाद ऐतिहासिक धारावाहिकों का एक दौर शुरू हुआ। 'टीपू सुल्तान' सहित कितने ही सफल धारावाहिक बने। पर 'अकबर द ग्रेट' और 'झाँसी की रानी' की असफलता से ऐसा लग रहा है कि यह दौर भी समाप्त हो रहा है। 'चंद्रकांता' से कॉस्टयूम ड्रामा का युग शुरू हुआ। छद्म देशकाल को आधार बनाकर लिखी गई ऐंद्रजालिक कथाओं का एक नया युग। 'विराट', 'बेताल' आदि धारावाहिकों ने आगे इस धारा को अपनाया। आज महँगे होने के बावजूद यह कॉस्टयूम ड्रामा सफल माना जा रहा है। इस माध्यम में रास्ता तलाशते लेखक को इस माध्यम के इन सारे बदलावों को ध्यान में रखना चाहिए और इसी तरह का कोई आइडिया तलाशना चाहिए। बाजार में सफलता बाजार के रास्तों पर ही चलने से मिलती है, 'बाजारू' होने पर ही मिलती है। प्रसिद्ध पटकथा और संवाद-लेखक कमलेश्वर ने एक बार कहीं लिखा था कि इस माध्यम में सफल होने के लिए यह आवश्यक है कि जो भी आप कर रहे हों उसमें पूरा विश्वास करें। यानि आप यह मानें कि आप जो लिख रहे हैं वह आप ही लिख रहे हैं। यह न कहें कि वह बाजारू लेखन है, मेरा 'असली' लेखन नहीं। अगर मनमोहन देसाई यह दिखाता है कि शिरडी के साईं बाबा के समक्ष कव्वाली गाने से माँ की आँखें वापस मिल जाती हैं तो वह

इसलिए लोकप्रिय होती हैं क्योंकि वह स्वयं उसमें विश्वास करता है। कमलेश्वर का यह कथन लेखक से 'गिरने' का आग्रह नहीं करता है, बल्कि उसे यथार्थ को पहचानने की और उसके अनुरूप व्यवहार करने की सलाह देता है।

तो भारत में टेलीविजन ने जो चुनौतियाँ खड़ी की हैं, हमारा उद्देश्य लेखक के लिए उसमें रास्ता तलाशना है। इसीलिए इस अध्याय में हमने भारत में टेलीविजन के एक माध्यम के रूप में व्यावहारिक विकास की कहानी कही है, लेखकों को इस माध्यम से परिचित कराने के उद्देश्य से। 'फर्नीचर' और 'इडियट बॉक्स' जैसे विभूषणों से विभूषित इस आवश्यक बुराई को पहचानने की एक कोशिश की गई है इस अध्याय में।